在宅介護サービス事業
成功の法則

訪問介護・居宅介護支援事業からの
訪問看護・障がい者総合支援事業への参入

さくらケア代表取締役社長
荒井信雄［著］

勝ち残る方程式
知らないと損をする起業のコツ

税務経理協会

はじめに

二〇一八年介護報酬改定を受け、国の方針が明確化されることにより介護事業が成功する確率がより高くなりました。

「自立支援」、「医療連携」および「大規模化特定加算取得」が重要なキーワードであり、介護事業経営者にとって大チャンス到来と感じております。国の方針を理解して運営する事業者と、そうでない事業者とは、「勝ち組」と「負け組」の二極化されることでしょう。

訪問介護に関しては、「見守り援助」が身体介護であることが再周知され、生活援助サービスを身体介護サービスに移行する良いきっかけになると思います。居宅介護支援は特定加算Ⅳが創設され規模の大きい居宅介護支援事業者がさらに単価があがり、当該加算を取得すれば介護保険に係るサービスの中で最高の利益率が確保できる可能性もでてきました。

単独事業では介護報酬改定などの制度変更リスクに対応できないため、多職種の事業運営をする必要がありますが、訪問看護事業新設がシナジー効果を得ることができ安定した事業運営を行うことができます。障害者総合支援事業も組み合わせて運営すると、より地域の在宅限界率を高めることができ、社会貢献にも繋がっていくでしょう。

団塊の世代が七五歳以上をむかえる二〇二五年頃までに、属人的ではなく、システマテックな運営を行い、盤石な体制を築くことが重要です。そして、総量規制が発令されても、既得権益を得る側にいたいものです。だからといって、知識もないまま起業や新設をしたところで、全国平均前後の利益額しか醸成できないと思います。今般は、在宅介護サービスで成功する法則をお伝えしたいと思っております。介護事業は、やり方さえ合致していれば優良市場といえるでしょう。

本書を初めて執筆したのは、二〇〇七年の「今しかできない介護起業」でした。その後二〇〇九年に、「訪問介護事業 居宅介護支援事業 成功の法則」に改題して初版を出版、おかげさまで増刷を繰り返すことができ、平成二七年度介護報酬改定に対応した第3版まで出版をいたしました。これも皆様のおかげと感謝しております。

今般、「訪問看護・障がい者総合支援事業」を加えるにあたり、再度改題いたしました。

平成三〇年三月

著者

目次

はじめに

第1章　介護サービスの現状　1

PART1　今、日本で成長が最も期待される介護ビジネス市場　3

〈1〉二〇四二年まで続く高齢者人口の増加　3
〈2〉都市に急増する高齢者独居世帯　6
〈3〉介護市場の拡大　7

PART2　介護保険の概要　10

〈1〉介護ビジネス市場の誕生　10
〈2〉介護保険制度とは何か　11
〈3〉介護保険制度の財源構成　13

〈4〉 介護サービス利用方法 13

PART3 介護サービスの種類 16

〈1〉 介護保険サービスと介護保険外サービス 16
〈2〉 在宅サービスと施設サービス 16

第2章 介護起業必勝法 19

PART1 小資本なら施設サービスよりも居宅サービス 21

〈1〉 施設系サービスのリスク 21
〈2〉 リスクの低い訪問系サービス 22

PART2 訪問系サービス中の訪問介護、居宅介護支援 24

〈1〉 訪問介護の魅力 24
〈2〉 居宅介護支援事業所の併設理由 25
〈3〉 リスクの小さい事業から 27

PART3 立地条件は一等地である必要なし 28
エピソード 1 29
エピソード 2 29
PART4 ビジネスの見地からみた介護業界 30
〈1〉 自由市場と介護市場のちがい 30
〈2〉 介護サービス事業所の現状 33
〈3〉 居宅介護支援事業所・訪問介護事業所併設のビジネスモデル 36
PART5 FC加盟について 38
エピソード 3 40

第3章 実際の事業所開設方法 43
PART1 事業所開設までのスケジュール 45
〈1〉 立ち上げまでの流れ 45

〈2〉必要な備品　48
〈3〉介護報酬請求ソフトの選び方　53
〈4〉指定申請の流れ　55
〈5〉指定申請の手続き　58
エピソード 4　59
〈6〉忘れてはならない手続き　60
〈7〉従業員雇用の時期　61
〈8〉契約書（利用者用）作成の方法　63
〈9〉帳票関係の整備　64
エピソード 5　65
エピソード 6　67
エピソード 7　68
エピソード 8　71
エピソード 9　73

第4章　訪問介護事業所運営の必勝法　75

PART1　訪問介護事業所の利用者獲得方法　77

〈1〉訪問介護の居宅介護支援事業所への営業　77

〈2〉ケアマネージャーからの新規依頼に関しては即答が原則　81

エピソード10　82

〈3〉サービスの質向上が重要　83

PART2　登録ヘルパー対応　84

〈1〉ヘルパーもお客様　84

〈2〉募集費の「金額」だけにだまされるな　87

PART3　利用者とヘルパーのコーディネート方法　89

PART4　訪問介護計画書の必要性　92

PART5　社員ヘルパーの役割　94

〈1〉合理的な社員活用方法について　94
〈2〉チームケアについて　96

PART6　合理的なオペレーション　97

PART7　小規模事業者のキャリアパス　100

第5章　居宅介護支援事業所運営の必勝法　105

PART1　居宅介護支援事業所のケアプラン受託　107

PART2　クレームの対応　111

PART3　書類作成はその日のうちに　113

PART4　「利用票」の押印について　114

PART5 ケアマネージャーの雇用体系 116
PART6 サービス調整は自立支援を目的とし利用者本意 117
PART7 ケアマネージャーの職務範囲 119

第6章 介護サービスの数値管理 121

PART1 数値の流れ 123
〈1〉売り上げの流れ 123
〈2〉キャッシュの流れ 124
〈3〉利益の流れ 125

PART2 請求 127
〈1〉国保連請求とは 127
〈2〉経営者が請求の仕組みを理解していないと大きな落とし穴が 127

〈3〉介護度未定利用者は月遅れ請求　130
〈4〉請求ミスは返戻になる　132
〈5〉居宅介護支援の訂正は給付管理修正　134
〈6〉サービス事業所の請求訂正は過誤申請　135
〈7〉再請求が必要な場合　135
〈8〉利用者負担金請求の留意点　137
〈9〉国保連からの帳票　139
エピソード 11　129

第7章　起業時の経営　141

PART1　経営者の仕事と作業　143
〈1〉経営者の仕事　143
〈2〉経営者の作業　144

PART2　予算作成　148
〈1〉利用者獲得数を根拠とした予算作成　148

〈2〉当初の目標は単月黒字 158
〈3〉利益が出たらインフラ整備 158

PART3 インフラ整備 160
〈1〉環境整備 160
〈2〉事務員の雇用時期 161
〈3〉新事業所開設準備 161

PART4 強固な経営体制を整え、介護報酬削減に備える 163

PART5 私費サービスの落とし穴 164

第8章 事業所経営必勝法 167

PART1 マーケティング戦略 169
〈1〉市場調査のポイント 169

PART2 市場別戦略 171

PART3 エリア戦略 173

PART4 ステージ別戦略 176

PART5 マネジメント戦略 178

〈1〉社員モチベーション 178

〈2〉登録ヘルパー 182

〈3〉両立ケアマネージャー 182

PART6 収益改善戦略 184

〈1〉訪問介護の管理 184

〈2〉居宅介護支援の管理 194

PART7 特定加算戦略 195

〈1〉訪問介護の特定加算について 195

〈2〉訪問介護の特定加算要件について 197

〈3〉 居宅介護支援の特定加算について 202

PART8 コンプライアンス戦略 203

PART9 介護人材戦略 204

第9章 介護保険制度をとりまく状況 207

PART1 平成三十年度介護報酬改定 209

〈1〉 平成三十年度介護報酬改定に関する審議報告概要 209

PART2 訪問介護の報酬改定 211

〈1〉 概 要 211

〈2〉 訪問介護の報酬改定による影響と対応策 214

PART3 居宅介護支援の報酬改定 217

〈1〉 概 要 217

〈2〉居宅介護支援の報酬改定による影響と対応策　221

PART4　訪問看護の報酬改定　223

〈1〉概　要　223

PART5　訪問介護事業の今後の展望　225

〈1〉中期的訪問介護事業の今後の展望　225
〈2〉長期的訪問介護事業の今後の展望　227

PART6　訪問看護事業の今後の展望　235

〈1〉訪問看護の報酬改定による影響と対応策　235
〈2〉訪問看護事業の需要　235
〈3〉訪問看護の新設　241
〈4〉訪問看護事業成功のポイント　246

PART7　障がい者総合事業成功のポイント　250

第10章　介護起業成功例　255

介護事業の起業・新設のポイント　261

あとがき　263

第1章

介護サービスの現状

第1章

介護サービスの現状

選択と集中

1　介護サービスの現状
・介護ビジネス市場

2　介護起業必勝法
・訪問介護事業所の魅力
・居宅介護支援事業所の併設理由

運営ノウハウ

3　実際の事業所開設方法
・事業所開設までのスケジュール

4　訪問介護事業所運営
・利用者獲得方法

5　居宅介護支援事業所運営
・ケアプラン受託方法

管理ノウハウ

6　数値管理
・売上、利益の流れ
・介護報酬請求

7　起業時の経営
・経営者の役割

戦　略

8　事業所経営必勝法

1　マーケティング戦略
2　市場別戦略
3　エリア戦略
4　ステージ別戦略
5　マネジメント戦略
6　収益改善戦略
7　特定加算戦略
8　コンプライアンス戦略
9　介護人材戦略

9　介護保険制度をとりまく状況

10　介護起業成功例

Part 1 今、日本で成長が最も期待される介護ビジネス市場

〈１〉二〇四二年まで続く高齢者人口の増加

介護サービス起業を考えるにあたり、まず介護市場の背景を十分に知っておくことが必要です。高齢者人口が増加し、介護市場が拡大していることは周知のことと思いますが、六五歳以上の高齢者数は、二〇二五年には三、六五七万人となり、二〇四二年にはピークを迎える予測（三、八七八万人）です。また、七五歳以上高齢者の全人口に占める割合は増加していき、二〇五五年には二五％を超える見込みとなっております。

また、日本人人口のピークは過ぎており年々減少しております。つまり、人口が減るわけですから同じ商品価値を持った物でも確実に売り上げが減ることになります。買う人が減少するのであたりまえのことですが、一般の人の意見などを聞いていると危機感が少ないように思えます。当該状況で生き抜くには、減少しない高齢者対象ビジネスか海外進出しか道は残されてないのです。

■ 75 歳以上高齢者の増加

日本の人口の推移

○日本の人口は近年横ばいであり、人口減少局面を迎えている。2060年には総人口が9000万人を割り込み、高齢化率は40%近い水準になると推計されている。

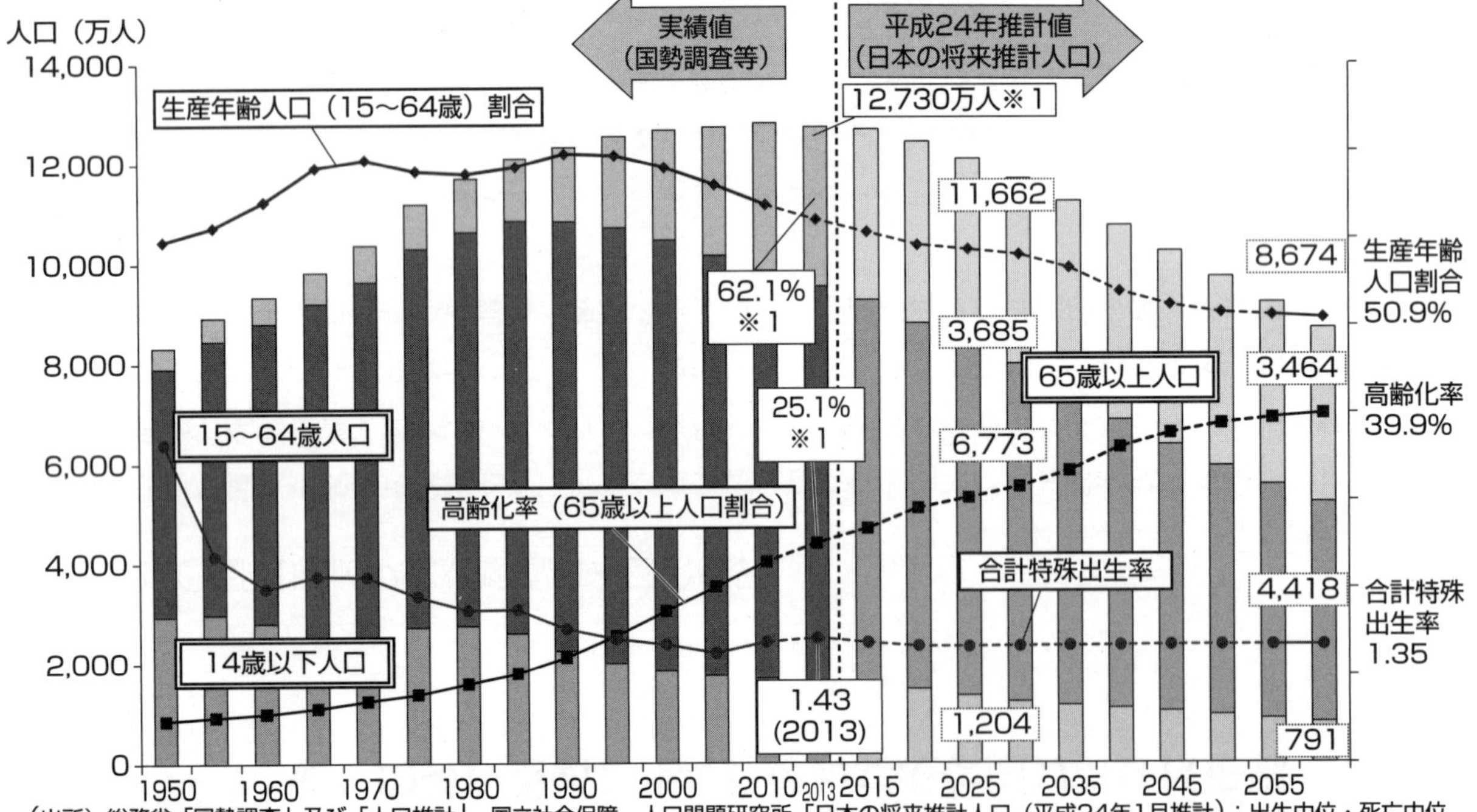

（出所）総務省「国勢調査」及び「人口推計」、国立社会保障・人口問題研究所「日本の将来推計人口（平成24年1月推計）：出生中位・死亡中位推計」（各年10月1日現在人口）厚生労働省「人口動態統計」

※1　出典：平成25年度総務省「人口推計」（2010年国勢調査においては、人口12,806万人、生産年齢人口割合63.8%、高齢化率23.0%）

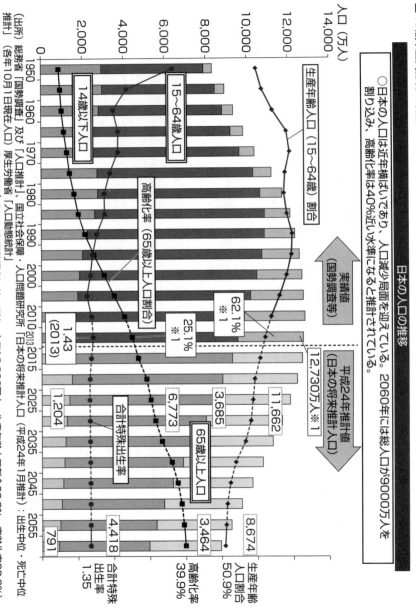

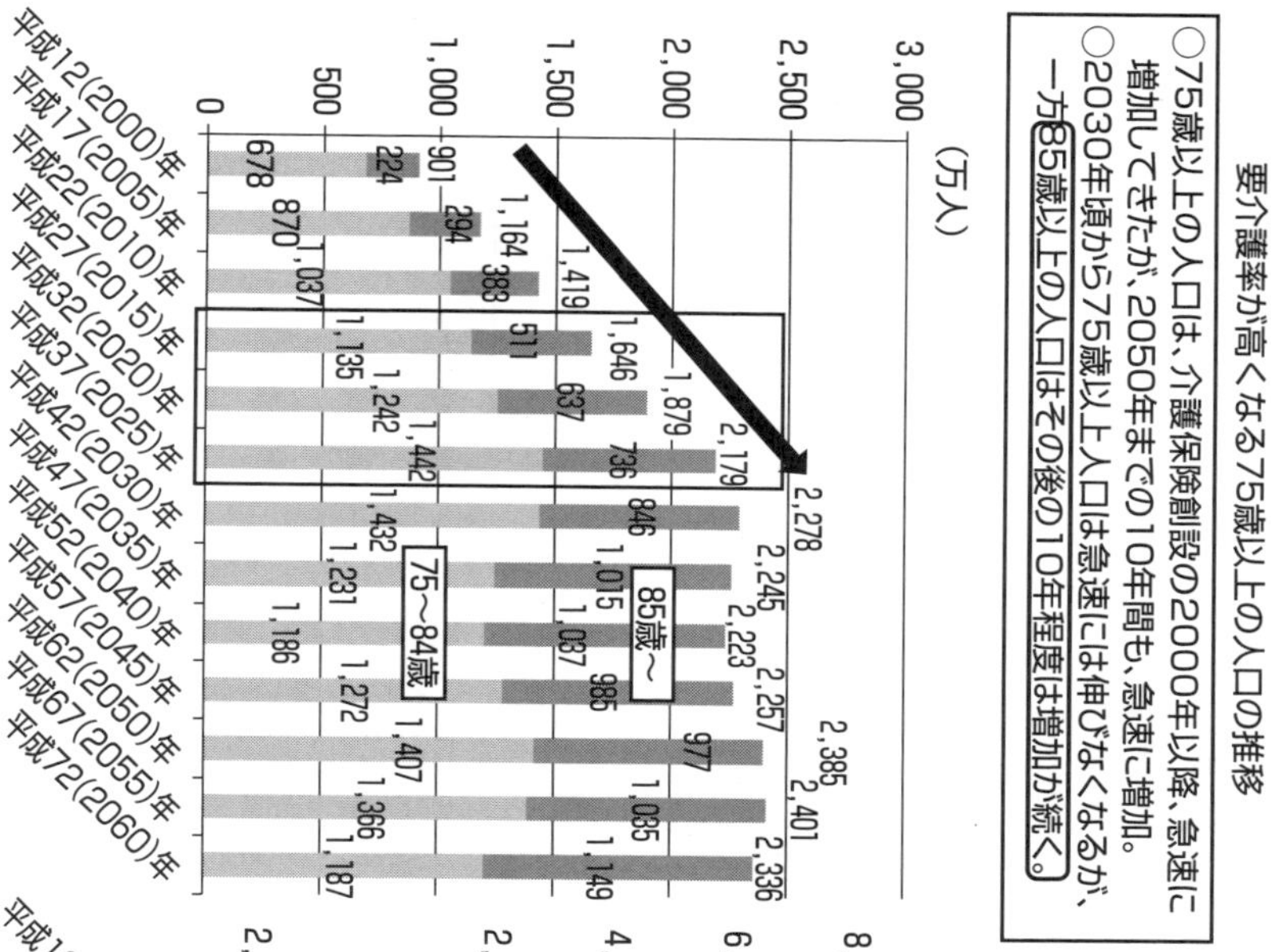

要介護率が高くなる75歳以上の人口の推移
○75歳以上の人口は、介護保険創設の2000年以降、急速に増加してきたが、2050年までの10年間も、急速に増加。
○2030年頃から75歳以上人口は急速には伸びなくなるが、一方85歳以上の人口はその後の10年程度は増加が続く。
(万人)
3,000
2,500
2,000
1,500
1,000
500
0
85歳～
75～84歳
678 224 901
870 294 1,164
1,037 383 1,419
1,135 511 1,646
1,242 637 1,879
1,442 736 2,179
1,432 846 2,278
1,231 1,015 2,245
1,186 1,037 2,223
1,272 985 2,257
1,407 977 2,385
1,366 1,035 2,401
1,187 1,149 2,336
平成12(2000)年
平成17(2005)年
平成22(2010)年
平成27(2015)年
平成32(2020)年
平成37(2025)年
平成42(2030)年
平成47(2035)年
平成52(2040)年
平成57(2045)年
平成62(2050)年
平成67(2055)年
平成72(2060)年

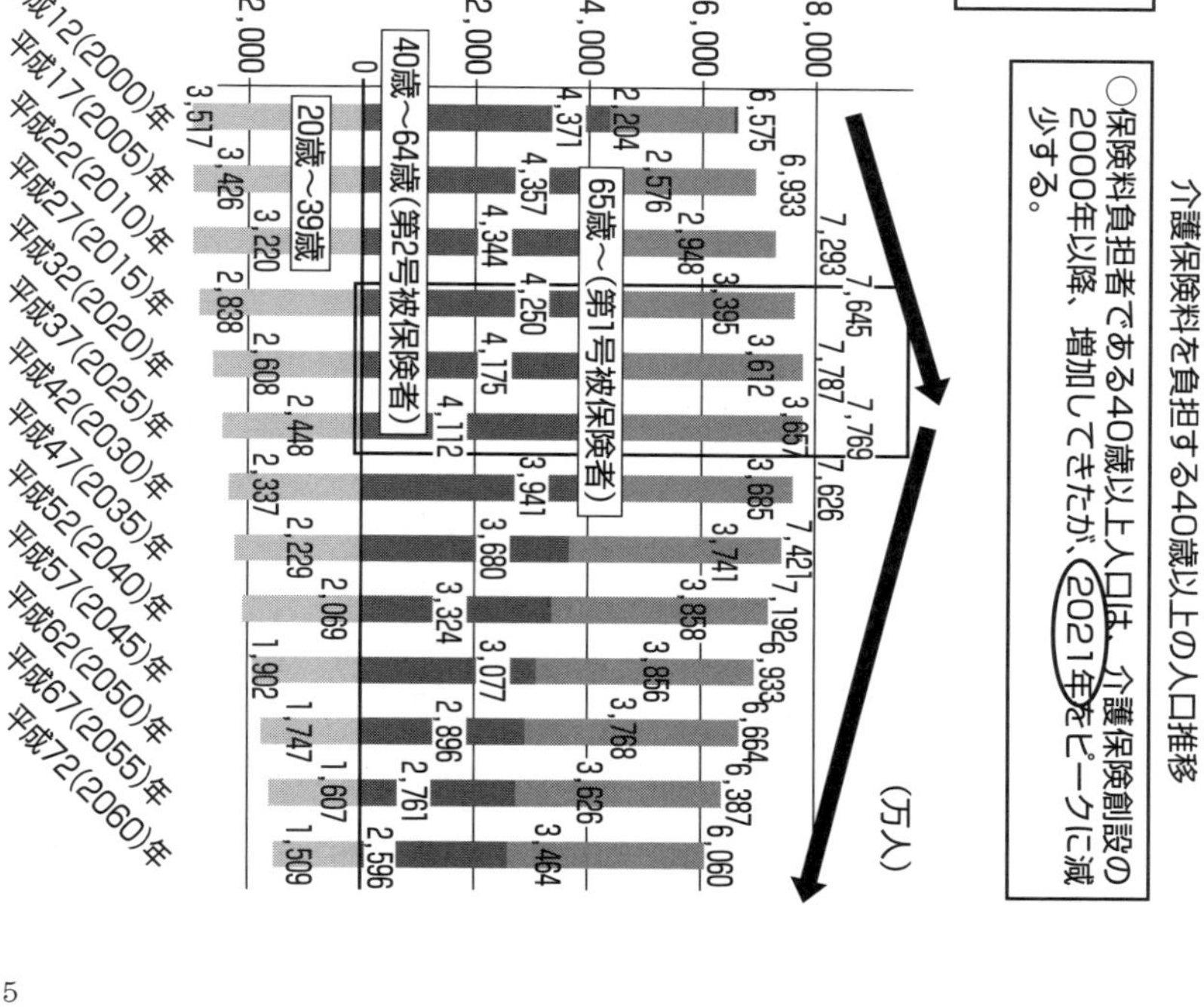

介護保険料を負担する40歳以上の人口推移
○保険料負担者である40歳以上人口は、介護保険創設の2000年以降、増加してきたが、2021年をピークに減少する。
(万人)
8,000
6,000
4,000
2,000
0
2,000
65歳～（第1号被保険者）
40歳～64歳（第2号被保険者）
20歳～39歳
3,517 4,371 2,204 6,575
3,426 4,357 2,576 6,933
3,220 4,344 2,948 7,293
2,838 4,250 3,395 7,645
2,608 4,175 3,612 7,787
2,448 4,112 3,657 7,769
2,337 3,941 3,685 7,626
2,229 3,680 3,741 7,421
2,069 3,324 3,858 7,192
1,902 3,077 3,856 6,933
1,747 2,896 3,768 6,664
1,607 2,761 3,626 6,387
1,509 2,596 3,464 6,060
平成12(2000)年
平成17(2005)年
平成22(2010)年
平成27(2015)年
平成32(2020)年
平成37(2025)年
平成42(2030)年
平成47(2035)年
平成52(2040)年
平成57(2045)年
平成62(2050)年
平成67(2055)年
平成72(2060)年

①65歳以上の高齢者数は、2025年には3,657万人となり、2042年にはピークを迎える予測(3,878万人)。
また、75歳以上高齢者の全人口に占める割合は増加していき、2055年には、25%を超える見込み。

	2012年8月	2015年	2055年
65歳以上高齢者人口(割合)	3,058万人(24.0%)	3,395万人(26.8%)	3,626万人(39.4%)
75歳以上高齢者人口(割合)	1,511万人(11.8%)	1,646万人(13.0%)	2,401万人(26.1%)

国立社会保障・人口問題研究所「日本の将来推計人口」(平成18年12月推計)より作成。

②65歳以上高齢者のうち、「認知症高齢者の日常生活自立度」Ⅱ以上の高齢者が増加していく。

(括弧内は65歳以上人口対比)

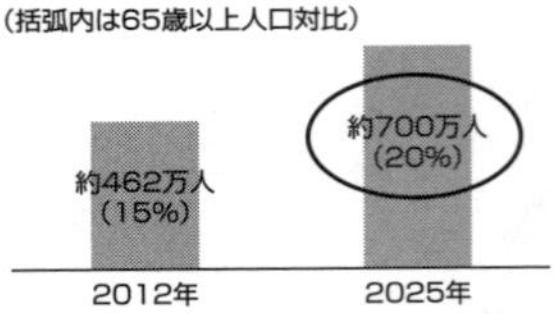

※「日本における認知症の高齢者人口の将来推計に関する研究」(平成26年厚生労働科学研究費補助金特別研究事業 九州大学 二宮教授)による速報値

③世帯主が65歳以上の単独世帯や夫婦のみの世帯が増加していく。

(1,000世帯) 世帯主が65歳以上の単独世帯及び夫婦のみ世帯数の推計 (%)

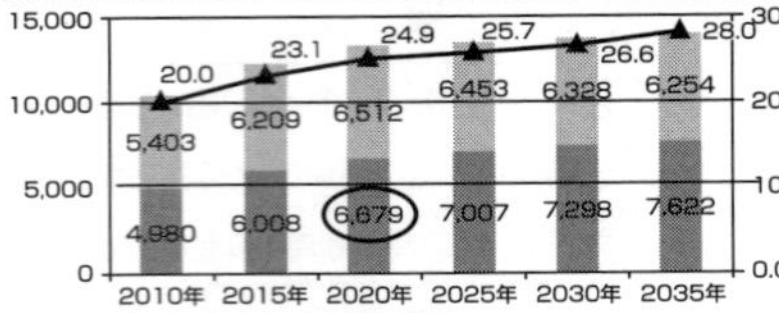

国立社会保障・人口問題研究所「日本の将来推計人口」(平成18年12月推計)より作成。

④75歳以上人口は、都市部では急速に増加し、もともと高齢者人口の多い地方でも緩やかに増加する。各地域の高齢化の状況 は異なるため、各地域の特性に応じた対応が必要。

※都道府県名欄の()内の数字は倍率の順位

	埼玉県(1)	千葉県(2)	神奈川県(3)	大阪府(4)	愛知県(5)	～	東京都(11)	～	鹿児島県(45)	秋田県(46)	山形県(47)	全国
2010年 〈〉は割合	76.5万人 〈10.6%〉	71.7万人 〈11.6%〉	101.6万人 〈11.1%〉	81.7万人 〈10.9%〉	107.0万人 〈12.1%〉		147.3万人 〈11.0%〉		26.7万人 〈16.2%〉	18.8万人 〈18.4%〉	19.0万人 〈17.0%〉	1645.8万人 〈13.0%〉
2025年 〈〉は割合 ()は倍率	117.7万人 〈16.8%〉 **(1.54倍)**	108.2万人 〈18.1%〉 **(1.51倍)**	148.5万人 〈16.5%〉 **(1.46倍)**	116.6万人 〈15.9%〉 **(1.43倍)**	152.8万人 〈18.2%〉 **(1.43倍)**		197.7万人 〈15.0%〉 **(1.34倍)**		29.5万人 〈19.4%〉 (1.10倍)	20.5万人 〈23.0%〉 (1.09倍)	21.7万人 〈20.6%〉 (1.09倍)	2178.6万人 〈18.1%〉 (1.32倍)

〈2〉都市に急増する高齢者独居世帯

今後の介護保険を取り巻く状況について見通すと、後期高齢者および都市圏における高齢単身世帯の急増が最大の特徴になっております。

このように、高齢者人口の増加以外の要因でも介護サービスが必要な環境に急速に変化しています。

〈3〉介護市場の拡大

人口の高齢化、医療・福祉制度の問題、家族介護の限界などにより、介護を社会全体で支えていく必要性が高まったことから、介護保険制度は二〇〇〇年（平成一二年）四月から実施されました。

介護保険制度は施行から十八年目を迎えて、国民の老後の生活を支える制度の一つとして定着してきましたが、介護保険制度から給付される費用は年々増大し、二〇一六年度では約十兆円（スタート時の三倍以上）に達する勢いとなっています。

厚生労働省介護制度改革本部の資料によると、介護保険適用ビジネスは、二〇二五年で二〇兆円になると予測される将来のビッグマーケットです。

介護保険法施行後、在宅サービスの利用は増大しましたが、在宅ケアの基盤はまだ十分とはいえません。厚生労働省では現在、従来のような大規模の特別養護老人ホームを建設することについて消極的になっており、介護保険給付負担の多い施設介護よりも、在宅生活を推進する観点から「在宅支援体制の強化」を図ろうとしています。

また、本格的な高齢者社会の到来を迎え、「社会的入院」の解消と、増え続ける「老人医療費」の抑制も在宅介護を推し進めていく要因となっています。

以上、高齢者人口の増加、高齢者独居世帯の増加、介護保険制度の背景などから介護サービス市場が、現在の日本において最も急拡大する巨大市場であることは、おわかりいただけたと思います。

■ 介護費用と保険料の推移

介護費用と保険料の推移

○ 総費用

介護保険の総費用（※）は、年々増加

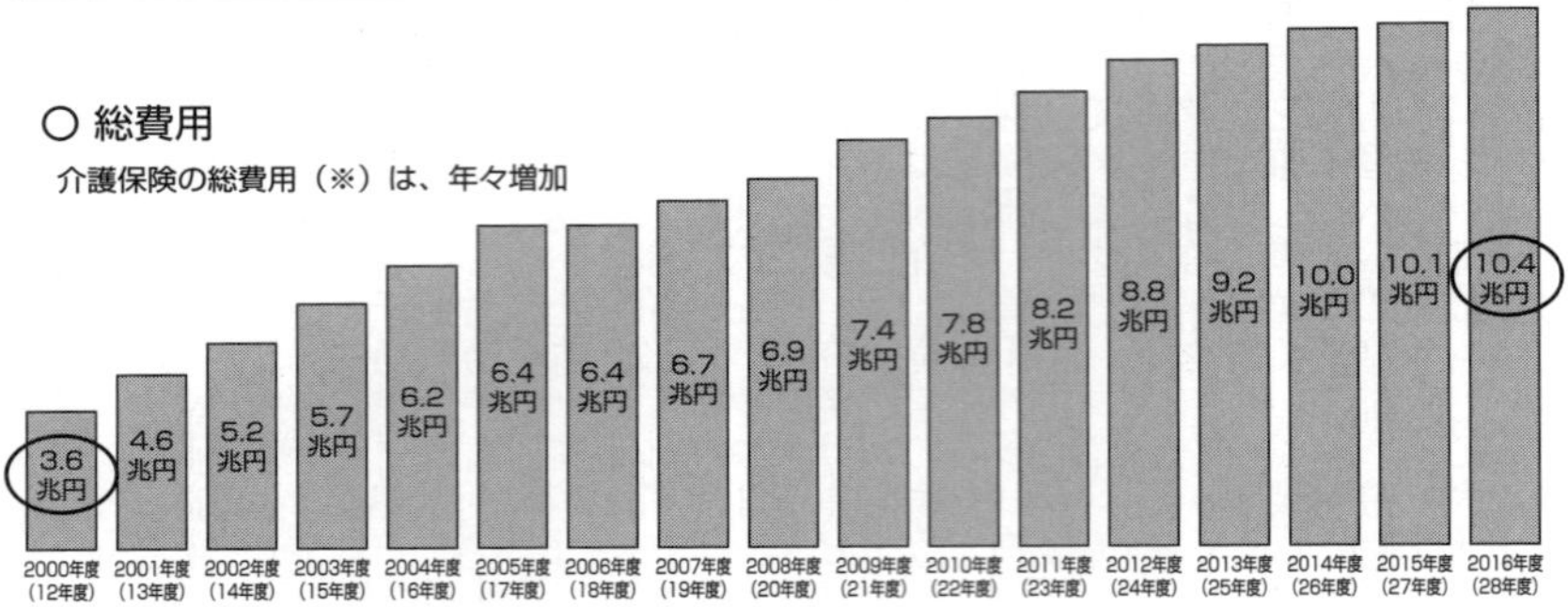

（注）2000～2013年度は実績、2014～2016年は当初予算である。
※介護保険に係る事務コストや人件費などは含まない（地方交付税により措置されている）。

○ 65歳以上が支払う保険料〔全国平均（月額・加重平均）〕

第1期(H12～14年度)(2000～2002)	第2期(H15～17年度)(2003～2005)	第3期(H18～20年度)(2006～2008)	第4期(H21～23年度)(2009～2011)	第5期(H24～26年度)(2012～2014)	第6期(H27～29年度)(2015～2017)
2,911円	3,293円(+13%)	4,090円(+24%)	4,160円(+1.7%)	4,972円(+20%)	5,514円(+11%)

■ 介護費用の見通し

将来人口の見通しと医療・介護費について

○ 団塊の世代が全て後期高齢者となる2025年に向けて、65～74歳人口は微減となる一方、75歳以上の後期高齢者人 口は大きく増加する。後期高齢者になると1人当たり医療・介護費は急増するため、2025年にかけて、医療・介護 費用は大きく増加していくことになる。
○ なお、この間、20～64歳の現役世代は一貫して減少する。

人口の見通し

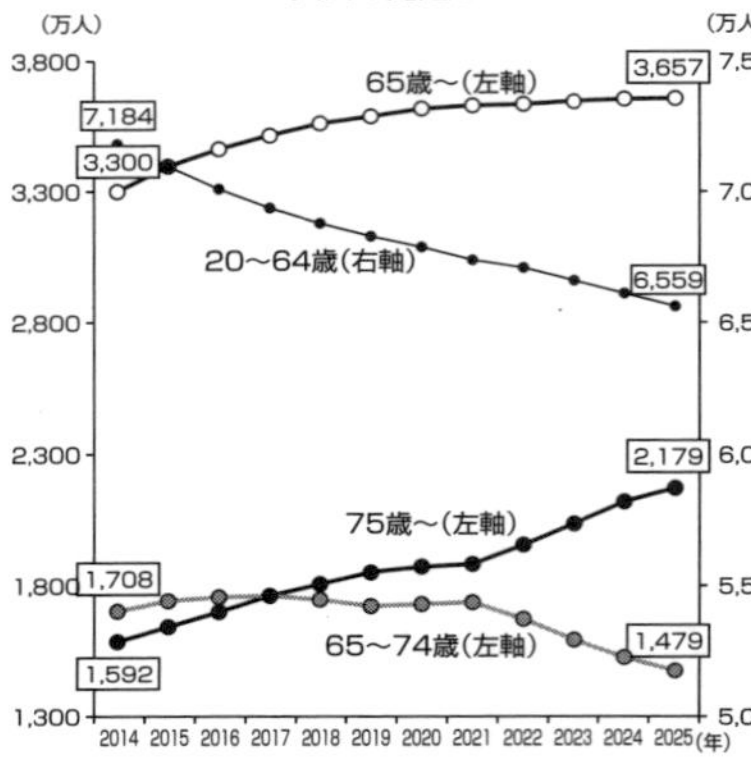

社会保障給付費の見通し

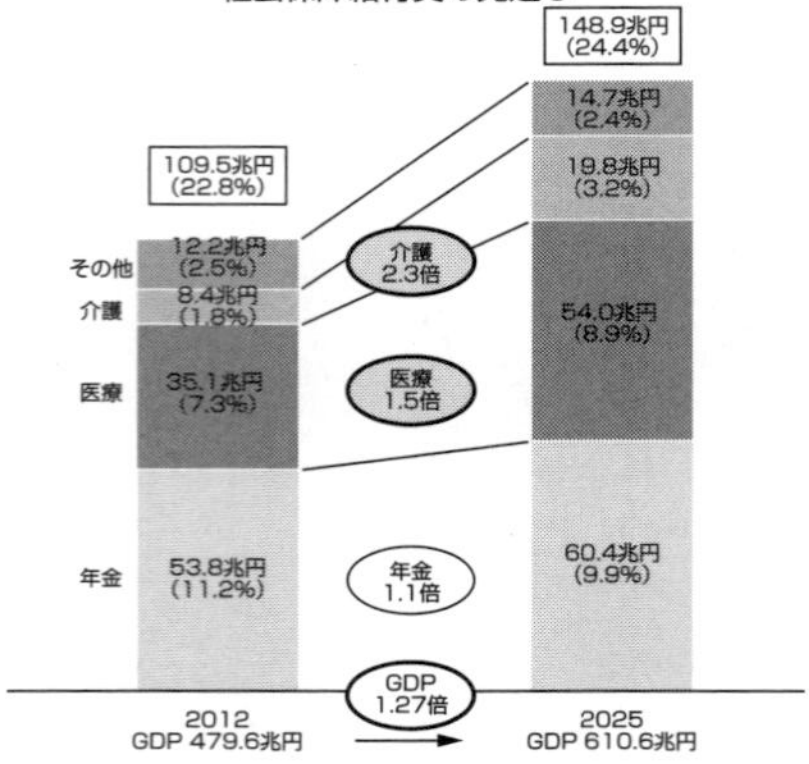

■ サービス受給者数の推移

サービス受給者数（１ヶ月平均）

（26年度）503万人　⇒　（27年度）521万人　（対前年度＋19万人増、＋3.7%増）

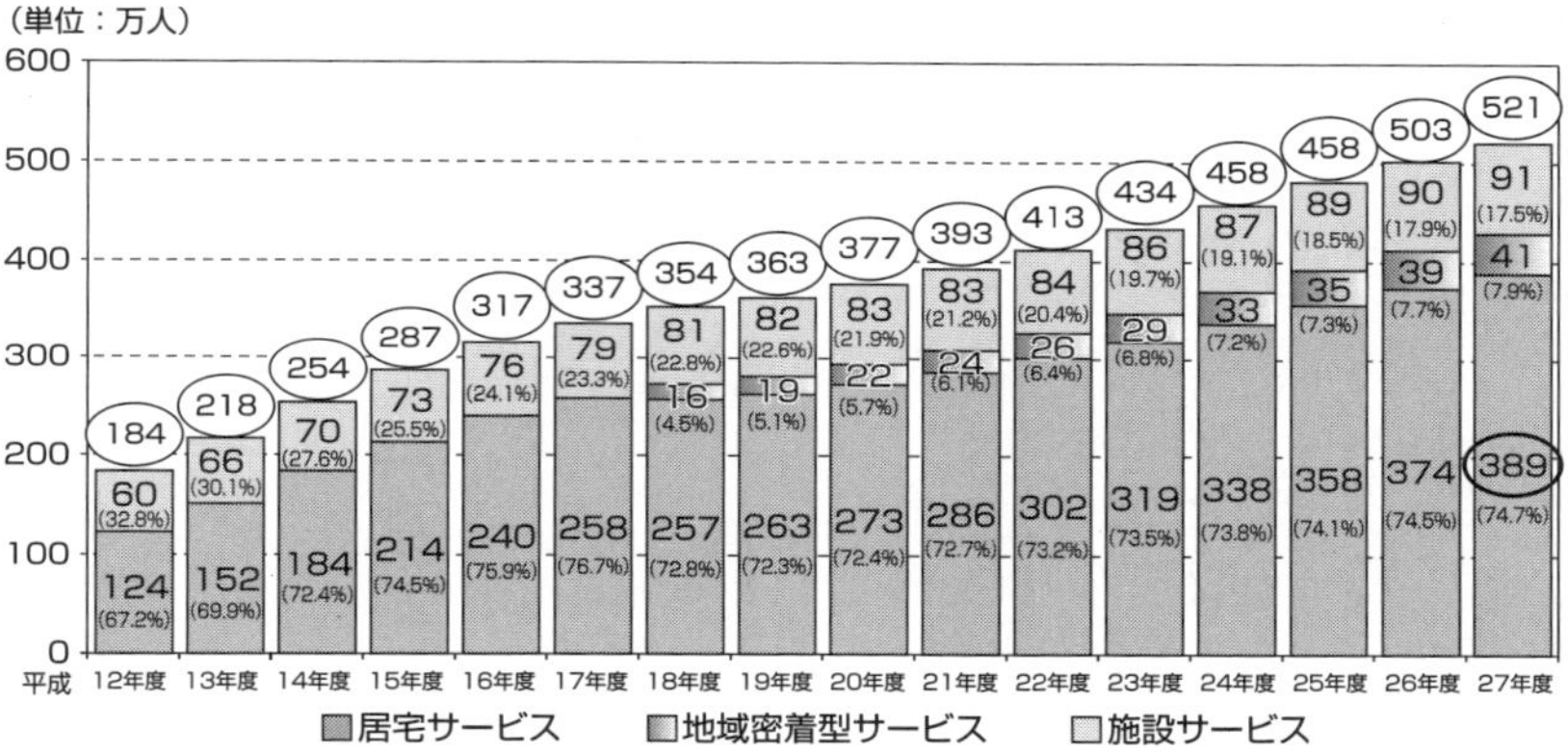

（注１）（　）は各年度の構成比。
（注２）各年度とも3月から2月サービス分の平均（但し、平成12年度については、４月から２月サービス分の平均）。
（注３）平成18年度の地域密着型サービスについては、４月から２月サービス分の平均。
（注４）受給者数は、居宅サービス、地域密着型サービス、施設サービス間の重複利用がある。

※東日本大震災の影響により、22年度の数値には福島県内5町１村の数値は含まれていない。

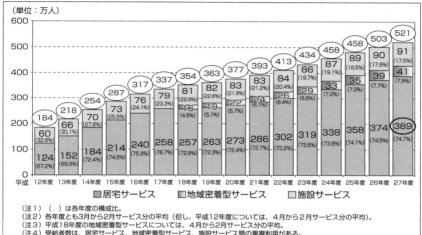

Part 2 介護保険の概要

〈1〉介護ビジネス市場の誕生

平成一二年（二〇〇〇年）四月一日、介護保険がスタートしました。

日本では、医療保険、年金保険、労災保険、雇用保険に続く五番目の社会保険制度です。世界の中でも、介護保険はドイツに続く導入で、高齢化社会を迎える先進国の中で日本の試みは注目を集めています。

従来、老人福祉における高齢者介護は「措置制度」と呼ばれ、地方自治体の長が必要な措置を行政の責任で行う方式であり、利用者の選択権は基本的に認められていませんでした。

ところが、介護保険では費用の一部を利用者が負担し、利用するサービスを利用者本意で選ぶことを基本としました。今までは「介護してもらっている」ので苦情などが言いづらい環境でしたが、介護保険制度では、サービス事業者と契約による対等の立場であり、堂々とクレームを言える立場に変わりました。その結果、サービスの質が向上するなど、利用者メリットを醸成することに成功しました。

また、従来の介護が「寝たきり老人を中心とした施設介護」が主体であったのに対して、介護保険では「利用者が自宅において自立した生活を営むことを支援する」方針に変わりました。このため、訪問介護等において、民間企業の参入を認める規制緩和により、介護ビジネス市場が誕生したわけです。

〈2〉介護保険制度とは何か

介護保険の目的は、介護保険法第一条に「加齢に伴って生ずる心身の変化に起因する疾病等により要介護状態となり、入浴、排せつ、食事等の介護等を要する者等について、これらの者がその有する能力に応じ自立した日常生活を営むことができるよう介護保険制度を設け、国民の保健医療の向上及び福祉の増進を図ることを目的とする。」（一部省略）と記載されています。

つまり、介護保険の被保険者（基本的には六五歳以上）になっている人を対象に、その人が保険事故（要介護状態になった状態）にあった場合に、保険でサービスを提供するものです。

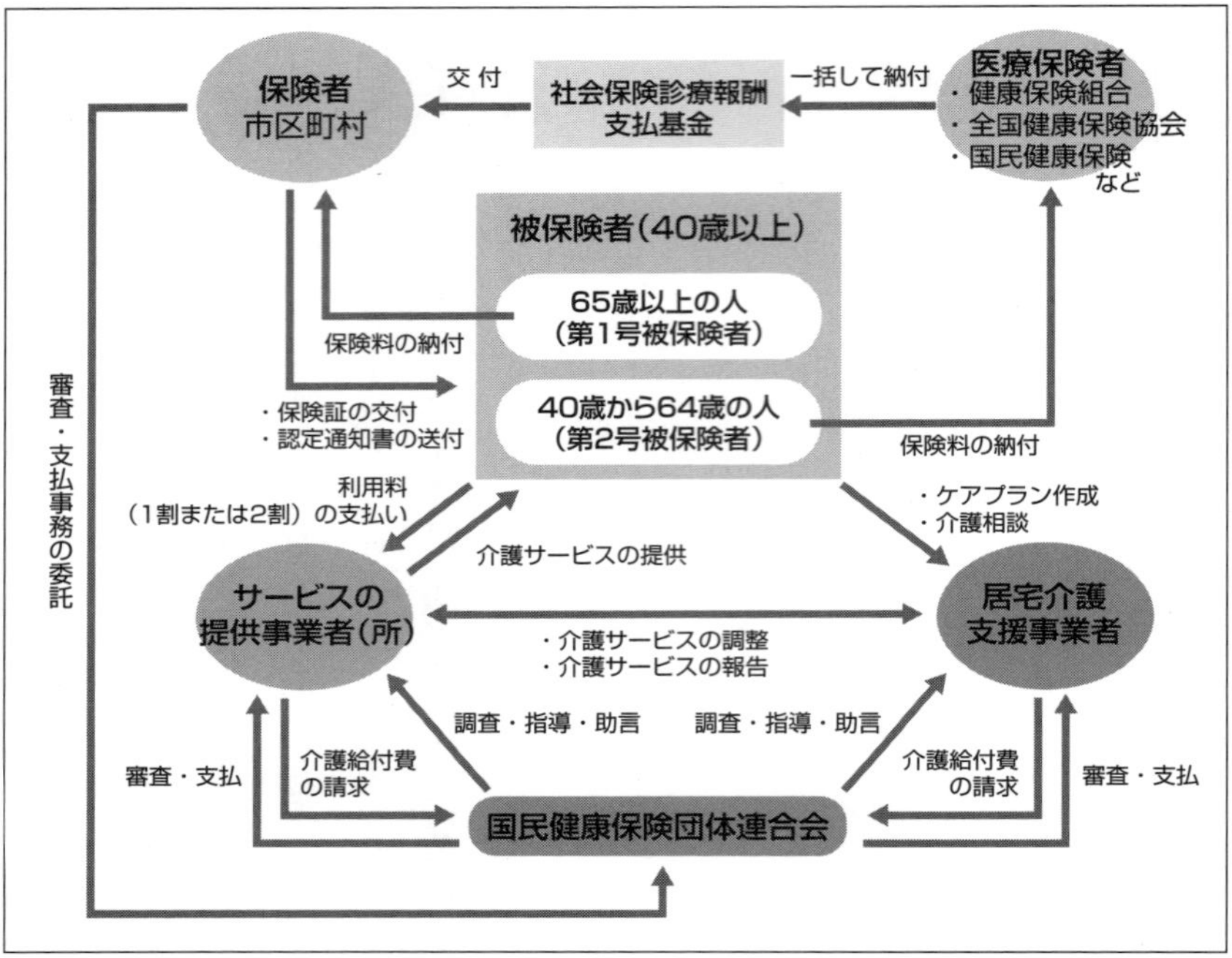
保険者
市区町村
交 付
社会保険診療報酬
支払基金
一括して納付
医療保険者
・健康保険組合
・全国健康保険協会
・国民健康保険
など
被保険者（40歳以上）
65歳以上の人
（第1号被保険者）
40歳から64歳の人
（第2号被保険者）
保険料の納付
・保険証の交付
・認定通知書の送付
保険料の納付
審査・支払事務の委託
利用料
（1割または2割）の支払い
介護サービスの提供
・ケアプラン作成
・介護相談
サービスの
提供事業者（所）
居宅介護
支援事業者
・介護サービスの調整
・介護サービスの報告
調査・指導・助言
調査・指導・助言
審査・支払
介護給付費
の請求
介護給付費
の請求
審査・支払
国民健康保険団体連合会

（出典）ワムネットより

〈３〉介護保険制度の財源構成

介護保険の財源は、保険料を払って保険に加入する被保険者と、国・都道府県・市町村がそれぞれ五〇％ずつ負担する構成になっています。公費とはいえ税金なので、まさに被保険者を含む国民全員が支え合う保険制度といえます。

〈４〉介護サービス利用方法

介護保険の利用申請は、申請者（代理人でも可）が市町村の受付窓口へ申請することから始めます。その後、申請者の介護認定調査、審査判定を経て要介護度が認定され、要介護度に応じたケアプランが作成されます。そして、認定された利用者は、ケアプランに基づき、施設入所、在宅サービス等が利用できます。

相談・申請

・介護保険制度やサービスの利用については、市町村と特別区（東京23区）（以下、市区町村）の介護保険担当窓口、地域包括支援センター、居宅介護支援事業者等に相談することができます。

・サービスの利用を希望する場合は、市区町村の介護保険担当窓口に介護保険被保険者証を添えて「要介護（要支援）認定」の申請をします。

・地域包括支援センター、居宅介護支援事業者、介護保険施設などに申請の代行を依頼することもできます。

↓

要介護（要支援）認定

認定調査（訪問調査）

・市区町村の認定調査員が訪問して聞き取り調査を行います。

・全国共通の認定調査票に基づいて、申請者の心身状態などの聞き取り調査が行われます。

↓

一次判定

・訪問調査の結果に基づき、コンピューター判定が行われます。

主治医意見書

・かかりつけ医に申請者の疾病の状態、特別な医療、認知症や障害の状況について意見を求めます（市区町村が依頼します）。

↓

二次判定

・介護認定審査会において、一次判定結果、概況調査、主治医意見書などを踏まえ、どのくらいの介護が必要か審査・判定を行います。

↓

認定・結果通知

・要介護1～5、要支援1・2、の7つの区分に認定され、いずれの区分に認定された人が、介護保険のサービスを利用することができます。

・非該当（自立）と認定される場合もあります。

・原則として、申請から約30日で結果が通知されます。

・新規の要介護（要支援）認定の有効期間は、原則として6ヶ月間です。有効期間内に利用したサービスの利用料が、保険料・税金の補助により、1割または2割の自己負担となります。有効期間を超えて、継続してサービスを利用する場合、有効期間の終了前に更新申請が必要になります。更新された要介護（要支援）認定の有効期間は、原則として12か月間です。

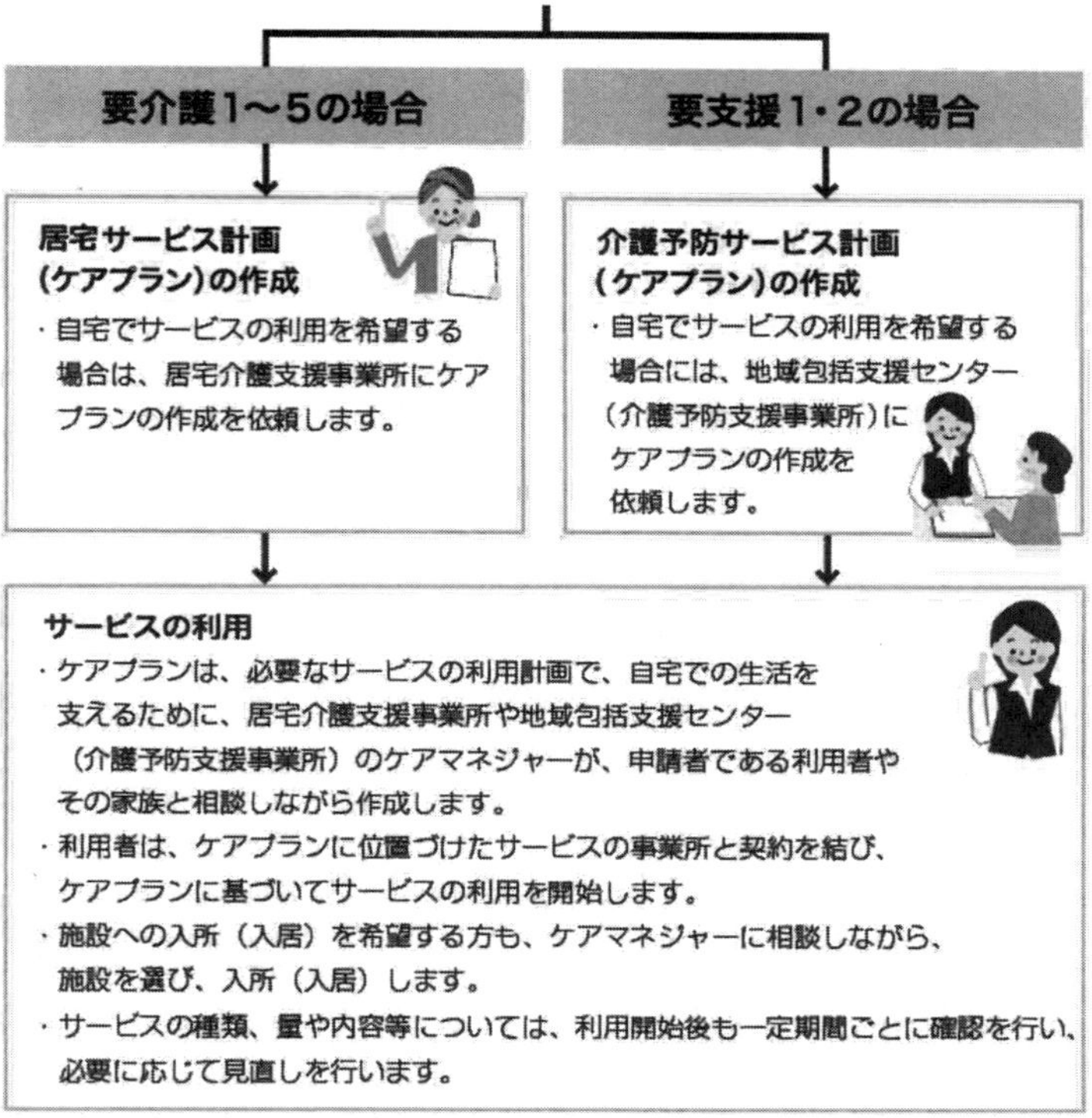
要介護1～5の場合
要支援1・2の場合
居宅サービス計画
(ケアプラン)の作成
・自宅でサービスの利用を希望する
場合は、居宅介護支援事業所にケア
プランの作成を依頼します。
介護予防サービス計画
(ケアプラン)の作成
・自宅でサービスの利用を希望する
場合には、地域包括支援センター
(介護予防支援事業所)に
ケアプランの作成を
依頼します。
サービスの利用
・ケアプランは、必要なサービスの利用計画で、自宅での生活を
支えるために、居宅介護支援事業所や地域包括支援センター
（介護予防支援事業所）のケアマネジャーが、申請者である利用者や
その家族と相談しながら作成します。
・利用者は、ケアプランに位置づけたサービスの事業所と契約を結び、
ケアプランに基づいてサービスの利用を開始します。
・施設への入所（入居）を希望する方も、ケアマネジャーに相談しながら、
施設を選び、入所（入居）します。
・サービスの種類、量や内容等については、利用開始後も一定期間ごとに確認を行い、
必要に応じて見直しを行います。

（出典）ワムネットより

Part 3

介護サービスの種類

〈1〉介護保険サービスと介護保険外サービス

介護サービスとは、人の入浴・排泄・食事など身の周りの世話をするサービスです。その中で介護保険サービスと介護保険外サービスに分けられます。

介護保険サービスは、在宅介護サービス、施設サービスなど介護保険対象サービスが決められています。しかし、要介護状態になった時に必要なサービスは、介護保険対象サービスに限りません。他にもさまざまなものが考えられます。

たとえば、食事を自宅に届ける配食サービス、緊急通報サービス、または要介護状態で生活するためのさまざまな生活関連サービスや商品があります。これらが介護保険外サービスにあたります。

〈2〉在宅サービスと施設サービス

介護保険制度で利用できるサービスはさまざまですが、大別すると在宅型と施設型とに分類できます。

自宅にいる要介護者を対象にした訪問介護のような在宅サービス、特別養護老人ホームや老人保健施設な

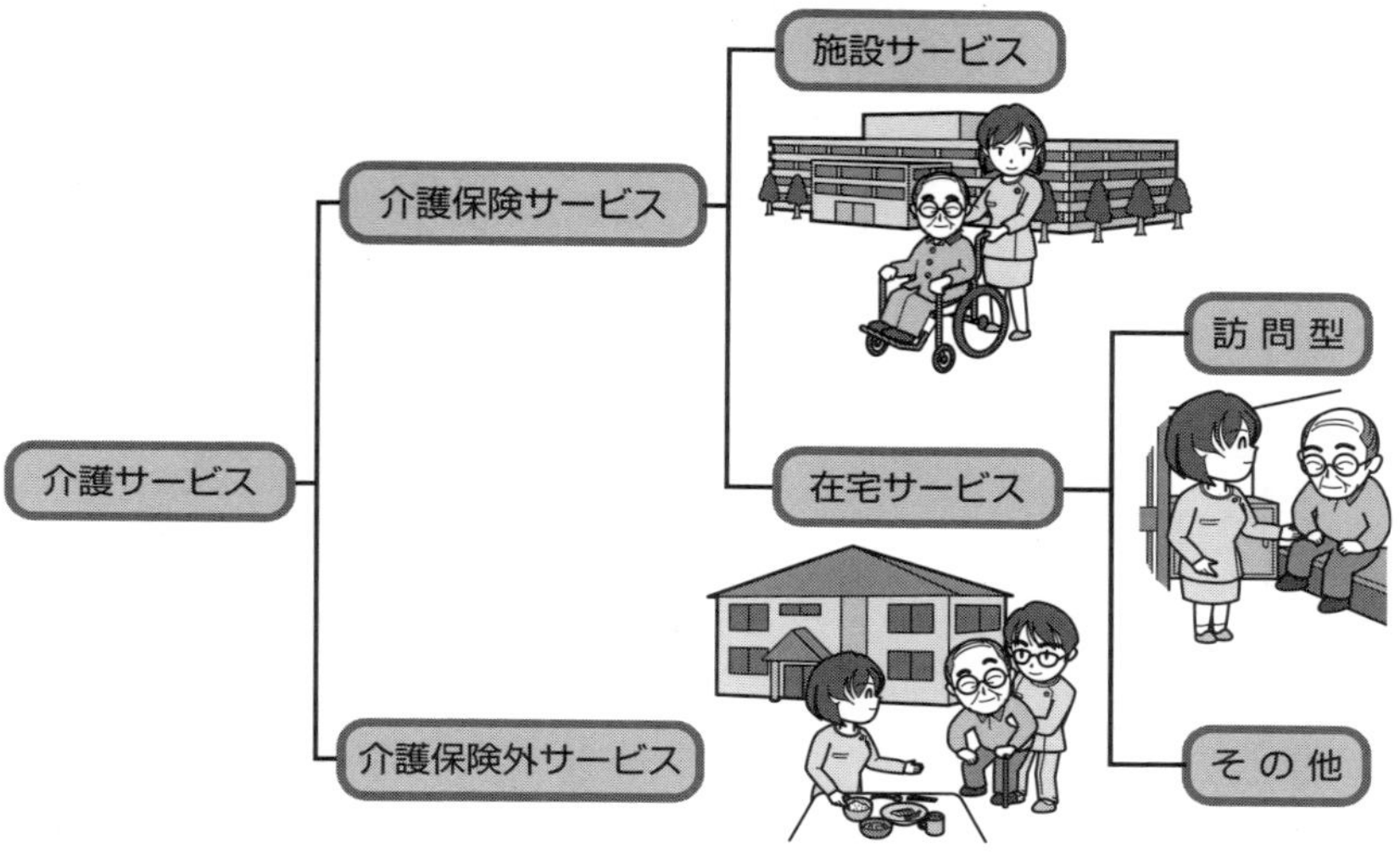

ど施設を利用する施設サービスがあります。

在宅の要介護者を対象としたものは、自宅にサービスを届ける訪問型のものと、自宅から通ってくる人を対象に行うサービスとに分けることができます。

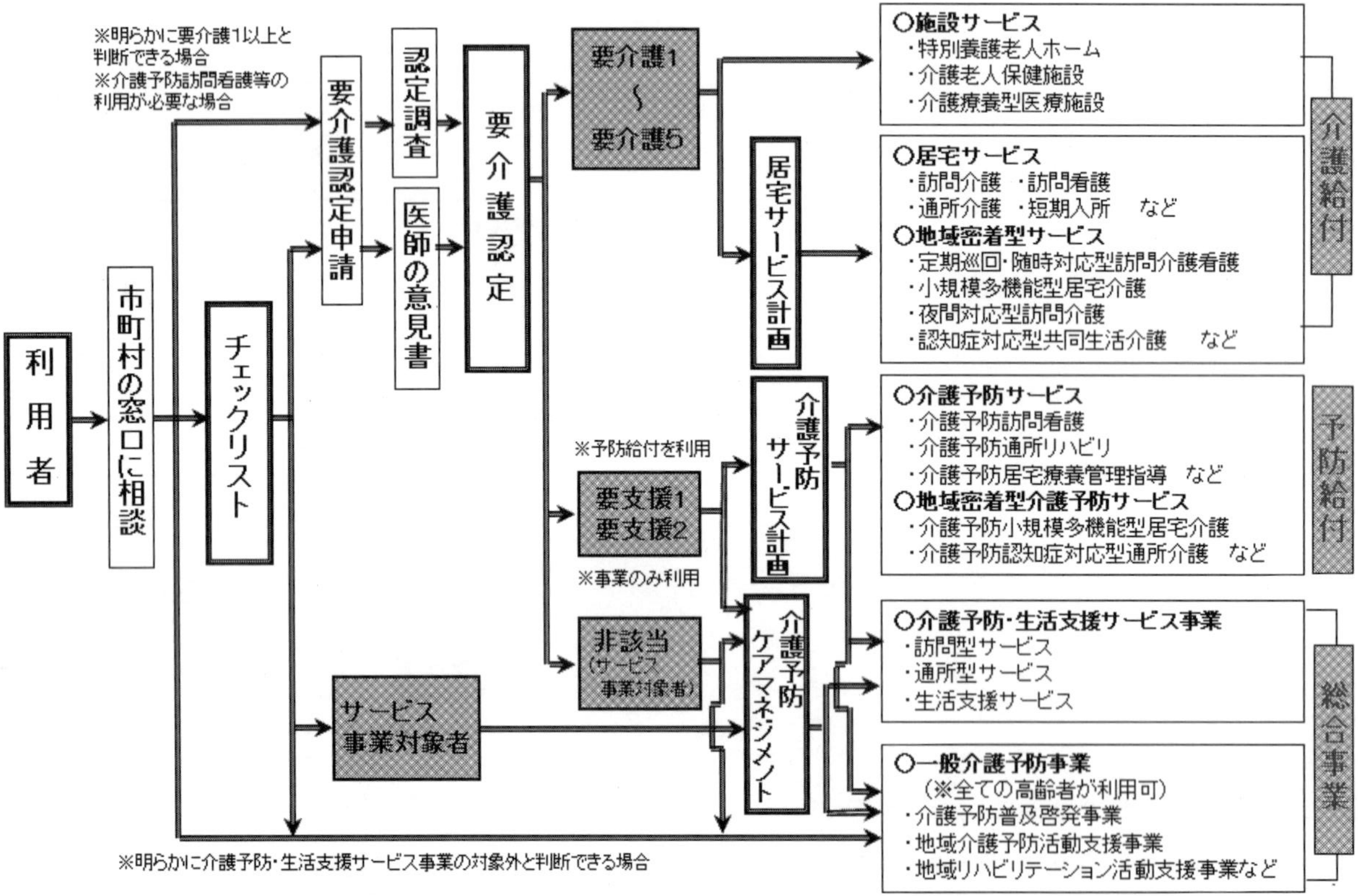
利用者
市町村の窓口に相談
チェックリスト
※明らかに要介護1以上と判断できる場合
※介護予防訪問看護等の利用が必要な場合
要介護認定申請
認定調査
医師の意見書
要介護認定
要介護1～要介護5
※予防給付を利用
要支援1
要支援2
※事業のみ利用
非該当（サービス事業対象者）
サービス事業対象者
居宅サービス計画
介護予防サービス計画
介護予防ケアマネジメント
※明らかに介護予防・生活支援サービス事業の対象外と判断できる場合
○施設サービス
・特別養護老人ホーム
・介護老人保健施設
・介護療養型医療施設
○居宅サービス
・訪問介護　・訪問看護
・通所介護　・短期入所　など
○地域密着型サービス
・定期巡回・随時対応型訪問介護看護
・小規模多機能型居宅介護
・夜間対応型訪問介護
・認知症対応型共同生活介護　など
介護給付
○介護予防サービス
・介護予防訪問看護
・介護予防通所リハビリ
・介護予防居宅療養管理指導　など
○地域密着型介護予防サービス
・介護予防小規模多機能型居宅介護
・介護予防認知症対応型通所介護　など
予防給付
○介護予防・生活支援サービス事業
・訪問型サービス
・通所型サービス
・生活支援サービス
○一般介護予防事業
（※全ての高齢者が利用可）
・介護予防普及啓発事業
・地域介護予防活動支援事業
・地域リハビリテーション活動支援事業など
総合事業

第2章

介護起業必勝法

第2章

介護起業必勝法

選択と集中

1　介護サービスの現状
・介護ビジネス市場

2　介護起業必勝法
・訪問介護事業所の魅力
・居宅介護支援事業所の併設理由

運営ノウハウ

3　実際の事業所開設方法
・事業所開設までのスケジュール

4　訪問介護事業所運営
・利用者獲得方法

5　居宅介護支援事業所運営
・ケアプラン受託方法

管理ノウハウ

6　数値管理
・売上、利益の流れ
・介護報酬請求

7　起業時の経営
・経営者の役割

戦　略

8　事業所経営必勝法

1　マーケティング戦略
2　市場別戦略
3　エリア戦略
4　ステージ別戦略
5　マネジメント戦略
6　収益改善戦略
7　特定加算戦略
8　コンプライアンス戦略
9　介護人材戦略

9　介護保険制度をとりまく状況

10　介護起業成功例

Part 1 小資本なら施設サービスよりも居宅サービス

〈1〉施設系サービスのリスク

介護保険法対応サービスを大きく二つに分けると、施設サービスと居宅サービスに分かれることは説明しました。

前者は、特別養護老人ホームや老人保健施設などです。後者は、在宅が基本で訪問介護サービス（ヘルパー利用）や通所介護サービス（デイサービス）などです。

数億の資産がある場合や大企業の場合は施設サービスの開業も考えられますが、この本の読者を想像すると、個人で起業しようとしている人が大多数と思いますので、施設サービスの説明は割愛させていただきます。

さて、その居宅サービスについてですが、施設を必要とする箱物（ハコモノ）と、そうでないものに分かれます。箱物を代表するものは、通所介護サービス（デイサービス）です。他に、通所リハビリ・特定施設などありますが、運営上は施設サービスと変わりません。

というのは、「初期投資が大きく資本がかかるサービス、定員などに上限があり最高利益が決まっているハコもの」と「初期投資がそれほどかからず利益が青天井のもの」との区別のためです。ある意味、訪問入浴も入浴車の購入や一日に巡回する限度があるなどを考慮すると魅力的な居宅サービスとは思えません。

箱物またはそれに似たシステムを活用するサービスは、イニシャルコストがかかり定員などにより利益に上限があります。初期投資が多い分だけ回収までに時間がかかり、常に赤字になるリスクを考えなければなりません。

なぜ赤字になるリスクと隣り合わせかというと、家賃や運営するのに必要な人員の固定人件費などで損益分岐点が高く、定員ギリギリ（二〇人定員の通所介護事業所であれば一六～一八人）の集客がないとペイラインに到達しないケースが多いのが現状です。また、どんなに順調に推移していてもインフルエンザなどが流行し、出席率が下がり休止、中止者が出るとすぐに赤字転落になるのです。しかも、定員を超えると介護報酬にペナルティをとられ減算になりますので、利益が仮に出ているとしても定員以上に利用者を増やすことができないため利益が安定している反面、限界があるのです。

以上の理由で固定経費がかかり、リスクが大きい箱物業種は避けたほうが良いと思います。

〈2〉リスクの低い訪問系サービス

訪問系サービスは、登録型の従業員をうまく活用すれば「売り上げが発生しなければ経費が発生しない」システムになっています。

訪問介護（ヘルパー派遣）を例にしますと、お客様（利用者）の自宅にヘルパーを訪問させるわけですからサービス時間が売り上げになり、経費である人件費はヘルパーが働いている時間に発生する時給になります。つまり、売り上げが発生しない限り、経費（人件費）は発生しないのです。

ただし、登録型ヘルパー（時給による労働者）に関しての人件費であり、正社員を多く雇用し展開している会社はこの限りではありません。しかも、そのような会社は経営的に業種のメリットを活用していないと考えざるを得ません。

介護保険法の基準人員がありますので、その規定人員は常勤社員とし、それ以外はできるかぎり登録型ヘルパーを活用すべきです。

次に、売り上げの増減はどんな会社にもあると思いますが、居宅サービスであれば売り上げが増えれば、当然利益は上がります（これは施設型も一緒ですが……）。

ところが、法改正や他の要因などで売り上げが減少した場合には、経費も同時に減りますので運営費が決まっている施設型と違いそれほど深刻な赤字にはなりません。もちろん、最低減の運営費があるので赤字にならないことはないですが、施設型に比べ運営しやすいのはおわかりいただけるでしょう。

最後に、訪問型の事業は利用者定員がないため、大きな「制度リスク」を受けません。介護報酬の改定が三年に一度あります。利用者定員がある事業は、報酬が下がれば売上低迷を避けることは困難です。しかしながら、訪問介護など利用者定員がない事業は報酬が下がった分、利用者数を増やし売上を維持することが可能なのです。

Part 2

訪問系サービス中の訪問介護、居宅介護支援

〈1〉訪問介護の魅力

前項で、多額の投資の必要がないサービスが経営的に有利ということを説明しました。訪問系の介護事業では、訪問介護・訪問看護・訪問リハビリなどのサービスがあります。

訪問看護に関してですが、ほとんどの看護師が病院で勤務しており、訪問看護事業所では採用が困難なことが考えられます。訪問リハビリに関しては、医療法人しか指定申請することができません。

そうなると、最初はリスクの低い訪問介護が運営しやすいことになります。訪問介護利用者は訪問看護に比べ、サービス期間が長いので物販や飲食業であれば長期リピーターの確保と同じことです。

つまり、サービスの質を落とさなければ、利用者が入院・入所（施設）・死亡するまでサービスを継続することができるのです。しかも現実的には、回数・時間が増えていくことが多いので、売り上げは向上していきます（福祉的

■ 起業領域

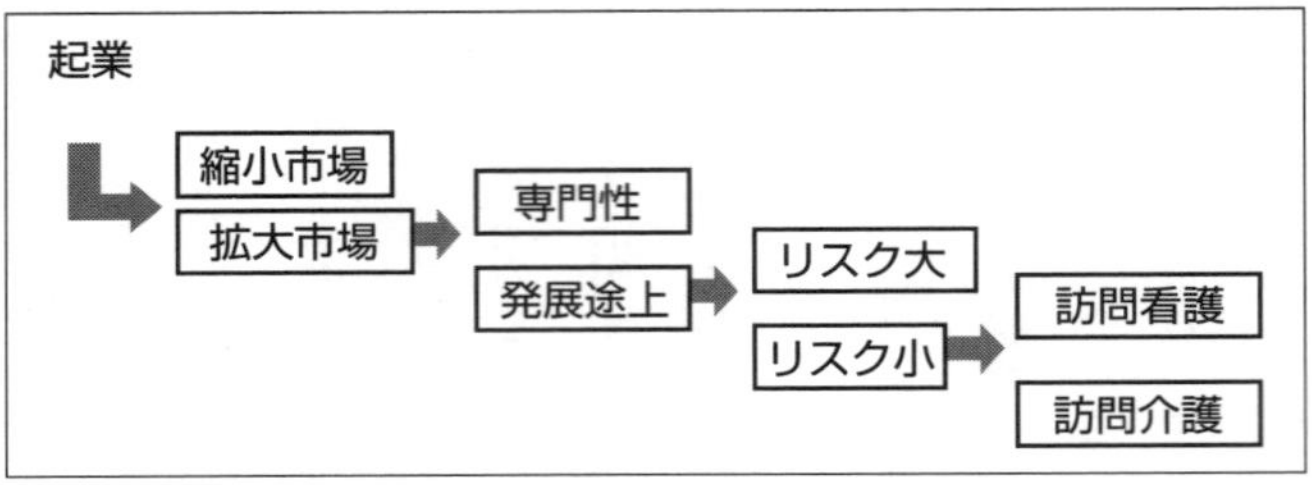

理想としては減ったほうがよいのですが）。

以上の要因により、少額資本での起業は訪問介護が魅了的なことがおわかりいただけたと思います。

〈2〉居宅介護支援事業所の併設理由

訪問介護のサービスは誰から依頼を受けるかというと、介護支援専門員（ケアマネージャー）です。

利用者・介護者

⬇

支援事業所（ケアマネージャー）

⬇

サービス事業所

介護保険に関するサービスは利用者が選択のうえ、ケアマネージャーが手配することになっています。利用者の指定するサービス事業者がない場合、ケアマネージャーの采配によりサービス事業者が選ばれていくのです。それを考えると、自社訪問介護事業所のサービスの質の維持が条件となりますが、ケアマネージャーの所属する事業者である居宅介護支援事務所を併設すれば、サービス依頼がくる可能性が高くなります（もちろん支援事業所は中立公正が前提）。ケアプランを居宅支援事業所が受託し、併設訪問介護の依頼を獲得できれば、利用者にとっても同事務所による連携が取れたサービスが提供できるという意味でＣＳ（顧客満足）にもつながります。

他社ケアマネージャーからの依頼を受けることも重要ですが、十分な連携が取れない可能性があります。

つまり、少額資本で起業するとしたら、居宅介護支援・訪問介護事業所の併設が有利です。

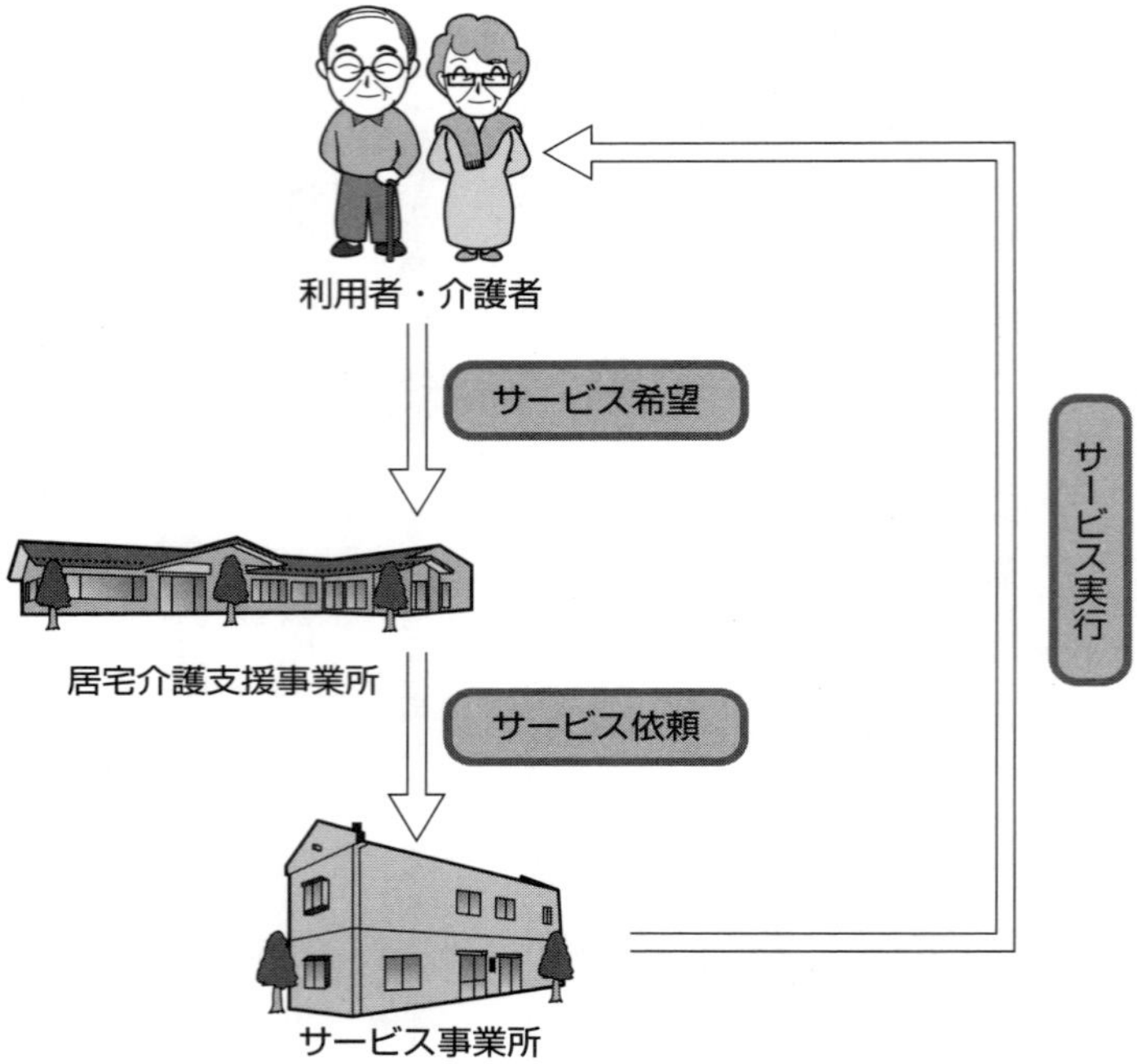
利用者・介護者
サービス希望
居宅介護支援事業所
サービス依頼
サービス事業所
サービス実行

〈3〉リスクの小さい事業から

介護事業を初めて経営する場合であり少額な資本であれば、訪問介護事業および居宅介護支援事業からスタートすべきですが、既に会社を経営している場合や潤沢な資本がある場合はこの限りではありません。人材リスクはありますが、地域包括ケアでは欠かせない訪問看護事業を手掛けることも問題ありません。また、男性職員が多数所属している事業所であれば、同性介助が基本である障害者総合支援事業などに参入することも十分考えられます。要はリスクの小さい事業から、多少リスクのある事業に移行していけば良いわけです。

Part 3 立地条件は一等地である必要なし

事業所の立地条件についてです。介護業界に詳しくない人は、たいてい駅前の一階で、できれば間口が広く好イメージをお客様に与えるような看板、応接室……と考えるでしょう。

ところが実際は利用者が事業所を訪れることはほとんどないということです。こちらから出向くことがほとんどですから、物販や一般サービス業でいう一等地の必要はまったくありません。

しかも、都市部の必要もまったくありません。通常の会社は、「繁盛したらいつか都会の○○ビルに事務所を構えたい」という考えはありえますが、介護業界ではその必要はまったくありません。逆効果になることも予想されます。

それでは、どのような場所でどのような広さが適するのでしょうか?

ある程度のマーケティング調査は必要ですが、住宅地であり、利用者でなく従業員の通いやすい立地であるべきです。ビルの一階か五階かなどはまったくといっていいほど関係なく、従業員が自転車などで通いやすい場所がベストです。先ほども説明しましたが、都会の必要はなく、一等地でも一階でもある必要はないので、低コストで事務所を賃借することが可能です。

エピソード１

私は起業する前も介護業界で活動していました。

事務所の立地条件として、一等地といわれる駅前の一階、駅から歩いて一〇分のビルの四階、マンションの一室など多種の経験をさせていただきました。

広さに関していえば、最初は広くする必要がなく、開業後の従業員数など身の丈にあった広さに変えていくほうが良いと思います。

エピソード２

私の場合、六畳一間の（三坪）から始め、現在は二〇坪ですが何の不自由も感じておりません。現在の事業所は、駅からは近いですが、住宅地の中のビルの二階が立地です。

事業所が狭いから、一等地にないから、サービスの質が低いという話は聞いたことがありません。

介護報酬が一定である以上、サービスの質を落とさずどれだけコストを抑えられるかが、この業界で成功するキーポイントなのです。無駄な経費は一切ご法度です。また、事業所が一階にあっても四階にあっても、マンションの一室でも、新規利用者の獲得状況に変化が出ることはありません。

ただし、立地によっては高齢者が少ない、ヘルパー層が住んでいない、地域業者の囲い込みがあるなどの要因で、立地条件としてはふさわしくない可能性があります。事前調査は、必要です。

Part 4 ビジネスの見地からみた介護業界

〈1〉自由市場と介護市場のちがい

介護市場は社会保険ビジネスのため、運営上あらゆる制約があります。価格設定や運営方法に規制のない自由市場に対してのことばです。介護保険内のこれらの事業は法律による運営基準で、単価（介護報酬）、常勤社員人員数、事務所、使用帳票などが規制されており、独自な動きが取りづらい業界です。だからといって、まったく市場性がなく、ビジネスの原理原則が活かせないかというと、そんなことはありません。

一般的に「介護は特別だから」、「福祉は必要以上に営利を追求してはいけない」などといわれることがありますが、介護市場と自由市場との違いを明確に分析することにより、個々の対応策を講じればビジネスとして有効なマーケットであることは間違いありません。

たとえば、介護市場のビジネス的メリットの代表的なものを紹介いたします。

介護市場メリット

在　庫　⇩　在庫がない。売上をつくるための商品仕入れがないため、在庫処分ができず経営が圧迫されるリスクがない。

売上変動⇩自由市場であれば、業界によっては繁忙期と閑散期などがあり、売上が高い月と売上の低迷する月など売上に波がある。介護業界では平日数のちがいで多少変動があるだけで、月による売上変動がほとんどなく一定している。また、事業運営が一度軌道にのれば急激な売上低迷が考えづらく安定している。

リピーター獲得⇩リピーターを獲得するために、日々奔走している会社が多いなか、介護市場では事故や大きなクレームがない限り全利用者が毎月のリピーターとなる。

売掛金回収⇩利益をあげているのに、売掛金の回収ができず倒産する会社があるなか、社会保険である介護市場ではサイトは長いが、確実に入金がある。

このように、自由市場よりも有利なことが多々あります。しかし、福祉業界従事者は他の自由市場会社の就業経験者が少ないこともあり、これらのメリットを把握している人はほとんどいないのが現状です。

項目別に、自由市場と介護保険市場のちがいを説明します。

No	項　目	自　由　市　場	介護保険市場（箱庭市場）
1	単　価	自　由　競　争	介護報酬（決まっている）
2	客　単　価	商品価格×品数	自立支援に向けた提案力 社会保険に対する説明力
3	顧　客　数	無　限　大	担当エリア認定者数内
4	顧客獲得ルート	無　限　大	支援事業所→役所、 地域包括支援センター 訪問介護→居宅介護支援事業所
5	客　層 （ターゲット）	ターゲットを設定し 商　品　開　発	高　齢　者
6	仕　入　れ	商　品	人　件　費
7	人員数（正社員）	収益計画の中の人員数	法的基準あり
8	経費（コスト）	収益計画の中のコスト	活動するためのコスト
9	利　益	無　制　限	利益をあげている事業者数が 増えると介護報酬低下
10	戦　略	市場の動向などを調査	受身の態勢であり立案しづらい
11	目　標	ノルマなどによる 徹底管理	受身の態勢であり立案しづらい
12	エ　リ　ア	無　限　大	基本的に自治体単位
13	ラ　イ　バ　ル	徹　底　研　究	運営基準が法的に決まっている ので研究しない
14	ス　ケ　ー　ル メ　リ　ッ　ト	仕入れ額が抑えられ 利益率高い	法律で人員基準が決まっている のでスケールと利益率は無関係
15	本　部　機　能	スケールメリットの 活用	事業所開設機能、資金調達のみ

以上のような「ちがい」があることを十分把握し、戦略を練る必要があります。

〈2〉介護サービス事業所の現状

介護保険市場が自由市場と比較しメリットが多々あるので、各社高利益率をあげ大成功しているかというと、現状はそうでもありません。

訪問介護が利益低迷しているとは、どういうことでしょうか。

先ほども、福祉業界には自由市場の荒波にもまれた人材は少ないという話に触れましたが、まさにビジネス的見地にたち具体的戦略を立案、実践している事業所が皆無に等しいのです。だからこそ、ライバルである他社が戦略的でない分、やり方しだいでは勝ち組に入れるチャンスがあるのです。

また、売上のみにとらわれ利益という観点を無視している事業所も多く、ビジネスの本質を理解している経営者に出会うほうが少ないのが現状です。そういう人に限って「ビジネスと福祉は両立しない」などのコメントを発します。

売上至上主義を捨て、利潤の追求を行い、健全経営による福祉サービス活動を行うべきです。

さらに、介護市場が拡大している環境の中、訪問介護全体では利用者・収入とも増加していますが事業所数の伸びがそれを上回るため一事業所当たりの人数・収入は減少に転じています。つまり、市場の拡大を追い風にすべての事業者が恩恵をこうむる時代から事業所間に格差が生まれ淘汰の時代を迎えたということです。

次に、訪問介護規模別収支を見ると、延べ訪問回数と収支差率の関連性がないことがわかります。つまり、規模が大きければ利益率が高いという関係性はなく規模が小さくても利益率が高い事業者もあるわけ

■ 訪問介護規模別収支

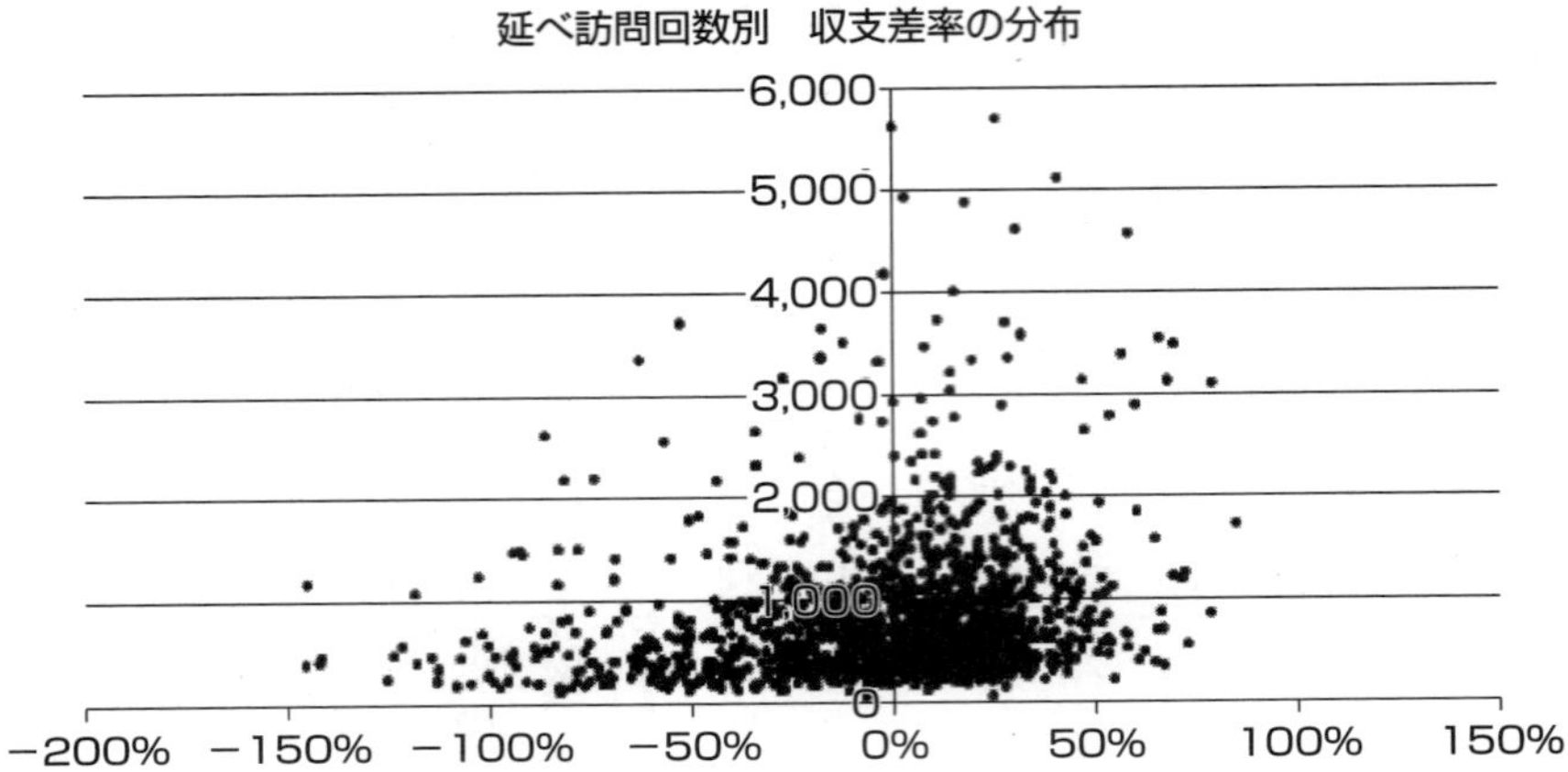

■ 訪問介護収支分布

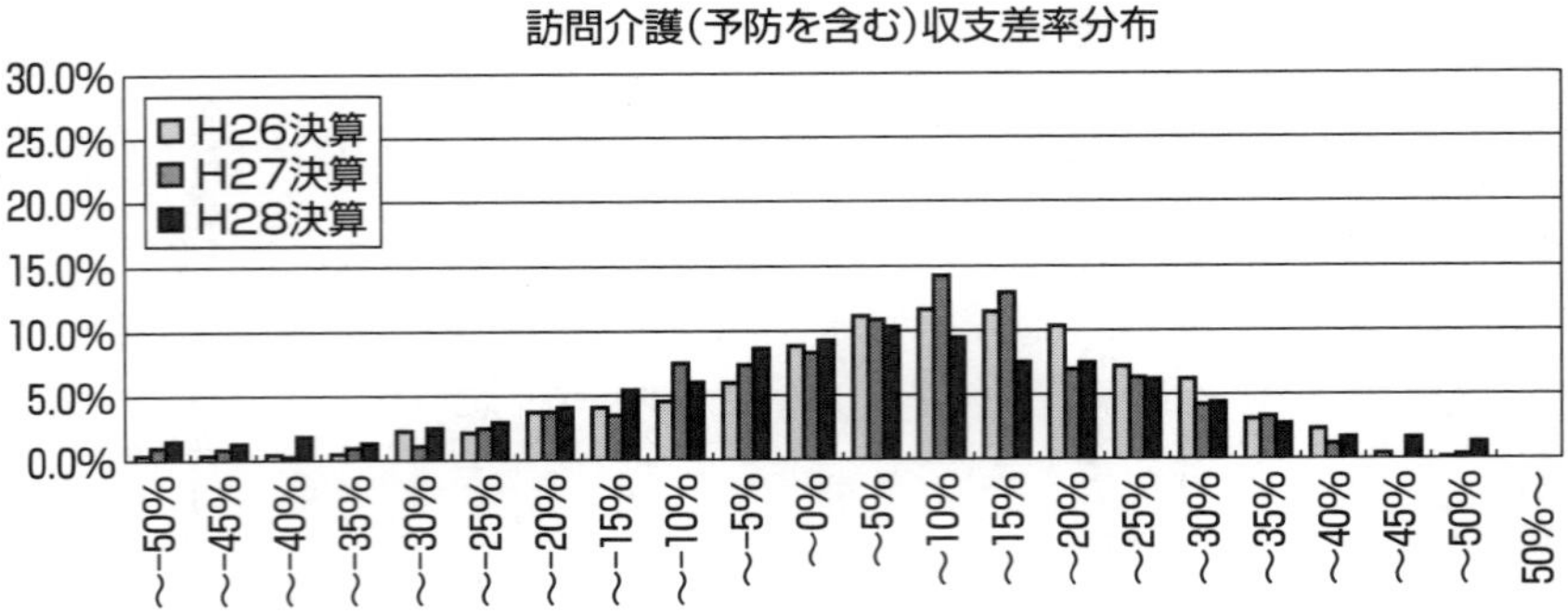

■ 介護サービス事業者の現状

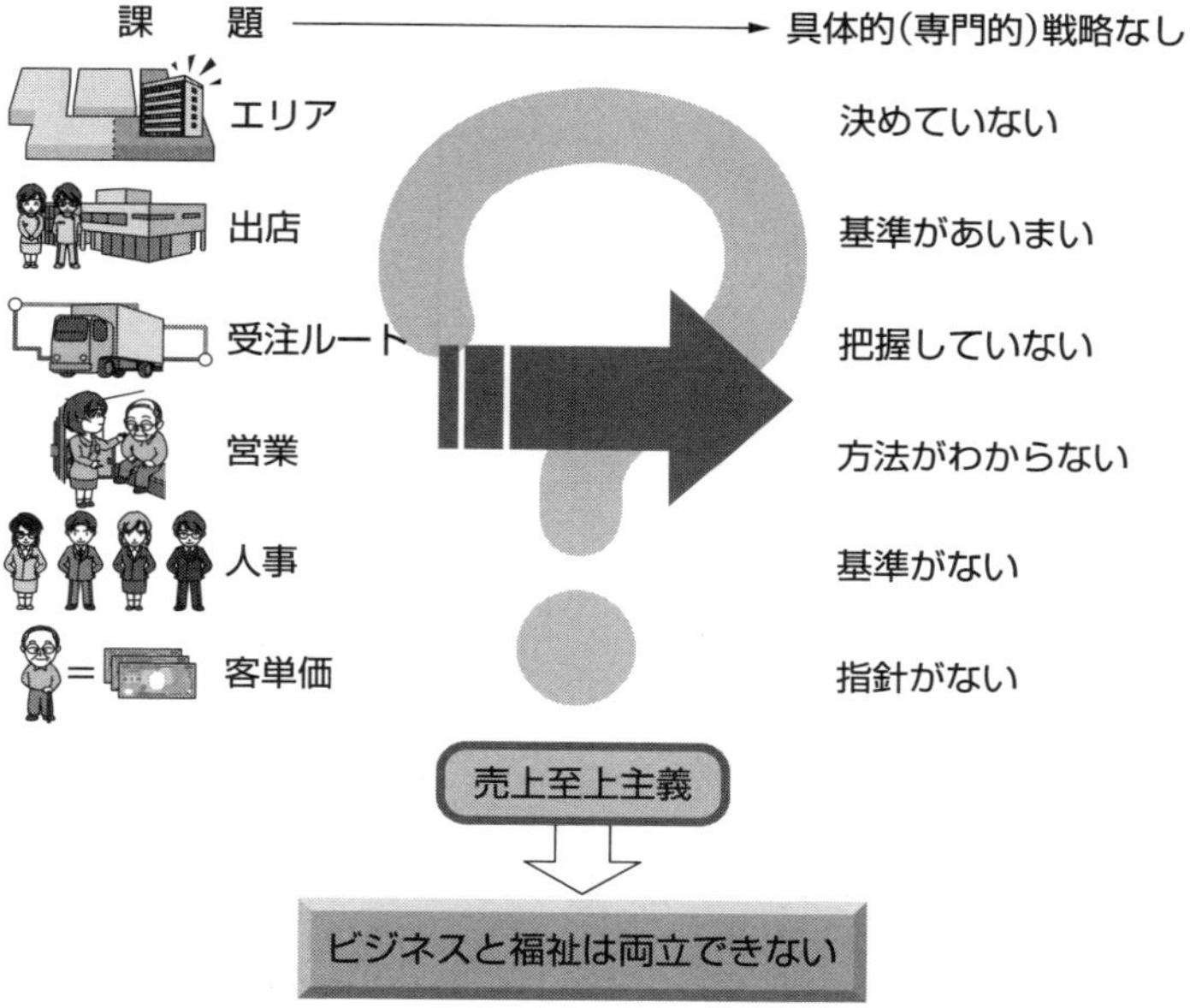

新聞記事
施設サービスでは、プラス５％から15％の層が厚い「山形」の分布になっているが、訪問介護などの在宅サービスは、マイナス20％とプラス25％の事業者割合が多いなど二極化している。在宅サービスは、経営の仕方によって収支に大きな差が出ていると言えそうだ。

出典：シルバー情報

です。規模ではなく戦略により利益が決まってくると言えるでしょう。

また、訪問介護収支分布を見てみるとマイナス15％の事業所もありますがプラス35％の事業所もあります。収支分布幅が広いのが特徴です。介護報酬は全国収支平均を参考に決めており、損失を計上している事業者がたくさん存在しているおかげで、社会保険事業にかかわらず利益率が30％以上といった事業者も存在するのです。

この現状を正視したうえで、エリアマーケティングなどの戦略に基づいた勝利の方程式を断行し、他の会社のやっていない（できない）方法で競争力をつけることが勝ち組にのこる方法です。

〈3〉居宅介護支援事業所・訪問介護事業所併設のビジネスモデル

それでは、具体的戦略をたて実践した場合、どのような収支になるのでしょうか。

次の表は、訪問介護事業所と居宅介護支援事業所を併設し、利用者が一〇〇名になった時点の月間収支表です。

この表は成功例です。当数値を出すための戦略は、第8章の「具体的運営方法」に記載いたしますが、まずはこのように二五％近くの利益率（役員報酬除く）を獲得することが可能です。

また、特定加算を取得した場合はさらに利益率がアップします。

■ 訪問介護・居宅介護支援事業所収支（利用者100名）例

（単位；千円）

売　上	支　援	1,300	単価 13×100
	訪問介護	5,000	単価 50×100
	売　上　計	6,300	
経　費	人件費		
	支援	750	ケアマネ給与 250×3
	訪問介護	1,000	サ責給与 250×4
	登録ヘルパー	1,750	訪問介護売上×35%
	管理者(事務)	300	管理者給与 300×1
	小　計	3,800	
	そ　の　他	750	ヘルパー募集費、家賃等
	経　費　計	4,550	
利　益		1,750	売上計－経費計

Part 5

FC加盟について

ＦＣ加盟についてですが、一般的に言うと自力で起業するよりも加盟した方が安心だし商売がうまくいくのではないかと考えがちです。確かに起業時に限って考えると、自分で起業方法を調査し、運営が軌道にのるまで膨大な労力を費やし不安な日々をすごすよりも賢い選択かもしれません。

加盟金二〇〇万円を払ったとしても、開設一ヶ月目などは本部に一〇回以上問い合わせをしたり訪問指導を受けたり重宝する事でしょう。しかも、ロイヤルティーの相場は五％なので、初月売上一〇万円だとするとロイヤルティー支払は五〇〇〇円です。

しかし、経営が軌道にのり月間売上が六〇〇万円になった時を考えましょう。そのころには本部に問い合わせする事もなく（問い合わせをするとしたら法の解釈等なので連絡先は役所）、訪問指導を受ける事もありません。ロイヤルティー三〇万円（売上の五％）を快く支払いますか？　売上が向上してもＦＣ契約のメリットが持続する業種であればＦＣ契約もウインウイン関係になることは考えられますが、当業界のような社会保険事業においては、事業所が役所から指導を受ける立場なのでＦＣ本部に問い合せることによって得られるメリットが開業時だけに限られ、ＦＣ本部との友好関係が持続することはきわめて困難です。利益が出ても出なくても摩擦が生じる可能性がある関係はお勧めできるものではありません。加盟後に関係を断とうとしても違約金や競業禁止などで取り返しのつかない事になりますのでご注意ください。

■ 介護起業（訪問会議）のノウハウ

FC加盟してはいけません!!

少額資本で利益獲得
高利益率確保には「やり方」がある。 ➡ 他業種からの参入の場合
ノウハウを仕入れる必要あり

知っていますか？

FC加盟金	相場	200万円
FCロイヤルティー	相場	売上　×　5%

開業1年

もう、ノウハウがあるのに
もう、本部に問い合わせることなどないのに
せっかく、利益が出てきたのに
→ ロイヤルティー発生

あなたは、それでもFC加盟しますか

ノウハウ支援は起業時の軌道にのるまでの期間だけで良いのです。

（株）さくらケアのコンサルティング

開設ノウハウ支援（指定申請支援、助成金申請支援、開業スケジュール支援）
⇒　50万円；ロイヤルティーなし

エピソード3

損益計算書とキャッシュの相違点

まず始めに、キャッシュの感覚を身につける必要があります。

サラリーマン時代に身についてしまった損益計算書上利益が出れば（売上ー経費を管理さえしていれば）、それでよいという考えをすべて捨てなければなりません。開業するにあたり、損益計算書だけをシミュレーションし、「六ヵ月後には利益が出るからその期間までの累計損失のキャッシュを準備すればそれでよい。もともと飲食店のように設備投資がいるわけではないし、立ち上げにはほとんどお金はかからないから二～三百万円あれば大丈夫！」と一般的には考えがちですが、ここが一番の落とし穴です。要注意!!

実際、私も立ち上げ当初は一、〇〇〇万円準備しましたが、半分も使うことはないのではないか？と思ったのは事実です。

ところが現実は、現金がどんどん湯水のように出て行き、一番資金繰りの厳しいデットバレーと呼ばれる時には預金残高数万円という経験もしました。損益計算書とは別に資金繰り計画書を必ず作成し、あらかじめ予想されるデットバレーを見越し金融機関などからの融資を計画したほうが無難です。

作成方法は比較的簡単で、損益計算書に合わせ、月別に収入（入ってくるお金）と支出（出ていくお金）と預金残高を表にするだけです。介護報酬の売り上げは、翌々月の二十三日（都道府県により差異あり）入金なので、預金残高が自分の考えているより低くなる月があることに驚くでしょう。実績が順調に推移し、売り上げが月五〇〇万円（売掛金一、〇〇〇万円）になっても、従業員に給与も払えない可能性があることを理解してもらいたいのです。要するに、収入よりも支出が多いと預金残高は減るのです。預金残高がマイナスになった時点で事実上身動きがとれなくなります。

一見当たり前のような話ですが、この単純な法則がわかっていない人がほとんどだと思います。サラリーマン時代のように、「誰かが（どこかで）補てんしてくれる」「帳簿上で黒字が出ればよい」「みんなでやれば怖くない」という考えは、この際断ち切らなければ手痛いしっぺ返しがくることを理解してください。

必要資金について

介護サービス事業を開設するにあたり、設備もほとんどいらないし、人も二～三人雇用すればよいので数百万円あれば楽勝だろうと誰もが思います。実際私もそうでした。私は当初、自宅の一室で開業したので、一〇〇万円かからないのではという稚拙な考えを持ちました。ところが、実際開業してみると、資本金で準備した一、〇〇〇万円があっという間に七〇〇万円に、月が経過するごとに六〇〇万円、五〇〇万円……このままだと資金がショートするという恐怖感にとらわれることになってしまいました。今思えば当然のことですが、当月売り上げが五〇～六〇万円なのに対して経費は一〇〇万円以上かかります。しかも、介護保険入金が二ヵ月後なので、何もしなくても現金が月一〇〇万円近く減っていくわけです。

これにはさすがの私も焦りが隠せませんでした。眠れない夜が続き、落ち着きがなく、ゆっくり物事を考えることなど不可能な状況に陥りました。寝てもさめてもお金のことで頭がいっぱいで、いくら働いても「疲れた」という感覚さえ感じることはありませんでした。完全に麻痺していたと思います。実際売り上げにつながることなら何でもしました。新規依頼の連絡が入り「すぐにお伺いします」と電話で返答し、四〇歳すぎの男が雨の中カッパをきて自転車で利用者宅に駆けつけることが平気でできたものです。危機感が多少でも解消できれば苦にもなりませんでした。世に言う、「起業のストレス」「金のないストレス」とはこのことかと痛感したしだいです。

資本金を一、〇〇〇万円準備していたこともあり、融資を受けるなど他人事と思っていました。必要に駆られ、資金繰り計画書を作成しました。さっそく区の中小企業の創業に関する融資担当に相談し、二ヵ月後に五〇〇万円の借り入れを起こしました。この金額は、助成金などで確実に入ってくる額なので怖くはなかったのですが、まさか開業間もなく融資を受けるとは考えていませんでしたので、複雑な心境でした。

また、融資を受けるためには、こんなに大変な手続きが要るのかと驚嘆したしだいです。金利の安い行政の融資制度を利用したこともあり行政申請書類を携え、面接を受け、区からの派遣の中小企業診断士の面談を経て、謄本まで注文をつけられ区の保証をもらいます。その後、保証協会の担当者が来訪し、銀行の通帳・住宅ローンの返済状況まで見られ、二ヵ月後にやっとメインバンクから入金があるといった具合です。

結果的には、一・四%の金利で満額（五〇〇万円）の融資を受けることができ、まずは一息でした。銀行の貸し渋りで倒産することはなんとか避けることができました。この融資の申請が数ヶ月遅れていたらと思うと背筋が寒くなります。融資を受けることができずに困窮している経営者の気持ちもわかりました。

このエピソードで何が言いたいかというと、思った以上に出費がかさむので、必ず資金計画・融資利用計画を立てたほうがよいということです。私の経験からすると開業資金は、二、〇〇〇万円は必要と考えます。二、〇〇〇万円というと高額に思えるかもしれませんが、たとえば飲食店・ブティックなどを開業することを考えれば決して高い金額ではないことはお分かりだと思います。また、介護業界の特徴として、一回売上を軌道にのせれば急に減少することは災害などない限りきわめて考えづらいので、融資を受けることに関し特にリスクを感じることはないと思います。

間違っても二～三〇〇万円で起業ができると思わないこと、資金がぎりぎりになったところで慌てふためかないよう、留意してください。

第3章

実際の事業所開設方法

第3章

介護起業必勝法

選択と集中

1　介護サービスの現状
・介護ビジネス市場

2　介護起業必勝法
・訪問介護事業所の魅力
・居宅介護支援事業所の併設理由

運営ノウハウ

3　実際の事業所開設方法
・事業所開設までのスケジュール

4　訪問介護事業所運営
・利用者獲得方法

5　居宅介護支援事業所運営
・ケアプラン受託方法

管理ノウハウ

6　数値管理
・売上、利益の流れ
・介護報酬請求

7　起業時の経営
・経営者の役割

戦　略

8　事業所経営必勝法

1　マーケティング戦略	4　ステージ別戦略	7　特定加算戦略
2　市場別戦略	5　マネジメント戦略	8　コンプライアンス戦略
3　エリア戦略	6　収益改善戦略	9　介護人材戦略

9　介護保険制度をとりまく状況

10　介護起業成功例

Part 1 事業所開設までのスケジュール

〈1〉立ち上げまでの流れ

立ち上げまでの流れは、手続きミスがあると開業時期が遅れたり、二度手間になったりなど作業効率が悪くなることが予想されます。

別表に大体の立ち上げまでの流れを記載しましたが、これは大まかなところであり細かいところは入念な再チェックが必要なことは言うまでもありません。

大きな注意点としては、社名に関して高齢者（介護者）が覚えやすい名前を付けるべきで、自己満足でカタカナやアルファベットの入っている名前は避けるべきだと思います。

事務所のレイアウトですが、指定申請時（詳細は後ほど記載）に提出書類として事務所平面図、事務所写真などがあり開設要件があるので慎重に検討することです。

助成金や指定申請などの準備は、前もって動くに越したことはありません。

訪問介護・居宅介護支援事業開設要領（例）

日程	項　目	具体的手段	備　考	予定日
90日前	起業に関する助成金の確認	直接、窓口に相談に行く	ハローワークや労働局などの助成金相談窓口に問い合わせ	
	事務所選定	賃貸契約	指定基準注意	
	法人設立支援業者選定	会計事務所選定	知人の紹介などが適当	
	社名検討	高齢者に親しみやすく、覚えやすいもの	同地区での商標確認（同一名がないように）	
	助成金申請	計画書作成のうえ提出	助成金の種類によっては開設後、数か月後に申請のものもある	
	印鑑作成	実印・角印・銀行印の発注	セットになっているもので安価な物で良い（利益が確保できるようになったら差し替え可）	
	法人設立	定款、謄本を会計事務所より受け取る	必ずコピーをとり、原本は保管	
	銀行手続き	口座開設・キャッシュカード・クレジットカード申請 ネットバンクなど経費・給与振込がPCでできるよう申請	メインバンクを確定する BIZステーション、JDLソフトなど	
	預金口座振替による収納事務委託契約書締結	業者を選択し契約	利用者負担額の集金の簡素化（自動口座振替）	
	郵便口座にて振り替えができるよう手続き	郵便局口座を作成 自口座の印字サービス利用	請求書とともに発送（お客様名をあらかじめ記入し本人と振込者が異なる場合の混乱を避ける）（自動振替か郵便局振込のみの集金とする）	
	経理（帳簿）の記入方法の習得	概念の習得、小口の対応方法、領収証の処理方法等	会計事務書担当より説明を受ける	
	求人登録（従業員）	ハローワーク登録	状況の応じ常に変更（時間、給与、パートなど） オープニングスタッフ大募集と掲載	
	事業計画書作成	利用者獲得目標・客単価等を考慮	経費等は暫定的に計上	
	融資申し込み	自治体の融資制度を優先活用	必要書類作成に時間が必要	
	就業規則作成	社労士に相談	今後の助成金活用考慮	
	新規指定申請申込	申請前月までにFAX（都道府県により異なる）	申し込み用紙を都道府県ホームページよりダウンロード	
60日前	従業員面接	必要な職種、資格、素養を明確にしておく	助成金の条件も勘案	
	労働契約書作成及び契約	変形労働時間制をとり、労働基準法にもとづいた契約書を作成	助成金申請も視野にいれた内容 当該事業所の残業時間の定義を明確にする	
	従業員採用	職務分担を明確にしやるべき事を理解させる	従業員の顔合わせ、決起大会開催	
	CM自治体認定調査研修受講	保険者に問い合わせ申し込みのうえ受講	開設時より即対応できるよう受講	
	損害賠償保険加入	各職種ごとに加入	指定申請時に必要 開設日から契約	
	什器、備品手配	電話・パソコン・コピー機・FAX・机・テーブル・イス パテーション・キャビネット	指定申請時の平面図を考慮したうえでの什器	
	通信機器整備	携帯・フリーダイアル・ボイスワープ（転送）	ターミナルアダプター等の設置	
	指定申請書作成 （居宅介護支援・訪問介護）	指定申請日予約（写真、謄本等の準備）	書類が多種あり時間が必要	

日程	項　目	具体的手段	備　考	予定日
40日前	指定申請 （居宅介護支援・訪問介護）	不備な書類があれば、その場で変更（再提出の場合あり）	事前に都道府県庁に行き確認をしてもらう	
	処遇改善給付加算届申請	都道府県庁提出	ホームページよりダウンロードし、都道府県に提出	
	社会保険手続き	会計事務所に委託する方法もある	給与をあらかじめ決めておく	
	インターネット環境整備	プロバイダー契約、接続等	無線ランなどで複数のパソコン使用が便利	
	ソフト契約	ASPの業者を選定	バックアップ・バージョンアップを考えるとASP	
	イラスト・ロゴ検討	アイキャッチは重要なのでプロに委託	複数の中から選考（名刺用、募集広告用等）	
	名刺発注	色。位置、字の大きさ等慎重に検討	必ず直接交渉	
15日前	営業	居宅介護支援事業所・保険者・包括支援センター挨拶	ケアプラン獲得可能件数報告	
	封筒・伝票（複写などの帳票）作成	印刷業者を選択し発注	ヘルパー募集のチラシなども発注	
	契約書・重要事項説明書作成	他社を参考にし作成	理解しやすいものが適切	
	帳票類作成	他社を参考にし作成	シンプルなもので活用しやすいもの	
	身分証明書作成	携帯しやすい大きさにする	有効期限を明確にし、管理しやすいように期限を統一する。全員の更新を一括して行う。	
	業務フロー作成	合理的オペレーションであり事業所に適したものを作成	ポイントをつき、簡単なもの	
当日	開設	従業員全員出社	事業計画説明	
	ソフト説明会	ソフト提携会社に委託	初日に来訪してもらい時間をとる	
	労働保険加入手続き	労災、雇用保険手続き	ハローワーク提出	
開設後	36協定締結	労働基準監督署に提出	後のトラブルに備える	
	業務管理体制届申請	都道府県庁提出（届出方法変更予定あり）	ホームページよりダウンロードし、都道府県に提出	
	各自治体の事業者案内に掲載	都内であればハートページなど自治体ごとのケアプラン空き枠情報登録	役所の窓口、地域包括支援センターで利用者がみる資料に掲載	
	登録ヘルパー募集	新聞折込、求人誌などに依頼	月に1回もペースで掲載	
	自治体の協議会出席	自治体（地区）ごとの協議会日程を調べ出席	出席時、ケアプランの受け入れ可能件数などをアピール	
	自治体（区役所）相手方登録	自治体に書類をもらい提出	認定調査料など、手続きの簡略化	
	認定調査可能件数に関する営業	認定調査を月に何件できるかを認定調査担当者に直接営業	営業地区の認定調査から新規利用者獲得	

〈2〉必要な備品

開設時に必要な備品は別表のとおりですが、これは最低限のものであり、その他のものは、開業後そろえても十分対応ができると思います。

これら備品のイニシャルコストは、一〇〇万円前後と考えてまちがいないでしょう。

通信機、コピー機はリースにしたほうが、イニシャルコストの削減につながります。

種　類	品　物	備　考
オフィス什器	片袖机	
	事務椅子	
	キャビネット	利用者情報保管(施錠付き)
	面談カウンター	
	面談用椅子	
	テーブル	ケアカンファなど使用
	可動式パーティション	相談スペース
	冷蔵庫	
	食器棚	
	靴箱	
	ロッカー	従業員私服入れ
	パソコン	
日用品	掃除機	
	自転車	
	パイプハンガー	コート、カッパ
	レンジ	
	ポット	
	傘立て	
	時計	
	ゴミ箱	
	お茶道具	
	お　茶	

	お茶台	
	トイレットペーパー	
	タオル	
	ティッシュペーパー	
	洗剤	
	延長コード	
	合い鍵	
	携帯電話	緊急用
	紙コップ	
	モップ	

種類	品物	備考
文房具	ホワイトボード	スケジュール管理
	シュレッター	
	マグネット	
	書類トレー	
	テプラ	
	テプラ用品	
	回転式帳簿本立て	
	スタンプ	
	スタンプ台	
	ナンバリング	

	データ印	
	量り	郵便料金確認用
	金庫	小口用
	クリアファイル	
	デスクマット	
	タイムカード	
	セロテープ	
	ハサミ	
	ホッチキス	
	ペン	
	ラインマーカー	
	のり	
	ラミネーター	身分証明証用
	バインダー	
	製本テープ	契約書作成用
	クリップ	
	パンチ	
	名刺	
	住宅地図	
	広域地図	
	郵便番号帳	
	利用者情報用ファイル	

種　類	品　物	備　考
リース	コピー機/Fax/プリンタ	
	通信機器	
	車両	東京23区内以外の地域

〈３〉介護報酬請求ソフトの選び方

介護報酬請求ソフトについては、多くの商品が出回っています。どれにしようか迷ってしまうことでしょう。また、これから起業しようとする人にとっては判断基準がないためまったく分からず、安いものを使用してしまうという人が少なくないでしょう。

私がお勧めするのは、ＡＳＰシステムです。

これはインターネットで各メーカーのメインサーバーにつながっており、ソフトを購入する必要もなく自分のパソコンですぐにでも使用できます。金額については（数か月の無料試用期間がある）、毎月数万円を支払うシステムです。

介護事業から手を引くという事態が発生しても、使用を中止すると同時に支払いがなくなりますので、起業する者にとっては初期コストを軽くするという意味でも有利といえるでしょう。

また、ＡＳＰシステムの利点としては、一つ目にバージョンアップが無料ということです。ご存知のとおり、介護保険法の改正や介護報酬の改正が短期間で繰り返されます。また、法律の解釈変更などがあり、ソフトのバージョンアップは短期間でめまぐるしく行う必要があります。その環境の中で、購入したソフトのバージョンアップ依頼や変更要請をしていくには、とてもリスクがあります。たとえバージョンアップ無料の契約をしたとしても期日までに完成する保証など何もなく「介護報酬請求ができない」または「紙で介護報酬請求」、「バージョンアップが直前なので正確な介護報酬請求ができない」、「小さなメーカーだと対応できない」など考えられるリスクは大きいと思います。

ＡＰＳであれば、これらのバージョンアップは一般的には無料です。大手が展開しているケースが多いので大きなトラブルになることは考えづらいですし、サーバーがバージョンアップするので事務所まで来てインストゥールし直すなどということは発生しないのです。

二つ目は、バックアップです。どんなパソコンでもハードディスクがこわれることは考えられます。ＡＳＰではメインサーバーにバックアップされますので、情報を保護する意味でも有用です。

三つ目は、カスタマーセンターが充実しているということです。先ほども説明しましたが、ＡＳＰを開設しているところは大手が多いため、このソフト専任の担当が対応してくれるということです。電話で問い合わせをしてやり方を聞けば教えてくれるので、この件でも魅力があります。

四つ目は、どのパソコンからもパスワードを入力することにより、画面に入れるということです。支店を持ったときに各支店を回らなくても一ヶ所から画面が確認できるというメリットがあります。

以上が、大体のメリットです。確かに毎月の支払いを考えれば購入してしまったほうが安価ですが、それをカバーするだけのメリットがあります。

〈4〉指定申請の流れ

介護保険にかかわる職種を開業する場合、都道府県庁（政令指定都市）に事業所の指定申請をする必要があります。この申請が通らなければ介護業界での営業は実質できないことになります。

指定を受ける事業者は、原則として法人格をもたなければなりません。また、定款等で介護保険の事業をする旨を明確にしておかなければなりません。

指定基準には、人員基準、設備基準、運営基準の三種類あり、すべてを満たしていないと指定を受けることができません。

人員基準とは、サービスの実施に必要な資格と人員数を定めたものです。訪問介護では、訪問介護員等を常勤換算で二・五人以上配置すること、およびもっぱら職務に従事するサービス提供責任者を一人配置することが義務づけられています。居宅介護支援事業所は介護支援専門員一人以上などです。

設備基準とは、サービスの実施に必要な備品、施設の構造、一定のスペースなどを定めたものです。訪問介護では「運営を行うために必要な広さの専用の区画、設備、備品などを有すること」とされています。

運営基準とは、サービスの実施に必要な運営上のルールを定めたものです。たとえば、要介護認定を受けた人に対しては公平なサービスを提供するといった条件や、サービス利用者から苦情が寄せられた時に、

サービスの種類	人　員　基　準
訪 問 介 護	・ヘルパー常勤換算2.5人以上（うち1人はサービス提供責任者 ・管理者1人以上
居宅介護支援	・介護支援専門員1人以上 ・管理者1人以上（介護支援専門員）

※　管理者が兼務できるものや職員が兼務できるものあり。

その事業所がどのような形で対応するのかなどの苦情処理も具体的な基準の条件になります。

指定を受けた場合でも、指定基準が満たされなくなった場合には、指定の取り消しが行われます。指定基準に違反した場合は、処罰を受けなければなりません。

指定は、その事業所が立地している都道府県（政令指定都市）に申請書類を提出し、都道府県（政令指定都市）がそれを審査するという手順になります。

申請時のやり取りは、起業したばかりの経営者にとっては緊張の一瞬です。また、申請日時を予約するのですが、その一週間ほど前に「申請前に書類の確認をしてください」という名目で別にアポをとることをお勧めします。

申請が遅れ、一ヶ月開業時期を延期せざるをえない状況にならないよう、念には念を入れることが得策です。もし一ヶ月開業が遅れれば、事務所家賃・人件費の損失はもとより時間の無駄が考えられます。何よりもスタッフのモチベーションが下がります。

原則的には、開設の三ヶ月前申請申し込み、二ヶ月前までの申請になりますので、たとえば四月開設であれば一月末までの申請申し込み（東京都の場合）です。

定款　目的例

1．要介護者、高齢者、病人、身体障害者等の入浴、排泄、食事その他日常生活における介護サービスに関する業務

2．介護保険法に基づく居宅介護支援事業

3．介護保険法に基づく居宅サービス事業

4．介護保険法に基づく介護予防サービス業

5．介護保険法に基づく第１号訪問事業

6．介護保険法に基づく第１号介護予防支援事業

7．健康保険法に基づく指定訪問看護事業

8．障害者総合支援法に基づく障害福祉サービス事業

9．有料職業紹介事業

10．前各号に付帯又は関連する一切の業務

〈5〉指定申請の手続き

手続きとしては、多数の書類・写真・謄本など揃える必要があります。申請用紙は、「どの種類のサービスを申請するのか」を記入する第一号様式とそれに添付する書類になります。

また、指定申請は、サービス事業者ごとに行うことをお勧めします。売上管理や請求処理がわかりやすいので、居宅介護支援事業所・訪問介護事業所であれば指定番号を二つ取得するとともに、名前も二つにしたほうが何かと便利です。

エピソード４

助成金申請と一言でいえばそれまでですが、前項でも示したとおり、これは経常利益にそのままなるようなもの、つまりは「真水」です。売上に換算すれば経常利益率五％の会社であれば、支給金額の二〇倍の売上に相当する価値があるということを認識してください。また、デットバレー（一番キャッシュが不足する時期）に入金があるので、神様からのプレゼントのように思えるでしょう。

逆に、これを活用しない手はないということ、この申請をミスすると申請期間が開業前のため取り返しのつかないことになるということです。

まずは、ポイントとなる時期を押さえ、スケジュールを綿密に練る必要があります。

〈6〉忘れてはならない手続き

忘れてはならないのが、指定申請以外の手続きです。どのようなものがあるかというと、法令遵守責任者を記載する業務管理体制に係る届、介護職員の処遇を改善することにより介護報酬が加算される制度に対する介護職員処遇改善加算届などがあります。手続きを忘れないよう注意する必要があります。

〈7〉従業員雇用の時期

従業員雇用の時期と人数ですが、人件費をなるべく少なくするには雇用日と開業日をあわせる必要があります。

開業当日、初出勤ですぐに仕事に取りかかれるだろうか？などの不安があると思いますが、開業日一週間ほど前に決起大会などと銘打って一度集まり、自己紹介や会社の方針などのすり合わせをしておけばまったく問題はありません。

介護業界の特徴として開業時の売上はゼロですし、利用者が急に何十人も来ることは考えづらいのが現状ですので、それほど心配することはありません。

開業してから帳票を作成したり、ルール決めをしたりしても十分な時間があります。

開業時までに従業員を揃えるためには何が必要かということですが、二ヶ月ほど前からハローワークに申請したり、もしくは求人誌などに募集をかけます（もちろんコネクションも最大限に活用する必要があります）。

登録ヘルパーは、利用者が一〇名になるころから必要になるので、まずは正社員（パート）募集です。

管理者は経営者がするとして、他に最低でも訪問介護員二・五名、居宅介護支援専門員一名の雇用が必要です。なるべく早く確定させたいものです。

雇用対象は、介護支援専門員・介護福祉士の有資格者であり、ケアマネージャーやサービス提供責任者になりうる人です。

■ スタッフ面接時の確認ポイント（当義務に同意することが条件）

ケアマネージャー	行政窓口、包括支援センターに「ケアプラン作成可能件数」などの連絡に月1回以上訪問 １ヶ月新規利用者獲得件数のマックスを10件 7ヶ月目安で35件以上のプラン作成 ソフトへのプラン入力、実績入力（アシスタント無し） 減算対象になるようなオペレーションは厳禁 認定調査あり（5件〜10件） 自立支援を目標としたプランを提案 ケアマネ連絡会などの会合には全出席
訪問介護	居宅介護支援事業所へ「ヘルパーの空き情報」などの連絡に月１回以上訪問 1日3件程度のサービス（定期は持たない） 登録ヘルパー獲得も業務とする １ヶ月に新規利用者獲得目標を５件とする 介護サービス事業者連絡会などに出席 返還対象になるようなオペレーションは厳禁
共通	残業を恒常的にしない 自転車移動あり

また、雇用したスタッフが戦略的に動いてくれるかどうかで業績に大きく影響してくるので、どのようなスタッフが適するのか、条件を明確にしてから従業員の面接・採用することをお勧めします。

訪問看護、障害者総合支援に関しては、後ほど解説いたします。

〈8〉契約書（利用者用）作成の方法

運営規定などは指定申請時に作成するのですが、事業者と利用者間の契約書・重要事項説明書は各事業所で作成する必要があります。

これはサービス事業所ごとに作成する必要があり、それぞれの契約書・重要事項説明書が必要で、一般的に整本テープでとじ、割り印を押すなどの作業が必要です。一人の利用者に対し、一部は利用者に渡し、一部は会社に保管することになるのでかなりの量を作りおきしておかないと、新規利用者が集中するとすぐになくなってしまいます。契約書作成は、コピー・製本・押印など時間がかかるものなので、開業時の時間の余裕があるときを利用し、多めに作成しておきましょう。

〈9〉帳票関係の整備

契約書・重要事項説明書以外で、今のうち（開業時）に準備しておくものが各種帳票関係です。たとえば、どのようなものがあるかというと、訪問介護であれば、新規依頼申込書・フェイスシート・月間スケジュール表・変更管理台帳・就業報告書・ヘルパー台帳・ケース記録、訪問介護記録書などです。それ以外にも、ヘルパーの給与振込み先のフォーマットや訪問介護計画書・利用者宅平面図・指示書・金銭の預かり書などキリがありません。

これらは自分で考えそろえるよりも、まずは既存事業所などの帳票を社名変更のうえ、すべてそろえ、数ヶ月使用した上で自分たちがやりやすい形に修正していくほうが時間の無駄遣いにならなくて良いでしょう。

利用者数、やり方、地域性などもあるので、現場のスタッフがやりやすい形がベストでしょう。

エピソード５

事業計画の考え方

事業計画というと存在意義（ミッション）であるとか経営理念であるとかの社会貢献から始まり、マーケティング調査、ＳＷＴ分析、ＰＰＭ……となるのが常です。

しかし、それらはコンサルタント会社や上場企業のＩＲ（株主に向けたＰＲ）のためにあるものであり、実際、現実的・単純に「成功したい」に尽きると思います。社会貢献などは、会社が大きくなってから考えればよいことであり、ゼロからのスタートではミッションも社会貢献もないと思います。その前に、倒産しないで継続できるかどうかのほうが重要問題です。

セミナーなどを受けると、ある会社は「消費者に安価なものを提供したい」がミッションで、「たまたまそれが洋服だった」。戦略を練るためにはミッションに帰って検討を……などと聞きますが、現実的とは思えません。後からとって付けた理論だと思います。これは私の予想で責任はもてませんが、「金儲け」をしようとして洋服屋を始めたが儲かるようになったので会社を大きくし、大きくなってから雇用した大学院卒の経営企画室スタッフやコンサルタントスタッフが後から付け直したＩＲ用の理論に思えてなりません。読者の皆様はどのようにお考えでしょうか。

起業時からそのようなことは考えづらいし、たとえ考えたとしても倒産した大手企業などを見ていると机上の論理に過ぎないと考えてしまいます。

要するに、単純でよいのです。独立して成功し、そして一国一城の主になる、それが大前提です。ある程度余裕ができたら会社を大きくし、上場をねらうためのＩＲなどで考えればよいことです。

事業計画の冒頭にくるウンチクに関しては特に凝ることはしないで、どこからかきれいごとを書いてある文章を引っぱってきて多少手直しすれば十分だと考えています。

本質的には、「成功」のためにはどうしようかということを念頭に置き、何を・どこで・どのように・いつまで・どういうことをするか紙に書いて落とし込む作業です。

エピソード６

予算計画

「何をどのようにやるか決めた」ということは目標ができたと言うことです。それを数値化し、資金繰りなどをしていくのです。

介護業界であれば、一年後までに利用者を何人にする、客単価の全国平均がいくらで売上目標はこれくらいだ、そのためには正社員が何人必要で登録ヘルパーは何人で賃金はいくら位だ、その他の経費として家賃・通信費・消耗品費は……ということをエクセルの表などに落とし込んでいけば、損益計算書（ＰＬ）の予算ができあがります。

これを見れば「いつまでにいくら利益がでる」ということがわかります。

当然うまくいかないことも考えられますので、普通にいけばＡプラン（ミドル）・うまくいけばＢプラン（リッチ）・最悪でもＣプラン（プア）など三つの損益計算書の予算を作成することをお勧めいたします。

次に、これは数字上の表であり、実際のキャッシュの動きがわかりません。繰り返しになりますが、介護業界では当月の売り上げに対し、入金は原則的には翌々月です。現金収入と支出の表をつくり、損益計算書と見比べてみると良いと思います。こんなに一時的にキャッシュがなくなるのか、と驚くことと思います。

それも三通り作成する必要があります。これがキャッシュフローです。

以上の二つ、損益計算書は経営における指標になり戦略などを立てるのに参考になります。

キャッシュフローに関しては、資金繰り計画作成時に使用し、金融機関から融資を受けるときに活用します。

エピソード7

孤独と責任と家族の協力

まず、経営者は孤独であるという認識が必要です。しかも、全責任は自分にあるということを肝に銘じておかないと、あとから手痛いしっぺ返しがきます。

サラリーマン時代、「私はこの件は責任が取れないので上司に報告し相談しよう」「この件はリスクがあるので部長も巻き込んでおこう」など誰しも保身的行動をとった経験はあることでしょう。

しかし、大企業（上場企業）ならまだしも起業時の社長の立場としては、売り上げが下がろうが、利益が出なかろうが、クレームがあろうが、事故があろうが、すべて経営者責任といっても過言ではありません。

要するに、会社の判断＝自分ひとりで、「待ったなし」状態です。起業時の経営者は期待と不安で、疲れや時間がマヒ状態になる人が多いですが、その「不安」のほうはとてつもなく大きいのは事実です。

たとえば、私がサラリーマンのころは介護事業の指定申請をするにしても「精一杯やれば、不備な点があり期限に間に合わなくても、開業月を計画次月にずらしてもいたしかたない」程度の考え方でしたし、それで良かったのかも知れません。

しかし、いざ自分の会社の指定申請をするときは「この申請が通らなければ開業が一ヶ月遅れてしまう」「人の雇用も決めているので一ヶ月の給与が無駄になるのか、頭を下げて雇用を一ヶ月待ってもらうように頼むか」「でも従業員にも生活があるし、期待を裏切りモチベーションを下げてしまうのではないか」など不安が走馬燈のように頭を回ります。そうなると、役所（都庁など）に申請日より前もって書類に関しての相談に行ったり、申請書提出前は提出書類を夜中までチェックするなどの行動になります。

なにしろ期待と不安がサラリーマン時代の何十倍も感じるということです。また、重要な相談をする人もいないし、お伺いを立てることもありません。これは良いようであり、スリルがあることでもあります。誰も何も教えてくれないし、全責任は自分にあります。

責任の話をもう少しさせていただきますと、大きな会社では大失敗しても上司に叱られることは当然でしょうが、減給か左遷程度の問題です。あえてそういう言い方をしたのは、起業者は個人保証で融資を得て、人を雇用し家族を巻き込んでいる以上、失敗したら「命がない」くらいの覚悟が必要だということです。

その反面、利益が出たときの醍醐味も予想以上です。

頭の中は「失敗したらどうしよう」「成功したらうれしいだろうな」この二点です。

もう一つ、ここで書きたいことは家族の協力です。これがないと、いくら当人に才能があり実力があっても成功しないでしょう。

私の場合、「なぜ起業するのか」から始め半年がかりで妻を説得しました。また、失敗する可能性もあるので、妻の父親と会い説明を行いました。これを丁寧に行わないと、「一人で勝手にやった」「協力できない」などということになってしまいます。私はこの段取りをとったつもりでいても、いざ繁忙期に入ると家のことを何もしない・仕事ばかりしているなどという非難をあびました。

私の場合、自宅を事務所にしていたので、洗濯物を干す一〇分だけでいいから子供を見ていてほしいと妻に頼まれ、それを拒否したので相当なひんしゅくをかいました。経営者としては単純作業をしているわけではないので、戦略の立案中や介護報酬請求中などほんの一〇分も離れられないときが実際に発生します。

家族からひんしゅくを受けることにストレスを感じていましたが、あるときこう割り切りました。「私が起業しようが何しようが家族には関係がなく（本当は関係するのですが）、こうせざるを得なかったのは家族のリスクであり私の不徳のいたすところなのだ」とそう考えるしかこのストレスを乗り切るすべを私は知りませんでした。

一番苦しいとき・忙しいときにひんしゅくをかい続け、売上が軌道に乗り収入が増えてくると理解を示し協力してくれるというパターンが、私だけでなく一般的なようです。

エピソード8

パートナーとなる人材、会計事務所を探す

一人で決断、一人の責任、一人のリスクとはいうものの、実際に動く場合のパートナーが必要です。神様でない限り、すべてを自分ひとりでやることは不可能です。

まず、パートナーとなる人材を探すにあたり、訪問介護中心で営業する場合は介護福祉士で事業所長、サービス提供の経験のある人を、どんな手段を使っても探すべきです。また、その人が経営者から見て信頼できる人であれば言うことはありません。

そんな人はいないと思う人もいるかも知れませんが、「立ち上げの協力をしてほしい」「創業時からのパートナーなので将来必ず優遇する」「あなたの考える事業所を作ってほしい」「地域での福祉貢献の一翼を担ってほしい」と、心から美しい心に訴えれば不可能な話ではありません。

残りの必要人員としては、介護支援専門員（ケアマネージャー）の有資格者で利用者にのめり込み過ぎないタイプが適するでしょう。

あとは、信用でき、協調できる会計事務所を探すことです。税金対策はもちろん、法人の立ち上げや社会保険手続き、融資のサポートまでカバーしてくれる事務所がベストです。このパートナーシップを失敗すると、あとから「何だ。そんな方法があったのか」「もっと早く教えてくれればこんな失敗・損失は起こさなかったのに」という結果になります。これは会計事務所によってかなりの差がありますので、十分な選択が必要です。顧問料の安さだけで判断すると大変なことになります。

その他の人員としては「事務員」ですが、利用者が五〇名を超えるまでは経営者が兼任で十分ですし、仕事

の流れを覚える意味で経営者自身が事務をやるべきだと思います。

ただ、まったくの未経験の場合は、当社のようなコンサルタント会社と提携することお勧めします。

国保連への介護報酬請求処理など複雑な手続きは少なくありません。また失敗すると、入金がないという最悪な事態も想定されます。

会計事務所もそうですが、餅は餅屋のほうが資源の有効利用ができると思います。

以上のパートナーは、なるべく前倒しで契約し、開設準備に取り掛かることが大切です。

エピソード９

資格獲得のすすめ

介護関係の資格は大きく分けて二つに分かれます。実務経験の必要な資格とそうでない資格です。

介護支援専門員（ケアマネージャー）は、ヘルパー・看護業務など実務経験が五年必要です。

介護福祉士は、ヘルパー業務など実務経験三年が必要です。これらは、他の業界からきてすぐに資格を取ることは不可能です。しかし、必要な知識は身に付けたいですし、介護業界で経営していく以上、まったく資格がないというのも格好がつきません。

それでは何の資格が取れるかというと、介護職員初任者研修・福祉用具専門相談員・福祉住環境コーディネーターなら実務経験はまったく必要なく、タイミングさえ合えば誰でも取得が可能です。

介護職員初任者研修に関しては短期集中講座で一ヶ月程度、他の仕事に従事しながら土・日などを活用するのであれば六ヶ月の時間を要します。この資格は実際にヘルパー業務を行う・行わないの問題でなく、従業員であるヘルパーが現場でどのようなことをするかということを知っておく必要があるから取得するということです。

また、実習がある場合は実際に利用者の居宅に訪問するので、ヘルパーの気持ちが多少なりともわかるということです。

福祉用具専門相談員は、一週間程度の研修を受講するだけで取得できますので、福祉用具の知識を深めるという意味で有効です。

福祉住環境コーディネーター二級（三級）は、研修を受講すれば取得できるというものではなく、試験に合格する必要があります。介護保険の知識なども必要となってきますので、この資格を取得すれば最低限の知識は身に付いていることになります。

また、資格を取るわけではありませんが、介護支援専門員の試験勉強用に要点がまとまっている本・または薄い問題集などを精読すると、介護業界に明るくなる近道かもしれませんし、福祉住環境コーディネーター二級の試験勉強に役立つでしょう。

いずれにしても経営者として介護業界に対しまったく無知より、できれば開業前にこれらの資格の取得をお勧めします。

従業員を雇用するとき、実務内容の会話がかみ合わないということも避けるべきです。

開業を決意したら勉強をしましょう。これは今日からもできるはずです。

第4章

訪問介護事業所運営の必勝法

第4章

訪問介護事業所運営

選択と集中

1　介護サービスの現状
・介護ビジネス市場

2　介護起業必勝法
・訪問介護事業所の魅力
・居宅介護支援事業所の併設理由

運営ノウハウ

3　実際の事業所開設方法
・事業所開設までのスケジュール

4　訪問介護事業所運営
・利用者獲得方法

5　居宅介護支援事業所運営
・ケアプラン受託方法

管理ノウハウ

6　数値管理
・売上、利益の流れ
・介護報酬請求

7　起業時の経営
・経営者の役割

戦　略

8　事業所経営必勝法

1　マーケティング戦略	4　ステージ別戦略	7　特定加算戦略
2　市場別戦略	5　マネジメント戦略	8　コンプライアンス戦略
3　エリア戦略	6　収益改善戦略	9　介護人材戦略

9　介護保険制度をとりまく状況

10　介護起業成功例

Part 1 訪問介護事業所の利用者獲得方法

サービス事業者である訪問介護事業所の新規利用者獲得のための営業方法をご紹介します。

〈1〉訪問介護の居宅介護支援事業所への営業

サービス事業者は、居宅介護支援事業所が営業先になります。

要するに、ケアマネージャーがケアプランにサービス事業所を選択していくので（本来は利用者が選択しますが情報が少ないのでケアマネージャーが選択するのが一般的）、そのケアマネージャーに選択してもらうよう営業をかけていく必要があるわけです。まず、この居宅介護支援事業所の訪問先をピックアップしていくべきです。考え方としては、まず訪問できる範囲・半径三キロ（地域などによってはこの限りではない）以内に支援事業所がいくつあるか、その支援事業所の状況を調べて二つに分けます。一つは訪問介護事業所を併設している事業所、もう一つは介護訪問事業所を併設していない事業所、これを明確にしておく必要があります。後者の支援事業所が最重要営業箇所であり、ここを攻略する以外に道はないといってもよいくらい大事な取引先です。

支援事業所は、中立公平にサービス事業者を選択することになっていますが、実際は連携の取りやすい同法人のサービス事業所に依頼するケースが少なくありません。前者の併設タイプから依頼がくることは困難と考えざるを得ません。したがって、後者タイプの事業所には「訪問介護の依頼は当社にお願いします」という営業が成立するのです。

しかし、前者の併設タイプもまったく無視するわけにはいきません。いくら訪問介護を併設していても新規作成プランの時期が集中してしまい、同法人の訪問介護事業所などで対応できない場合（ヘルパー不足・困難事例などで）があります。そのときは、他社に依頼せざるを得ないので他法人訪問介護事業所に依頼することになります。そんなに条件の良いサービス依頼がくるとは思えませんが、他社のケアマネージャーからの依頼は、自社のケアマネージャーからの依頼に比べコスト的（支援事業所運営費）にかなり有利になりますので、率先して受けるべきです。

営業方法ですが、ケアマネージャー（個人）ごとにピンポイントで営業します。「この支援事業所」は「この訪問介護事業所」に頼むという傾向は少なく、同じ支援事業所でもａのケアマネージャーはA訪問介護事業所に頼み、ｂのケアマネージャーはB訪問介護事業所に頼むということが多いのです。しかも一回信頼関係ができると、依頼するサービス事業所数を増やしたくないので（ソフト入力の手間や提供表の送付先が増えるので）、そのケアマネージャーに来たサービス依頼はもれなく「信頼関係ができている特定の事業所」へというケースが多いのです。

要するに、その特定の事業所になれば良いのです。パイプをどんどん深め、雪だるま式に新規を増やしていけば良いのです。はじめはヘルパーの空き情報から行い、訪問介護の依頼を受けたらその利用者の現状報告に行きコミュニケーションをとっていくといった方法が良いでしょう。ケアマネージャーは利用者の情報を聞いてくれますので、その時に営業も兼ねるとスムーズにいきます。

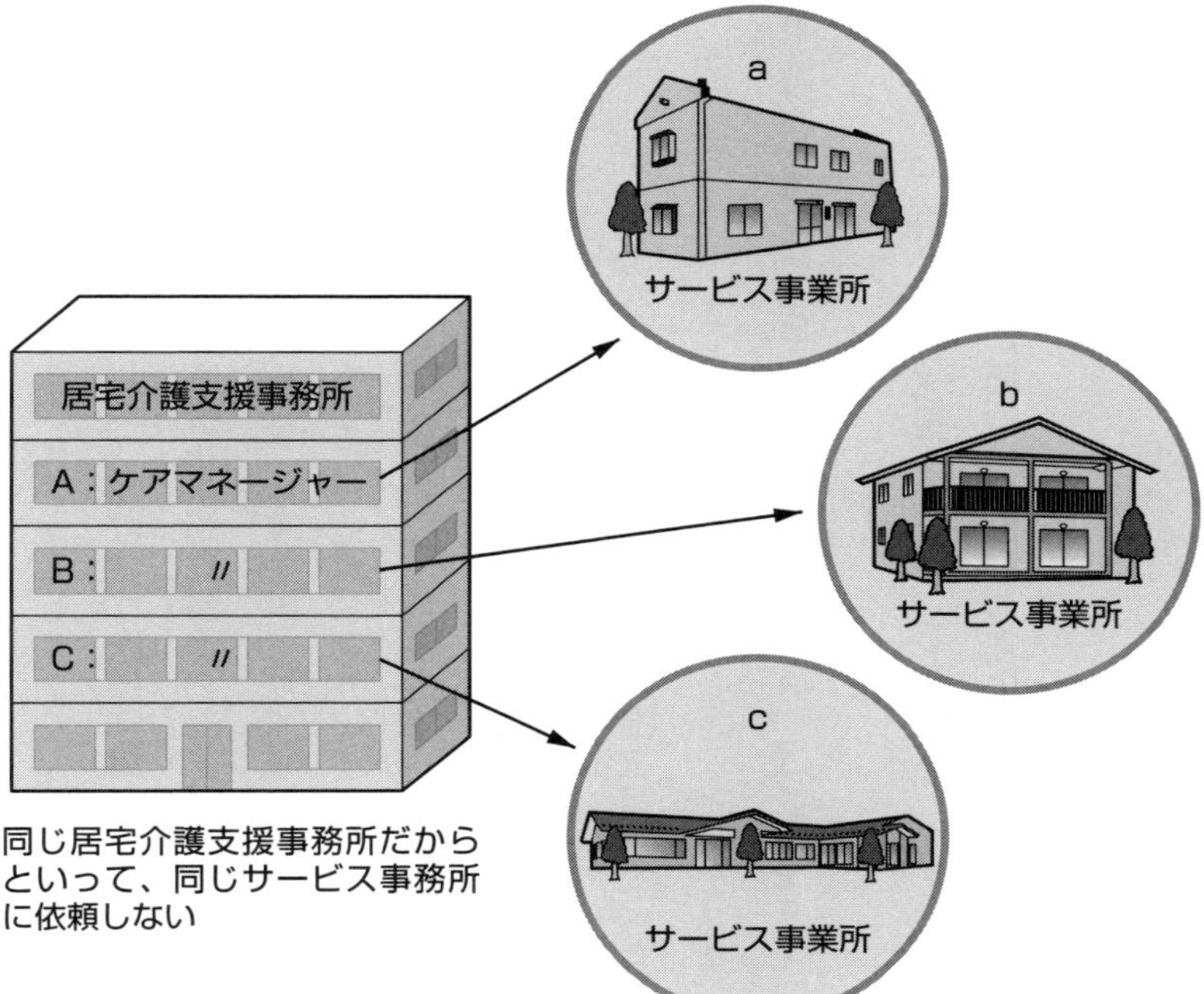

もちろん、営業する人は、サービス提供責任者または常勤ヘルパーです。できれば、ユニフォームやトレーナー姿が「現場、実務者」というイメージを与えるので良いでしょう。ケアマネージャーから見れば、当然利用者のことは気になりますので報告を受けたいですし、こまめに情報を受けていれば信頼関係が構築でき、また次の依頼につながるという構図です。事業所の営業件数（一か月）は、のべ一〇〇回以上を目指すべきです（四人であれば、一人二五回）。経営者・管理者の営業は初回の挨拶であれば考えられますが、情報もないのに何度も営業に行くと逆効果です。

　また、営業訪問滞在時間に関しても、ケアマネージャーは忙しいので二～三分にとどめておいたほうが無難です。アポイントをとろうとすると、調整がつきにくいのでアポなしか、「いらっしゃらなくてもけっこうです」と言ってアポをとる方法が良いかもしれません。対象のケアマネージャーがいなければいないで、利用者情報の記録書などを残していけば、立派に営業したのと同じ効果が見込めます。最も注意すべき点としては、取引のない居宅介護支援事業所に毎月の月末月初は絶対に営業訪問しないことです。その時期は実績の確認や国保連への請求などで多忙を極めています。その時期に営業に行くと、「常識がない」「福祉業界のサイクルを知らない」などと逆効果になります。

時期を考えたうえで、明るく・清潔感を持ち情報提供をするという営業姿勢は大前提です。相手に好印象を与えないと話になりません。

電話で新規利用者の依頼を受けたときも、なるべく早い時期に依頼元支援事業所に訪問し、依頼してくれたことに対する感謝の意と利用者の状況を報告すべきです。

ケアカンファレンスなどに呼ばれたときなどは、スケジュールをできるだけ調整することはもちろん、的確な資料・意見の準備をすることです。また、サービス時間の変更や延長も緊急以外は随時連絡することです。

同法人（自社）の支援事業所に対しても同じことです。自社だからと安心していると、頼みづらいから・サービスの質が悪いからなどの理由で他社に回されることも考えられます。細かい対応が必要です。

〈2〉ケアマネージャーからの新規依頼に関しては即答が原則

「ケアマネージャーは忙しい」、まずこれを前提にして考えましょう。

ケアマネージャーが利用者宅を訪問し、サービスの種類・内容・時間を決めてサービス事業所に依頼するというような流れの中で、ケアマネージャーはサービスの質の担保さえできていればなるべく手をわずらわすことなく、早期にサービス先を決めたいのです。そのうえで利用者に連絡し安心してもらいたいのです。

そう考えると、「サービスの新規依頼に関しては即答が原則」です。少々無理をしても、ヘルパーの見当がつかなくても、まずは「喜んでお受けいたします、ありがとうございます」と返答し、それから考えれば良いのです。ヘルパーがその時間にいなくても「自分が行く」くらいの覚悟で取り組むべきです。

この対応を続けていけば、必ず再依頼がくるでしょう。ケアマネージャーのニーズに応えることは最重要です。

エピソード10

人間関係の重要性

「営業が大事」だ、「報告は大事」だ、「依頼に対する返事は即答」だと述べましたが、結局重要なのは人間関係です。

その人の人間性や人間関係が、最終的に数字に表れてくるのです。まじめに精一杯活動していれば、何人かとは良好な人間関係が構築できるでしょう。そうなれば、多少クレームがあろうが黙認してくれるでしょうし、仕事の依頼もくるでしょう。

また、同じ事務所の中でも「思いやり」や「責任感」をもち仕事に取り組んでいれば、共通の目標に向かい力を合わせる関係が構築できます。これが逆であれば、不幸な結果に終わることは言うまでもありません。介護業界でよく見かける「お家騒動」（複数のスタッフが申し合わせて退社すること）などが発生するのです。一度に複数の退社者が出ると利用者の死活問題に発展したり、事業所を閉鎖する事態に追い込まれたり、役所から悪い印象を持たれたりなど、良いことは一つもありません。逆に、きちんとやっていれば、将来たとえ会社が変わるようなことがあっても狭い業界です、良い人間関係が継続するでしょう。

「あの人のいる事業所に頼む」「あの人が転職したからあの事業所には頼まない」などはよく聞く話です。最後は人と人なのです。たまに飲みにでも行って、コミュニケーションを図ることも大切かもしれません。

〈3〉サービスの質向上が重要

営業に関しては、介護保険法で規制があります。サービス事業者が居宅介護支援事業所やケアマネージャーに対して贈答品を送ることなどは禁止であったり、ケアマネージャーは特定のサービス事業者に依頼を集中してはいけなかったり、または特定のサービス（類型）に偏らないようガイドラインがあるなど、注意する点がいくつかあるので認識する必要があります。

居宅介護支援事業所は、利用者のため中立公正であるべきだということです。サービス事業者側からみれば、サービスの質・的確な利用者状況報告で支援事業所から信頼を勝ち取ることです。

Part 2

登録ヘルパー対応

〈1〉ヘルパーもお客様

介護業界で営業するにあたり、ヘルパーの待遇面についてお話しする必要があります。

東京23区内などいわゆる都市部で活動する場合は、ヘルパー不足に悩ませられる事態に遭遇するでしょう。利用者の獲得もさることながら、ヘルパー獲得に会社の資源を多く配分していくことになると思います。

都会なら都会ほどこの現象が顕著です。逆に、地域によってはヘルパー獲得が比較的容易で、利用者獲得が困難な場合もあります。

本書では、営業活動において一般的に有利である人口密度が高い場所で活動することを前提に説明させていただきます。

なにしろ良質なヘルパーが何人いるかによって、その会社の評価・イメージ・口コミによる利用者増加数に影響を及ぼすので、ヘルパー獲得は「重要なこと」という認識をまずはもつ必要があります。

また、この登録ヘルパーを利用者の増加と連動して雇用していくことが、訪問介護で成功するカギといっても過言ではないでしょう。

さて、本題に入ります。そのヘルパーを募集するために多額の金額や多くの知恵を要するわけですが、採用したヘルパーがサービス時間・日数を増やしたり口コミで友人ヘルパーを紹介してもらうキーポイントは、何といっても会社のヘルパー（登録型）に対する対応です。

具体的にいいますと、「ヘルパー（登録型）に対する対応」は面接から始まり定期的に（就業報告書・ケース記録・訪問介護記録書を提出）事務所立ち寄った時、電話連絡時などさまざまなケースがあります。ヘルパーは、その時の会話の内容を会社が思っている以上に見ています。その対応が親切であったり、丁寧であり、思いやりがあるかどうか、事務所が明るい雰囲気で立ち寄りやすいかなどが問題です。

ヘルパーは、自宅から利用者宅に直行直帰をするケースが多いので、自分のサービスが正しいのかどうか、自分の実力はどの程度なのか常に不安に思っているものです。

また、ヘルパーは、事務所に定期的に通っているわけではないので、帰属意識が低く常に孤独なのです。その状況の中で「今回の○○様はどうでしたか？」「最近はどうですか？」「悩みにはありませんか？」と、一言声をかけられることに喜びを感じますし、サービスを安心してできます。常勤社員に相談もすることでしょう。したがって、ヘルパーからの相談は、事務所で受けるときも電話で受けたときも最優先して対応する必要があります。「私のことをみていてくれている」「相談に乗ってくれる」「技術が向上する」と思えば、会社に対し親近感も持ってくれることでしょうし、サービス提供量も増えていく可能性が高いのです。

おざなりにしていると、ヘルパーが採用してはやめ採用してはやめという状況が繰り返され、いくら蛇口から水を注いでも栓が抜けている状況になってしまい、再び募集広告を出し、面接をし、同行し……などの作業が発生し、お金と時間、労力の無駄が生じてしまうのです。

何も辞めないように媚をへつらうという意味ではなく、駄目なことはだめ、クレームがあればはっきり伝える、相談があれば相談に乗る、利用者からお褒めの言葉があればそれを伝えるなど、かかわりを深くすることです。「相手にしない」ことを避けるということです。実際このヘルパーがいないと、野菜がないのに八百屋をやるようなもので、ヘルパーがいるから売上が立つのだということを肝に銘じることです。他業界からみれば、「何で従業員にそんなに気を使うの？」「しかもパートに」と不思議に思うことでしょうが、ヘルパー不足という現実がある以上、それに則した対応が必要です。

社員全員で「お疲れ様です」と出迎え、お茶を入れ「○○様どうでしたか？」との会話をし、事務所を出るときは「いってらっしゃい」「お気をつけて」と社員全員で見送るような風土が理想です。

訪問介護事業所では、ヘルパーもお客様（扱い）です。

ヘルパーにきちんとした対応をしていれば、エンドユーザーであるお客様への対応につながると思います。不適当な対応をしていれば、その逆の対応が想定されます。

日々きちんとした対応をしていれば、緊急の単発サービスを依頼するときなども快く受け入れてくれることでしょう。

繰り返しになりますが、登録ヘルパーをつなぎとめておく最良な方法は、時給でも交通費でも特典でもなく「この会社は○○さんがいるから登録している」という常勤スタッフに対する思いです。

二〜三社を登録して仕事をしているヘルパーさんもいますが、自分の中での仕事可能時間は気に入った会社にシフトしていくことでしょう。本当に気に入った、仕事をしやすい会社をみつけたら一社での仕事に切り替えるでしょう。

〈2〉 募集費の「金額」だけにだまされるな

次に言及したいのは、ヘルパー募集の広告費です。

よく採用担当者が、「ウチはいくら出しても反響がないから」「一回の掲載で六万円も出して一人しか採用しなかったので広告費の無駄遣いをした」などという言葉が聞かれます。

これは本当でしょうか？

感覚だけで考えれば、六万円は高いし募集を出して一人しか来ないと無駄なような感じがするのは否定しません。

しかし、よく考えてください。費用対効果を計算してみましょう。一人採用するとその人が週二回二時間一年間働いたとして、粗利で一九万円くらい（人件費などにより差あり）になります。要するに、一回の募集で一人でも採用できれば充分ペイできるのです。二人なら倍、三人なら三倍です。一回の募集で一人以上採用が見込めるならば募集をかけるべきです。ただし、毎週募集を出す必要があるかどうかは問題です。仕事場を選んでいる人は募集媒体を一ヶ月くらい見続けると思いますので、月に一回くらいが適切だと思います。

いいたいことは、たとえ応募が少なくても無駄な出費ではないということです。一番お金をかけてよいところかもしれません。感覚的な考えで掲載料金や応募数に惑わされることのないようにするべきです。

逆に、ヘルパーが一人来れば利益を生む金の卵が来たという考えもできるわけです。

Part 3 利用者とヘルパーのコーディネート方法

登録ヘルパーは、自宅で仕事の依頼の電話が鳴るのを待っています。

訪問介護事業所は、ケアマネージャーからサービスの依頼が入ります。常勤ヘルパーが一定期間サービスを行ったうえで、当該サービスの内容・スキル・時間・通勤距離が登録ヘルパーとマッチングしたら、すぐに、訪問介護の常勤社員よりヘルパー宅へ「○○に住んでいる・○○状態の・○○様ですがお願いします」などと連絡します。

その利用者に当該ヘルパーは適するかどうか、相性が合うかどうか、もっと深く考えなくて良いのだろうか？という疑問が発生すると思います。私も当作業を実践する前はそう思っていました。

しかし結果から言うと、そんなことを考えるよりサービスを手配し、適するかどうか状況をみるほうがはるかに合理的であると同時に、利用者に何の不利益も与えないのです。そもそも良いヘルパーとはどういうヘルパーでしょうか？

社会常識・介護技術があるのはもちろん前提ですが、一番重要なのは利用者との相性です。このヘルパーは明るく機敏で絶対に高い評価が得られるだろうと思ってサービスに送り出しても、利用者からは「あの人疲れる、もっと静かな人が良い」と言われたり、逆に、このヘルパーは愛想がないけど大丈夫だろうかと思いながらサービスに向かわせたら「良いヘルパーをありがとう、あの人はとても肝が据わった人です」と、お褒めの声を聞くこともあります。

良いヘルパーとは、訪問介護計画に沿ったサービスを行い、利用者に満足を与えるヘルパーです。良いヘルパーとは、利用者により必ずしも同一ではないのです。ただし、サービス終了後に双方に状況を聞き、利用者と合っているかどうか確認する必要はあります。

それ以外のコーディネートのコツとしては、登録ヘルパーが会社に登録したらできるだけ早く仕事を与えることです。二〜三社に同時登録しているヘルパーがいるので先に仕事を頼んだほうが勝ちです。また、「最初は不安なので生活援助の仕事しか請けたくない、身体介護は自信がないので当分見合わせたい」という人がよくいます。このタイプの人に対しては、最初の二〜三回はしょうがないとしても、「どうしても利用者が希望している、他のヘルパーはいない」などといい、半分無理に身体介護を手配することです。そうすれば、安ずるより生むがやすしで自分でもできるのだということがわかり、今後は時給の高い「身体介護を希望します」に変わってくるのです。誰か背中をポンと押す人が必要だということです。

どのような勤務時間希望のヘルパーが良いかというと、週二〜三回、一日二〜三時間くらいのヘルパーが一番好ましいでしょう。一見、何時間でもできますという人が登録してくれたほうが会社にとっては好都合のように思えますが、長い目でみるとそのヘルパーが体調を壊し一週間休職、または残念ながら退社した場合に、それを急きょ補うことは至難の技です。利用者は待ってくれません。ヘルパーが退社したので休ませてくれとは決していえないのです。売上が特段に高い利用者と同じで、縁が切れたときのリスクがとても大きいのです。

そうはいっても、たくさん働きたい、一〇万円くらいの収入がないと困るという人には、その人の収入目標に合わせて仕事を割り振ってあげることが大切です。ヘルパーをつなぎとめておくためのさまざまな手段を講じることが必要です。

付け加えますと、生活がかかっている登録ヘルパーはあまりお勧めしません。なぜなら、利用者の体調不良などで急なキャンセル・中止・廃止が多いのでとても生活の保障はできません。お互いに不幸になることが多いからです。

最後に、もっと働いて欲しいヘルパーがいる場合には、サービス可能時間を聞くよりも、できない時間を聞くことがポイントです。サービス不可能という時間以外のサービスを依頼することができるからです。またヘルパーの都合は時期により変わることが多いので、半年に一回は確認することが大切です。

Part 4 訪問介護計画書の必要性

訪問介護計画書の作成は、介護保険法で義務付けられています。この訪問介護計画書は、ケアマネージャーが作成する居宅サービス計画書を受けて作成するわけですが、ここの目標のところが重要になってきます。

ここは「自立支援を目指す」「ADLを上げる」などの抽象的表現、専門的表現だけでなく、「〇〇様が在宅生活の継続のために、ヘルパーの調理支援を利用しながら食生活を維持する。また、ヘルパーの支援でオムツを使用しないで排泄ができるようにする」「〇〇様が食材の買い物ができるために外出介助をし、生きがいである調理を楽しくする」というように個別に具体的に作るべきです。なぜ重要かというと、この目標を達成するためにサービス提供しているわけで、その目標に対する進捗状況はケース記録であるべきです。そして、この目標が明確に頭に入っていれば、サービス提供時にイレギュラーなことが起きても混乱することが避けられるのです。「マニュアルに書いてないからできない」とかその都度事務所に問い合わせをするなどの無駄な動きが削減できるのです。

たとえば、「トイレが利用できるようにする」のがサービス目的であれば、「家の中で手を引いて歩行練習してほしい」といわれたら、「それは指示されていないのでできません、排泄介助以外は依頼されていません」「事務所に確認してみます」ではなくて、目標に近づく行為として対応することができるのです。

また、「食材を自分で買い調理を楽しみたい」という目標であれば、たとえ指示書にない事項で、外出介助時「いつもより距離を伸ばしてスーパーまで行きたい」、または調理時にうまく鍋が振れないので「鍋ふりを手伝って欲しい」といわれた場合でも、目標と適合しているので「指示がありません」とか「事務所に確認します」という問い合わせは必要なくなるわけです。

Part 5 社員ヘルパーの役割

〈1〉合理的な社員活用方法について

社員（常勤）に的確な役割を与えられず、訪問介護事業所は利益がでないという話しをよく聞きます。常勤社員にサービス提供業務しか与えない場合や、誰でもできる事務作業ばかりやらせているケースです。前者は登録ヘルパーにバトンタッチしていき、後者は事務員または事業所長に依頼し本来の業務に集中させるべきです。

社員ヘルパーの業務の中で新規利用者獲得というものがあります。介護業界で利益を上げるためには、訪問介護売上を伸ばすことであり、伸ばすためには新規利用者を獲得するしかないのです。原則として客単価を上げることも、入院・死亡を阻止することもできないのです。その理屈からいうと、会社の資源を新規利用者獲得に集中することは理解しやすいと思います。

それでは、具体的に何をするのかということですが、サービスの質を上げることは大前提として、利用者情報をケアマネージャーにタイムリーに報告したり、登録ヘルパーの募集、面接などで新規依頼の受け皿を確保したりします。逆に、売り上げを伸ばすための動きは社員ヘルパーしかできないのです。だからといってサービス業務をせず、現在の売り上げにまったく貢献していないというのも利益の損失につながりますので、社員としてのサービス業務のやり方があります。新規利用者はまず常勤がサービスに入り、社員の稼働率（サービス提供時間／就業時間）が六〇％を超えた時点で登録ヘルパーに割り当てていくという形が理想だと思います。社員がサービスを登録ヘルパーに依頼するまでの間、サービスの指示書の修正などを行えますし、その利用者に対するサービスを経験しているわけですから登録ヘルパーの急な休みに対しても単発対応が比較的容易にできるということです。そして何よりも当利用者に対する登録ヘルパーからの個別の質問に答えられますし、常に六〇％サービスに入る状況なので社員ヘルパー自身のスキルアップになります。利益率も期待できます。

稼働率六〇％とは、一日三件が目安だと思います。エリアを狭く（三キロメートル以内）すれば、サービス空き時間で営業や契約などの職務が十分こなせるはずです。

ヘルパーの給与管理、ケアマネージャーに対する実績返しなどは、先ほども説明しましたとおり所長（事務）などに依頼したほうが会社資源である有資格者の有効利用をすることになるのです。

介護保険法で利用者四〇人（五〇人）に対し、一名のサービス提供責任者、最低人員常勤換算二・五人は義務づけられていますが、この基準以上の正社員を雇用する必要はないと思います。これが利益を維持するためのコツであると考えております。また、社員（常勤）の資格に関しては、介護福祉士に絞るべきです。

〈2〉チームケアについて

ヘルパーの中で「私は私のやり方がある」「私は人道的にもっと世話がしたいのです」ということを耳にします。果たしてそれで良いのでしょうか？　そのスタッフは本当にその利用者に対して最後まで責任を持つのでしょうか？　利用者のために全責任を負うことなど不可能だし、必要以上の過剰サービスをしていた場合、そのスタッフが退社もしくは移動になったら利用者は同じサービスを他の人から受けることができると誤解し、受けられない場合、結局は利用者の不利益につながるケースも多々あるのです。独自のサービスに偏らずにチームとして常に情報を共有していればリスク回避にもなるし、より良いサービスの提案があるかもしれません。一定のルールに基づいた「チームケアをする」という自覚を持つべきです。個人の思い入れやルール違反は、最終的には利用者の不利益になることを肝に銘じることです。

Part 6 合理的なオペレーション

近所の訪問介護事業所の前を通ると夜の九〜一〇時まで事務所の明かりがついているのを見かけます。

訪問介護事業は残業があたりまえで、ひどい事業所になると休みもろくにとれないという話も聞きます。残業して生産性があるならまだしも、遅く帰る事が習慣になってしまい何の疑問も持たなくなってしまったのではないでしょうか。

介護報酬に残業代は含まれません。ローコスト競争であることは間違いない業界なのに合理性を求める事業者は少ないようです。

それで良いわけがありません。残業を極力少なくし、休みをちゃんと取り、元気な状態で介護サービスをすることは顧客満足につながる事です。

そこで、合理的なオペレーションを考えるべきです。サービスの質さえ落とさなければ短時間で業務をこなす方法を研究すべきです。当社では、いろいろな「やり方」を実験し、最小限の労力で最大限の効果が得られるオペレーションにしております。利用者に対する適任者を探すには「ヘルパー台帳」をめくり、変更に関しては「変更管理台帳」に記入し、スケジュール管理は「月間スケジュール表」にて管理します。なるべく属人的にならないシステムを目指しているので、特定の人でないと「わからない」という状況を避けております。また、「職務分担表」にて職務責任の所在を明確にしております。ここで当社帳票関係を掲載することはしませんが、使用帳票などにより業務効率が全然違うことは明らかなので十分検討した方が良いでしょう。穴あけ（ヘルパーの訪問忘れ）や、「業務の抜け」が多いのは、帳票を「抜け」が発生しないものにしていないからです。

■ 業務分担表

業務分担表

		Aさん	Bさん	Cさん	Dさん
利用者関係	契約	◎	◎	◎	○
	サービス	○	◎	○	◎
	訪問介護計画書他作成	○	◎	○	◎
	ケース記録確認	◎	◎		
	日常CD	◎	△	○	
HP関係	募集広告	◎	○	○	○
	有資格				
	面接	◎		○	
	記録物の説明	◎	○	○	○
	4点セット管理	○	◎		
	身分証明書作成管理		◎		
	キャッシュバック対象者				
	説明会開催	◎		○	○
	面接	◎		○	○
	実習先調整	○	◎		
	資格取得後の面接	◎		○	○
	登録型HPの希望・要望吸い上げ	◎	◎	○	○
	ヘルパー研修	◎	○	○	◎
事務作業	台帳⇒月間落とし込み	○		◎	
	HP・利用者住所録更新	○		◎	
	世田谷区地図更新				◎
	文房具注文			◎	
	契約書・重要事項説明書作成				◎
	営業リスト作成・更新			◎	
1〜10日	実務実績表チェック	◎		◎	
24日前	給与明細送付	◎			
	さくら便り作成	◎			
月末	個別スケジュール打ち出し	○		◎	
	訪問介護記録書回収	○		◎	
	訪問介護記録書チェック	○		◎	
	ケアマネへの実績返し	○		◎	
	翌月提供表確認		◎		

主担当	◎
副担当	○

Part 7 小規模事業者のキャリアパス

処遇改善加算の要件にもなっているキャリアパスに関して、お話したいと思います。

処理改善加算Ⅰを選択する場合は、次の要件となっております。

① 職位・職責・職務内容等に応じた任用要件と賃金体系を整備すること。

② 資質向上のための計画を策定して研修の実施又は研修の機会を確保すること。

③ 経験者若しくは資格等に応じて昇給する仕組み又は一定の基準に基づき定期に昇給を判定する仕組みを設けること。

そもそもキャリアパス要件設定の意義は、社員のモチベーションアップや質の向上です。

しかし、訪問介護事業所の背景として、・ほとんどの事業者が零細企業・密室でのサービスのため、正確な評価ができない・質の向上と比例した利益向上がない（特定加算のみであり個人のスキルと比例した報酬アップがない）のが現状です。

よって、公正な評価ができないうえ、かえってモチベーションの低下や、反感、不公平感を生じるリスクがあります。また、一度はじめたら継続する必要があるので慎重に対処しなければなりません。

小規模事業所のキャリアパス要件を構築するにあたり、評価項目を複雑にしないことやCS調査クレーム頻度など客観的データによる評価を心がけるべきです。また、目標管理もリンクすることにより昇格した場合の昇給財源を醸成するシステムも取り入れる必要があります。モデルケースをそのまま転用することはスタッフ数が少ない事業所にとって危険なことであるという認識をもつべきでしょう。

■ 訪問介護キャリアプランの課題

◆キャリアアップの意義 →
・モチベーションアップ
・質の向上

◆訪問介護事業所の背景 →
・零細企業(少人数事業所)がほとんど
・密室でのサービスのため、正確な評価ができない
・質の向上と比例した利益向上がない

◆背景により →
・公正な評価ができない
・モチベーションの低下
・反感
・不公平感

■ キャリアパスのポイント

・評価項目を複雑にしない
・評価項目を多くしない
・評価内容に実績に結び付く項目を入れる
・目標管理もリンクさせる
・CS調査、登録ヘルパーES調査、クレーム分析など客観的データによる評価
・面接を重視し、労務負担を極力かけない
(面接→自己評価を聞く、上司が評価、すり合わせ、課題抽出、目標設定)

CSからのキャリアパスだけでなく利潤追求からの見地も

↓

・営業スキル・新規利用者獲得数・地域居宅介護支援事業者(行政)からの評価

賃金アップの財源

■キャリアパス（例）

職階	等級	能　力	資　格	職務内容・権限	役職	賃金(円以上)	研修	在籍年数	雇用期間	賞与
管理職	5	事業所全体を視野に入れた判断ができ責任者として計画、実行、検証、再計画を立案することができる	介護福祉士	事業所統括	責任者	250,000	管理者研修	8年	無期	あり
		新たなアイデアを提案し業務改善ができる	主任介護支援専門員							
			住環境コーディネーター２級以上							
責任者	4	業務のエキスパートとして、後輩に対してのモデル	介護福祉士	担当分野統括	正社員	200,000	責任者研修	5年	無期	あり
		事業所の運営、経営状況を理解し、他部門と連携ができる	介護支援専門員実務経験あり							
			福祉用具相談員経験あり							
上級スタッフ	3	自信の業務課題を抽出し改善ができる	ヘルパー実務経験３年以上	後輩教育	常勤Ａ	180,000	上級スタッフ研修	3年	1年	なし
		チームのリーダーとして後輩等に対し指導、教育ができる	介護支援専門員							
			福祉用具相談員							
中級スタッフ	3	担当する業務において、一人で（指示なし）業務が遂行できる	ヘルパー実務経験あり	質の向上	常勤Ｂ	180,000	中級スタッフ研修	1年	1年	なし
		チームの中での自分の役割を認識できる	福祉用具相談員							
初級スタッフ	1	指導教育を受けながら基本的な業務が遂行できる	初任者研修修了者	業務遂行	非常勤	時給	初任者研修		1年	なし
		社会人としてのルール、マナーを理解実践	福祉用具相談員							

資格	手当
介護支援専門員	50,000

■ 評価軸（例）

平成　　　年度

スタッフ氏名 ＿＿＿＿＿＿＿＿＿＿＿＿＿＿＿＿＿＿＿＿

記入　　　年　　　月　　　日　　　　　　　　　　㈱さくらケア

評価項目		評 価 内 容	評 価
品 質	1	お客様からの評価（CS調査による）が高い	1　2　3　4　5
	2	クレームが少なく、お客様からの評価が高い	1　2　3　4　5
	3	コンプライアンスを重視しており、法的知識がある	1　2　3　4　5
	4	登録ヘルパーからの評価（ES調査による）が高い	1　2　3　4　5
	5	緊急対応が的確であり、責任の範囲において対応することができる	1　2　3　4　5
勤務態度	6	チームワーク、言葉づかいが丁寧、陰口を言わない	1　2　3　4　5
	7	残業時間が少なく、決められた時間に業務をこなせる	1　2　3　4　5
	8	出勤態度が良好で、品格のある風土の醸成に協力している	1　2　3　4　5
	9	責任感があり、与えられた職務を責任が持てる	1　2　3　4　5
	10	会社の業績に目が向いており、チームの一員として何をすべきか考えられる	1　2　3　4　5
教 育	11	指導力がありリーダーシップがとれる	1　2　3　4　5
	12	後輩教育ができ、的確に育成することができる	1　2　3　4　5
連 携	13	経営者の方針を理解し、情報の共有ができる	1　2　3　4　5
	14	他事業者（行政）との連携が良好であり、他社（行政）からの評価が高い	1　2　3　4　5
	15	積極的に連絡会（勉強会）参加し、参加率が高い	1　2　3　4　5
業績貢献	16	新規利用者獲得に積極的であり自主的な営業ができる	1　2　3　4　5
	17	ヘルパー獲得意欲があり貢献している	1　2　3　4　5
	18	積極的にサービスにでて、稼働率が高い	1　2　3　4　5
	19	コスト意識があり、生産性を常に考慮している	1　2　3　4　5
	20	業務改善意識が高く、問題点を抽出し対策立案のうえ行動できる	1　2　3　4　5

前期課題	
	・ ・ ・

今期目標	
	・ ・ ・

第5章

居宅介護支援事業所運営の必勝法

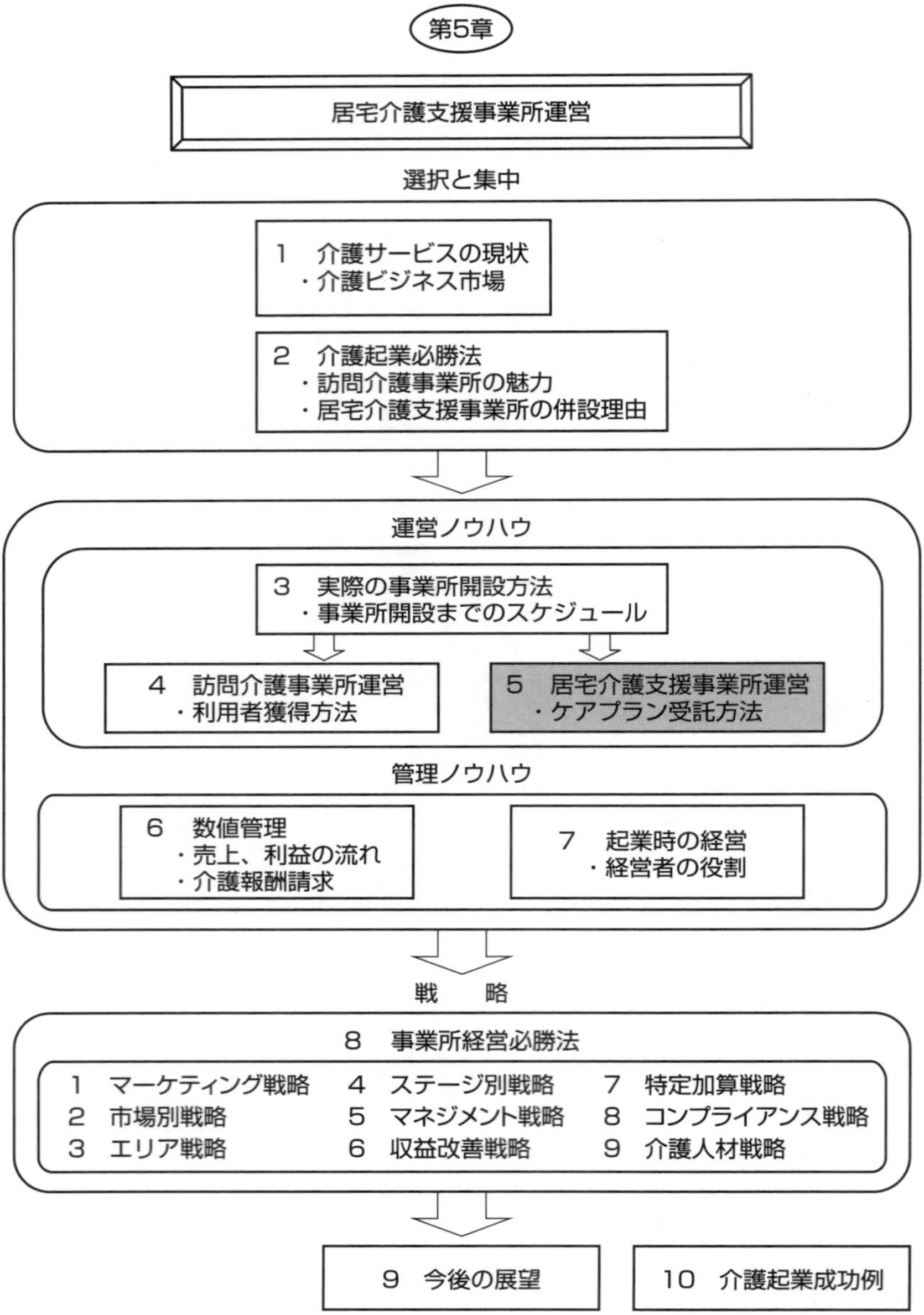
第5章
居宅介護支援事業所運営
選択と集中
1　介護サービスの現状
・介護ビジネス市場
2　介護起業必勝法
・訪問介護事業所の魅力
・居宅介護支援事業所の併設理由
運営ノウハウ
3　実際の事業所開設方法
・事業所開設までのスケジュール
4　訪問介護事業所運営
・利用者獲得方法
5　居宅介護支援事業所運営
・ケアプラン受託方法
管理ノウハウ
6　数値管理
・売上、利益の流れ
・介護報酬請求
7　起業時の経営
・経営者の役割
戦　略
8　事業所経営必勝法
1　マーケティング戦略
2　市場別戦略
3　エリア戦略
4　ステージ別戦略
5　マネジメント戦略
6　収益改善戦略
7　特定加算戦略
8　コンプライアンス戦略
9　介護人材戦略
9　今後の展望
10　介護起業成功例

Part 1 居宅介護支援事業所のケアプラン受託

居宅介護支援の新規利用者獲得とは、利用者からのケアプラン作成依頼を受けるということです。

まず、依頼がくれば何でもかんでも受けてケアプランを作成する事業所がありますが、そういう事業所は要注意です。

不適切なサービス拒否がないことは前提ですが、「現在プランを受託可能かどうか」「地域は担当エリア内か」など、要するに利用者の自立支援に向け最大限に力を発揮できるケースを受けるべきです。

そのためには、役所もしくは包括支援センターに情報交換として、空き情報や今受けられる体制かどうか、担当エリアはどこかを伝え、コミュニケーションをとる必要があります。パイプができると、事業所のエリア内のプラン、またはプラン依頼数を調整してもらうことができます。

そこで各事業所の訪問先を整理します。

まず、利用者が介護保険に関するサービスを希望したときからサービスを受けるまでの流れを大まかに示しますと、

①　介護が必要になった利用者または家族

②　役所（地域包括支援センター）に相談
⬇
③　役所（地域包括支援センター）より居宅介護支援事業所紹介（一覧表など配布）
⬇
④　支援事業所よりサービス事業所へ依頼
⬇
⑤　サービス開始

支援事業所の訪問先は②の役所（地域包括支援センター）を、サービス事業所（訪問介護など）の営業は④の居宅介護支援事業所を訪問することになります。

この部分を理解しておかないと、ピントはずれの訪問をしてしまいますので、確実におさえておく部分です。

さて、居宅介護支援の新規獲得に話を戻します。居宅介護支援事業所を紹介する担当部署である役所もしくは地域包括支援センターとのコミュニケーションであり、情報交換を行う必要があるということです。

それでは誰が訪問するかということですが、もちろんケアマネージャー自身です。ところが、ケアマネージャーが訪問している事業所は、私がコンサルを担当している会社以外でみたことがありません。経営者・管理者が訪問している姿は多少みかけますが、前に説明した「コミュニケーションをとる」という理由によりケアマネージャー本人が担当部署を訪問するほうが良いに決まっています。

それが行われていない利用が二つあります。

一つは、ケアプラン依頼がどんどんくるから、その必要はないと思っていること。

もう一つは、福祉の世界ではケアマネージャー（介護支援専門員）は一番の実務経験を必要とするので、ステータスを感じていることです。「なぜ、私がそんなことをしなくてはいけないの？」「福祉の道にはずれる」という意見をもっている人が多いからです。

ケアマネージャーには、情報交換の必要性を説くことです。その営業方法に関してですが、しつこく訪問すると嫌がられるので、利用者の介護保険被保険者証の更新手続きや他の手続きの時を利用し、コミュニケーションをとるようにするのが良いでしょう。

また、必要に応じて依頼を受けた担当者に対し、利用者の現状報告などをすると信頼を得ることができ、次のステップにつながるでしょう。もちろん、ケアマネージャーが行うことです。

また、役所の窓口によって対応が違うので、その対応別に戦略をねることが必要になってきます。次図を参考にしてください。

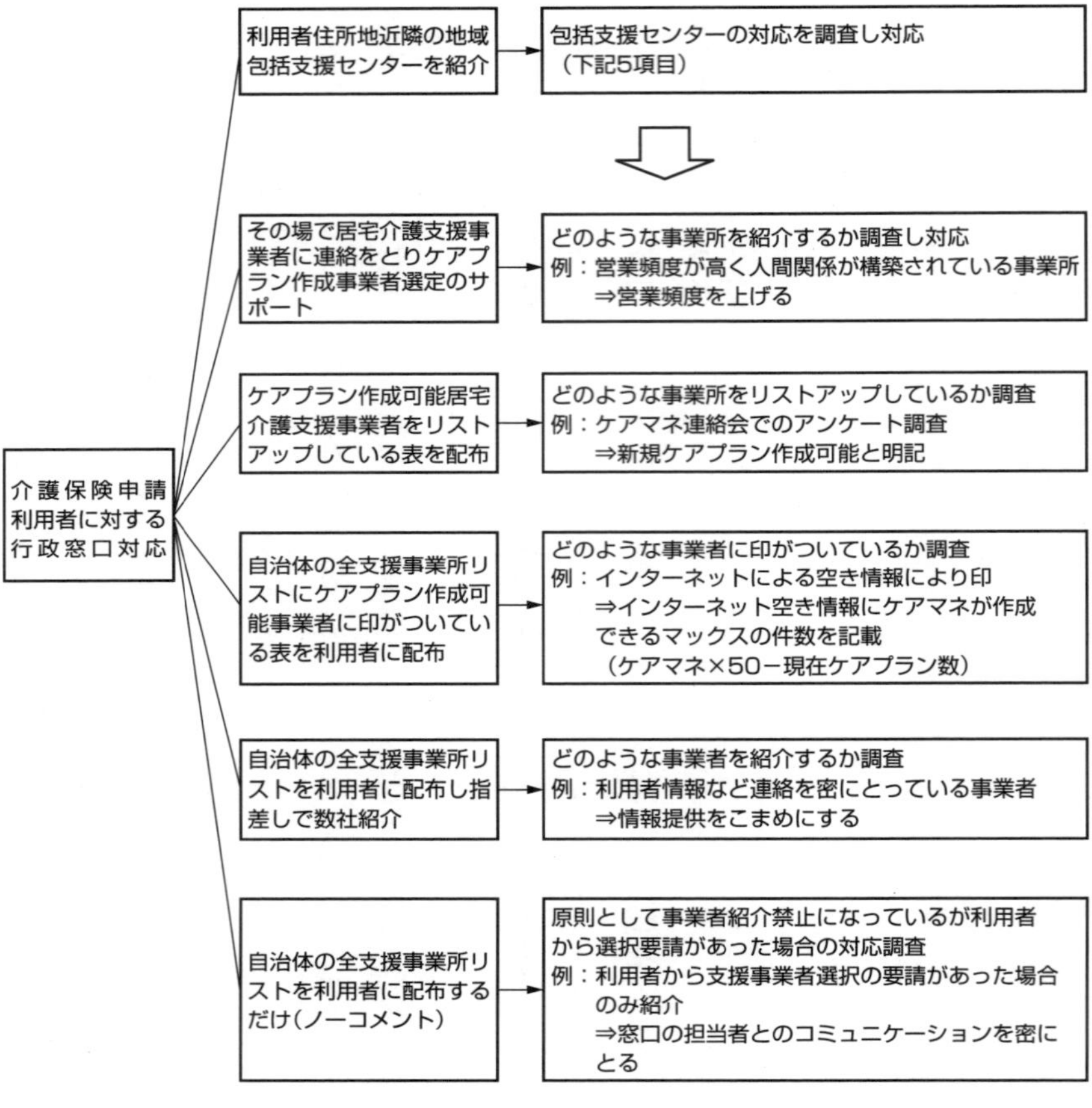
介護保険申請
利用者に対する
行政窓口対応
利用者住所地近隣の地域
包括支援センターを紹介
包括支援センターの対応を調査し対応
（下記5項目）
その場で居宅介護支援事
業者に連絡をとりケアプ
ラン作成事業者選定のサ
ポート
どのような事業所を紹介するか調査し対応
例：営業頻度が高く人間関係が構築されている事業所
⇒営業頻度を上げる
ケアプラン作成可能居宅
介護支援事業者をリスト
アップしている表を配布
どのような事業所をリストアップしているか調査
例：ケアマネ連絡会でのアンケート調査
⇒新規ケアプラン作成可能と明記
自治体の全支援事業所リ
ストにケアプラン作成可
能事業者に印がついてい
る表を利用者に配布
どのような事業者に印がついているか調査
例：インターネットによる空き情報により印
⇒インターネット空き情報にケアマネが作成
できるマックスの件数を記載
（ケアマネ×50－現在ケアプラン数）
自治体の全支援事業所リ
ストを利用者に配布し指
差しで数社紹介
どのような事業者を紹介するか調査
例：利用者情報など連絡を密にとっている事業者
⇒情報提供をこまめにする
自治体の全支援事業所リ
ストを利用者に配布する
だけ（ノーコメント）
原則として事業者紹介禁止になっているが利用者
から選択要請があった場合の対応調査
例：利用者から支援事業者選択の要請があった場合
のみ紹介
⇒窓口の担当者とのコミュニケーションを密に
とる

Part 2 クレームの対応

この業界で仕事としていると、人を扱う仕事なので「クレームやトラブルがたえない」とよく聞きます。本当にそうでしょうか？

それは、リスクマネージメントをまったくしていないか、対応方法を事前に検討していない場合です。確かに、いくら是正予防処置をしていても起きるトラブルはあります。しかし、きちっとした準備をしていれば七～八割防げるのが事実です。たとえば、契約時に介護保険制度のサービスにおける制約をわかりやすく説明しないで、サービス中にいきなり「窓拭きはできません」「留守の場合、サービスはできません」「美容院の送迎はできません」（介護保険では対応不可となっている事項）などといえば逆にクレームがくるのは当たり前です。きちんと介護保険できること、できないことを明確に説明し、特にクレームが多い部分「サービスの範囲」「ヘルパー交代がある件」「利用者が留守中はサービスができない件」などをA４の紙などに大きな字でプリントし、利用者にお渡ししておいたほうが無難です。この説明を怠るとあとでクレームになり説明する労力の数倍の時間をとられることになります。

しかし、そうはいってもクレームになることはあります。事業所として誠意を尽くしたうえで、解決困難な場合は必要に応じ役所に報告に行くことです。事業所によっては、「役所にだけには言わないでくれ」などと利用者に平気でいうところがありますが、これはまったく逆です。起きてしまったことに対し

■ 緊急対応

	事故種類	保険種類	対応	連絡先
利用者の事故	人身事故	損害保険	※救急車 家族に連絡	…… 保険会社 TEL 0120- …… 証券番号 ……
	物損事故	※損害保険	写真撮影 メーカー確認 品番確認 購入時期確認	…… 保険会社 TEL 0120- …… 証券番号 ……
	サービス事故	事業所	※責任者訪問	菓子折持参(2000円まで)
ヘルパーの事故	自損事故	労働災害保険	労災対応病院	…… TEL 03- …… 会員番号 ……
	交通事故	自動車保険 自賠責	警察の事故証明 免許証の控え（名前、住所、会社、連絡先の確認） 自賠責、任意保険証の控え（保険会社、担当、番号確認）	

※必要性がある場合

示談に応じない、不必要な謝罪はしない

きちんと対応し、利用者が役所に相談する前に事業所から先回りし役所へ報告するべきです。そうすれば、対応に協力してくれますし、きちんと報告する事業所として好印象をもたれます。実際に利用者からクレームがきたとしても前もって情報が入っているので一方だけの意見でかき回されることも防げるわけです。これは鉄則なので、覚えておいてください。

事故のクレームは、何件も対応していると大きく何種類かに分かれてきます。たとえば、「穴あけ（ヘルパーが入るはずなのに来ない）」、「人身事故」、「急病」、「物損」、「盗難」、「サービスに関するクレーム」など、これらに対し保険対応も含め一つ一つ対応方法を事務所として決めておくべきです。

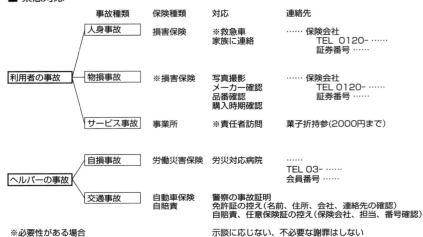

Part 3 書類作成はその日のうちに

ケアマネージャーが新規利用者と契約すると、役所への居宅サービス計画書作成依頼届出書提出や要介護認定資料提供申請書提出、利用者への契約書締結、重要事項説明、事業者とのサービス調整、サービス依頼などの動きに入ります。サービスを実際に手配する前に居宅サービス計画書を作成する必要があります。必要サービスが決まれば提供票、利用票も必要であり、一時的に仕事量が集中します。この帳票を一つ一つ説明することはここでは避けますが、これは必須の仕事です。

新規利用者が集中するとどうしても後回しになり、気がついたら机の上に居宅サービス計画書未完成の利用者ファイルがどっと積みあがります。

そこでアドバイスしたいことは、利用者の初回訪問時にたとえ残業になろうが、必ずその日中に仕上げるということです。「その日は疲れた」とか「他にやることがある」といって後日に回すと、訪問時のことを思い出すのに時間がかかると同時に忘れて抜けてしまうところも出てきます。また、「本当にそうだったか」など自分でも気持ち悪い状況が発生します。まだ記憶の明確なその日であればすらすら書くことができ、後日思い出しながら書類を作成するのと比べて半分以下の労力でできるでしょう。

「今日の新規利用者については、今日中に居宅サービス計画書を作成する」というクセをつけるようにしましょう。もちろん記入できない部分があるので、それは後日記入しても問題はありません。

Part 4

「利用票」の押印について

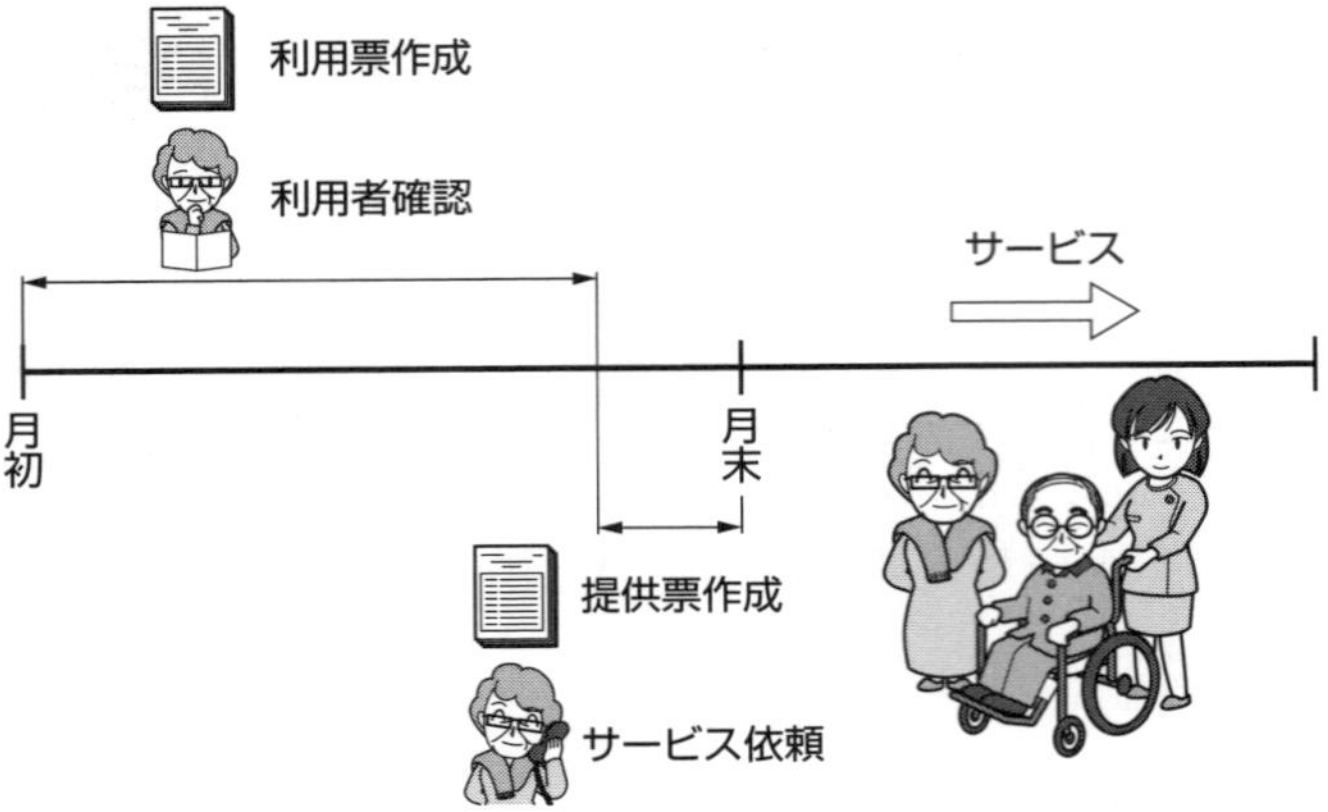

介護保険を活用したサービスを受ける場合には、ケアマネージャーが作成したケアの予定である利用票を利用者と調整し確認のうえ押印をもらい、それをもとに提供票を作成しサービス事業所に発送、それを受けてサービス事業者が利用者に対しサービスを行う、という仕事の流れがあります。

その中の利用票押印についての話をします。

事業所によっては、当月のサービスの利用票を当月に訪問し調整するという光景を目にします。前月までに回らなければいけないことがわかっていても忙しくて当月になってしまうという現状です。これは、サービスの前月の下旬から利用者宅の訪問を始めるケアマネージャーが多いからです。前月の上旬から利用者との調整を開始しないと、物理的に全利用者に対応することは不可能です。サービス月の前々月末に2ヶ月先の利用票をプリントアウトし、サービス前月の一日から訪問できる体制を整えましょう。利用者への訪問が一ヶ月前では、状況が変化するので適正でないという人もいますが、利用票は予定なので予定を変更することもできます。サービスの当月に予定の確認をするよりも、よほどましです。

何としても前月までに利用者全員と利用票の調整を終え、提供票をサービス事業所にサービス前月末までに発送する、本来の流れにしましょう。

これを実行しないと、帳票自体の意味がなくなってしまいます。

Part 5

ケアマネージャーの雇用体系

サービスの手配は、ケアマネージャーの仕事の中で多くの比率を占める分野です。特に、新規利用者に対するサービス手配は重要であると同時に多くの時間を要します。具体的にいうと、既存の利用者のケアプランを三五件担当しているケアマネージャーよりも、既存利用者は〇（ゼロ）だけれども一ヶ月の新規利用者が一〇件のケアマネージャーのほうが忙しいということです。

ケアマネージャーの給与体系において件数歩合制がとりづらいのはこのような理由があるからです。時給制にしても、同じ件数で仕事が速いケアマネージャーが損するなどの弊害がでてくるので、新規利用者獲得数ノルマなどを十分打ち合わせたうえでの出勤日数に応じた月給制対応が適切ということになります。

Part 6 サービス調整は自立支援を目的とし利用者本意

サービス手配ですが、利用者の自立支援を目的としたサービスが前提で、なるべく多くのメニューを提案すべきです。その中で利用者が選択し、サービス開始ということになります。残念なことに、ケアマネージャーによっては自立支援を目的にしないで、「清掃はヘルパーが行います」「買い物や食事準備はヘルパーがすべて行います」という家政婦的なプランを立てる人がいます。あくまでも、介護保険は社会保険であり、家政婦紹介所ではありません。そのような使い方をすれば、利用者の自立度がますます下がり、介護度が悪化していくに決まっています。あくまでも、利用者が買い物に行く・食事を作る・清掃をするというのが前提で、転倒予防やその他支援が必要なので、その補助をするというスタンスが正しい使い方です。男性の利用者でも、歩行困難な人に対して「買い物をしてきてあげる」ではなく、「一緒にいきましょう」であるべきです。要するに、お手伝いさんではないということと、家政婦的サービスに社会保険を使うわけにはいかないということです。

次のパターンは、「勘違いケアマネージャー」の話です。利用者に対し、「あなたは訪問介護週二回までしか使えません」「あなたは通所介護の必要はありません」などと自立支援につながり、かつ利用者が希望しているにもかかわらず、利用を制限するケアマネージャーがいます。ケアマネージャーは、裁判官でも医師でもありません。先ほども説明しましたが、自立支援を目的としているサービスということが前提ですので、ケアマネージャーは利用者に対して、たとえば「限度額内では一時間の訪問介護が週一回、通所介護が週二日活用できます」というコメントになるはずです。家政婦的なプランを立てるから「〜までしか使用する必要はありません」というようになってしまうのだろうと思います。介護保険は社会保険であり、限度額内は利用する権利があるわけです。それをケアマネージャーの胸先三寸でここまでしか使ってはだめだと、なぜ言い切れるのか不思議です。

介護保険の認定調査時に、この利用者はこのくらいの介護が必要と判断した結果が介護度であり、限度額であるはずです。

自立支援に近づけるのなら最大限のサービスを提供し、利用者本意で決めていくというのが本来のスタイルです。

もう一つの「勘違いケアマネージャー」のタイプは、利用者の経済状況を勝手に判断し、レンタル商品であれば安いもの、住宅改修であれば安いほう、訪問介護であればなるべく安い内容に勝手にしてしまうことです。繰り返しになりますが、自立支援のためのケアプランに対し、どのサービスを活用するかは利用者が選択するのです。ケアマネージャーの押し付けであってはいけないわけです。買物に行ける（ヘルパー同行）のであれば週一回の外出介助より三回のほうがよい、多少高額でも信用のある住宅改修業者がよいなどという利用者はたくさんいるのです。

よくいわれることは「利用者を思うケアマネージャーの意見と、利用者の意見は違う」ということです。

以上、利用者の自立につながる最大限のサービスを提供し、利用者本意でプランは作成されるべきです。

Part 7

ケアマネージャーの職務範囲

「燃え尽きないケアマネージャー」であるために

○ ご利用者を取り巻き支えているのは自分だけではない！

○ 自分の職務を逸脱せず、任せるところはきちんと任せることが必要！

○「私に何でも言って！」は禁句！！

ケアマネージャーの離職率の高さは周知のことです。会社を辞めるのでなく、ケアマネージャー自体辞めてしまうのです。

ストレスの多くは利用者に対する責任の重さです。自分で「何もかも」抱えこみ利用者の介護に関するすべての責任が自分にあると考えてしまうのです。あまりの重圧に当職務を放棄してしまう人は少なくありません。

利用者にとって一番困るのはケアマネージャーが変わることであり辞めてしまうことです。もともと家族でない限り全責任など負えるはずがないのです。

ケアマネージャーを長期間継続するために「協働意識」を持つことが重要です。オーケストラでいえば「指揮者」のポジションです。

利用者はチームでささえています。任せるところは任せ、役所と相談しながら対応し、自分だけで抱えこまないことです。

利用者の自立支援に向けケアプランを立案するという、「すばらしい職業」を職務分担を明確にしたうえで少しでも長く続けましょう。

第6章

介護サービスの数値管理

第6章

居宅介護支援事業所運営

選択と集中

1　介護サービスの現状
・介護ビジネス市場

2　介護起業必勝法
・訪問介護事業所の魅力
・居宅介護支援事業所の併設理由

運営ノウハウ

3　実際の事業所開設方法
・事業所開設までのスケジュール

4　訪問介護事業所運営
・利用者獲得方法

5　居宅介護支援事業所運営
・ケアプラン受託方法

管理ノウハウ

6　数値管理
・売上、利益の流れ
・介護報酬請求

7　起業時の経営
・経営者の役割

戦　略

8　事業所経営必勝法

1　マーケティング戦略
2　市場別戦略
3　エリア戦略
4　ステージ別戦略
5　マネジメント戦略
6　収益改善戦略
7　特定加算戦略
8　コンプライアンス戦略
9　介護人材戦略

9　介護保険制度をとりまく状況

10　介護起業成功例

1. 売上の流れ

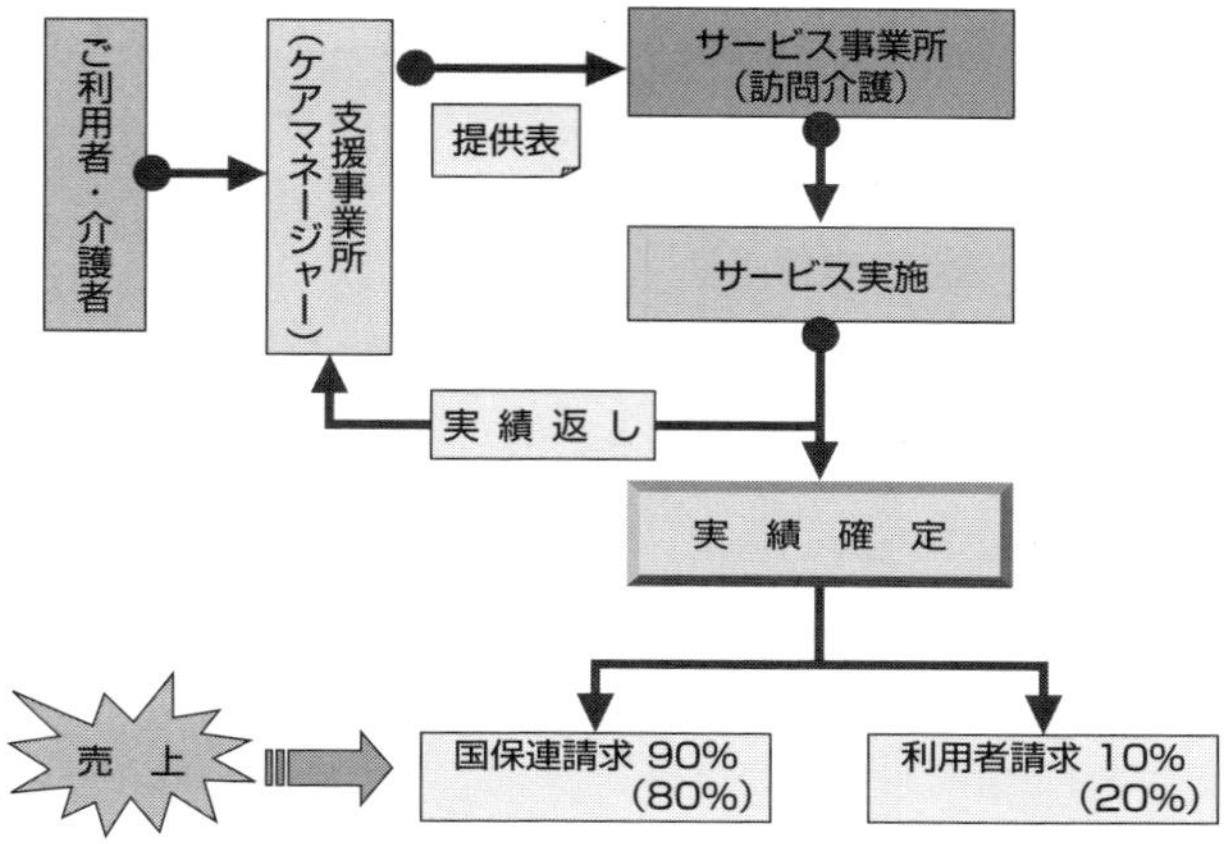

Part 1 数値の流れ

〈1〉売り上げの流れ

訪問介護事業所の売り上げの流れを図に示しました。

居宅介護支援事業所の売り上げは居宅サービス計画書を作成し、実際にサービスが当月行われたら売り上げが発生しますが、サービス事業所（訪問介護など）は、ケアマネージャーが作成する提供票をもとにサービスを行い、キャンセル、変更などの調整の後、月末に実績確定したものが売り上げとなります。

請求は国保連（詳細はPART2〈1〉を参照）九〇％（八〇％）と利用者一〇％（二〇％）に分けます。

2. キャッシュの流れ（売上）

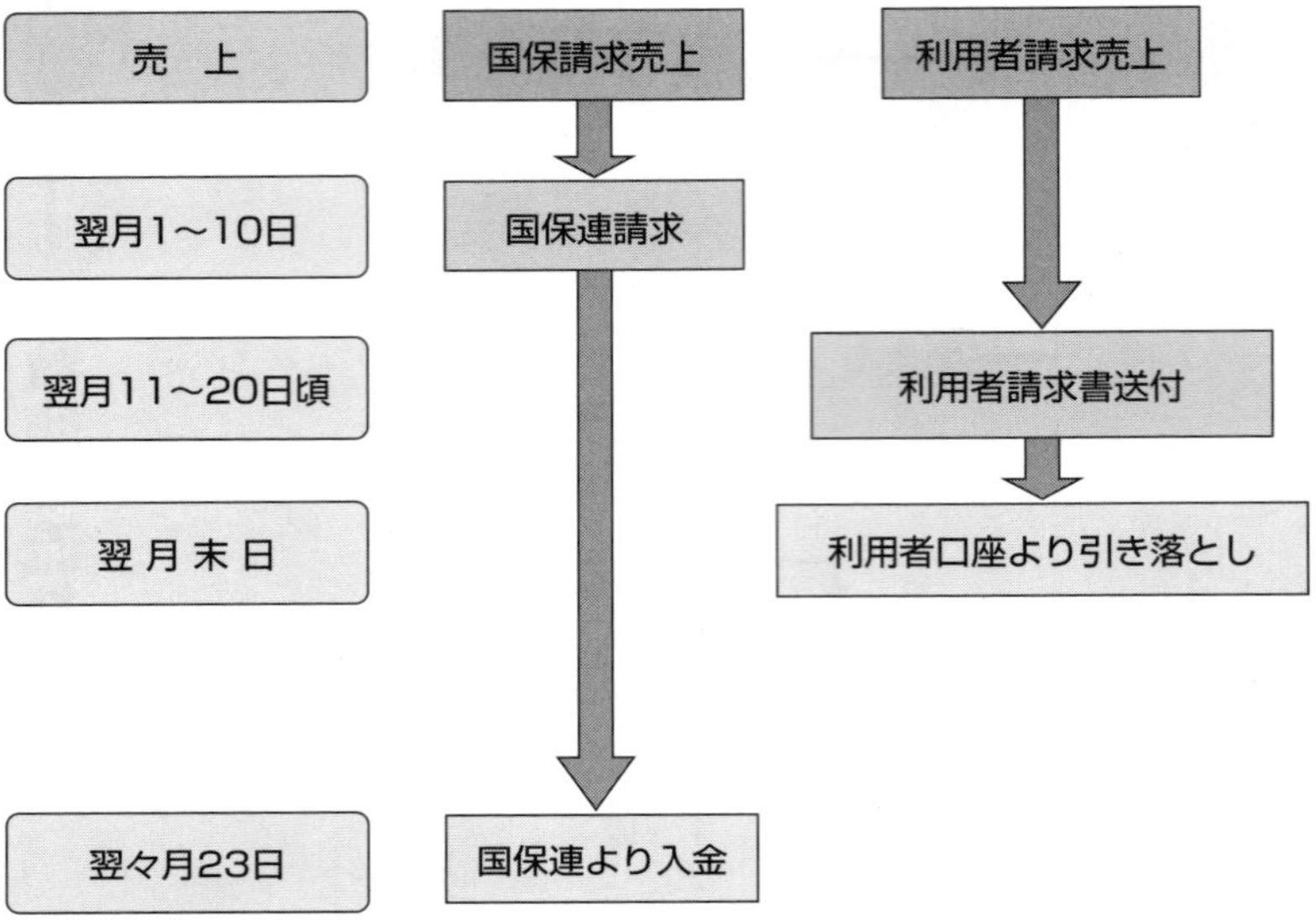

〈2〉キャッシュの流れ

介護サービスキャッシュの流れを図に示しました。
国保連からの入金は、サービス月の翌々月二十三日（東京都の場合）です。

〈3〉利益の流れ

訪問介護事業所、居宅介護支援事業所利益の流れを図に示しました。

3. 利益の流れ

訪問介護	介護報酬	−	ヘルパー賃金	=	粗利
居宅介護支援	介護報酬			=	粗利
その他売上	上代	−	下代 or 人件費	=	粗利

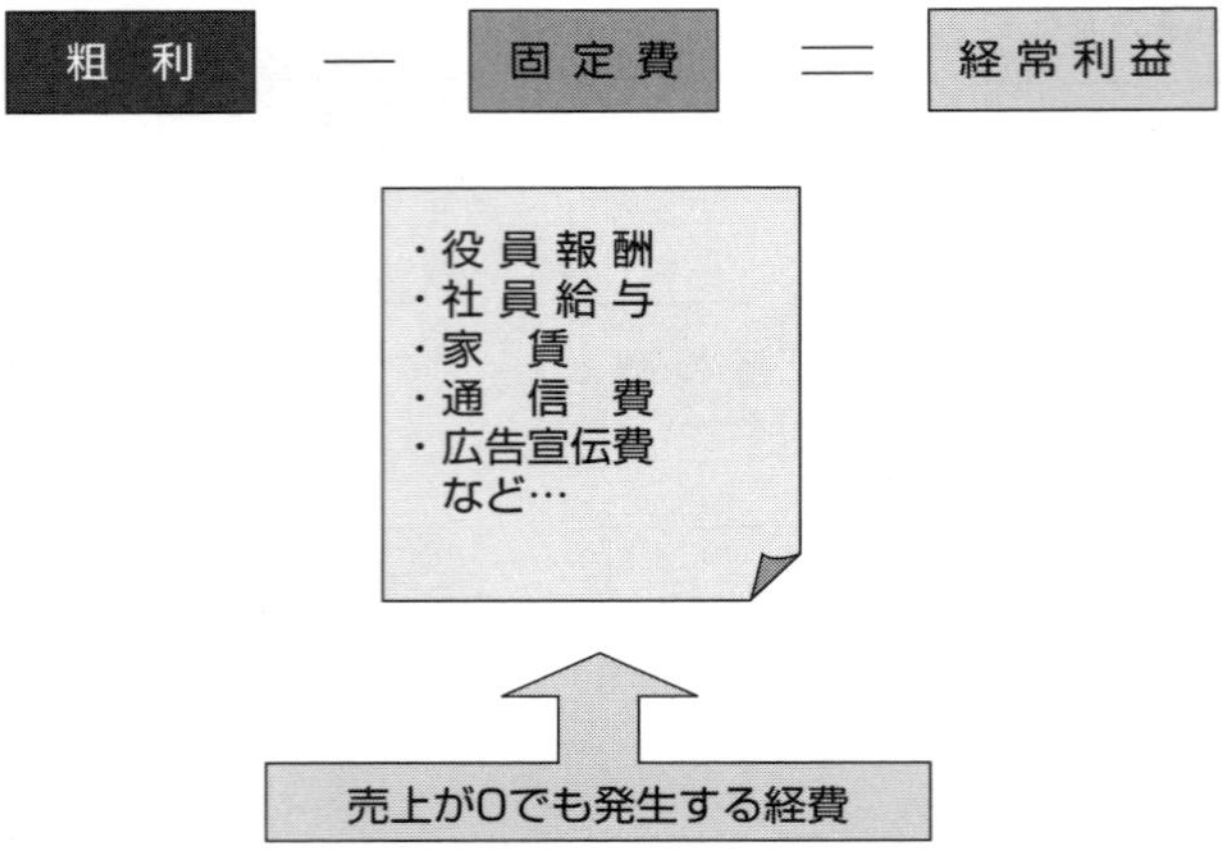
粗 利
ー
固 定 費
＝
経 常 利 益
・役 員 報 酬
・社 員 給 与
・家　賃
・通　信　費
・広告宣伝費
など…
売上が0でも発生する経費

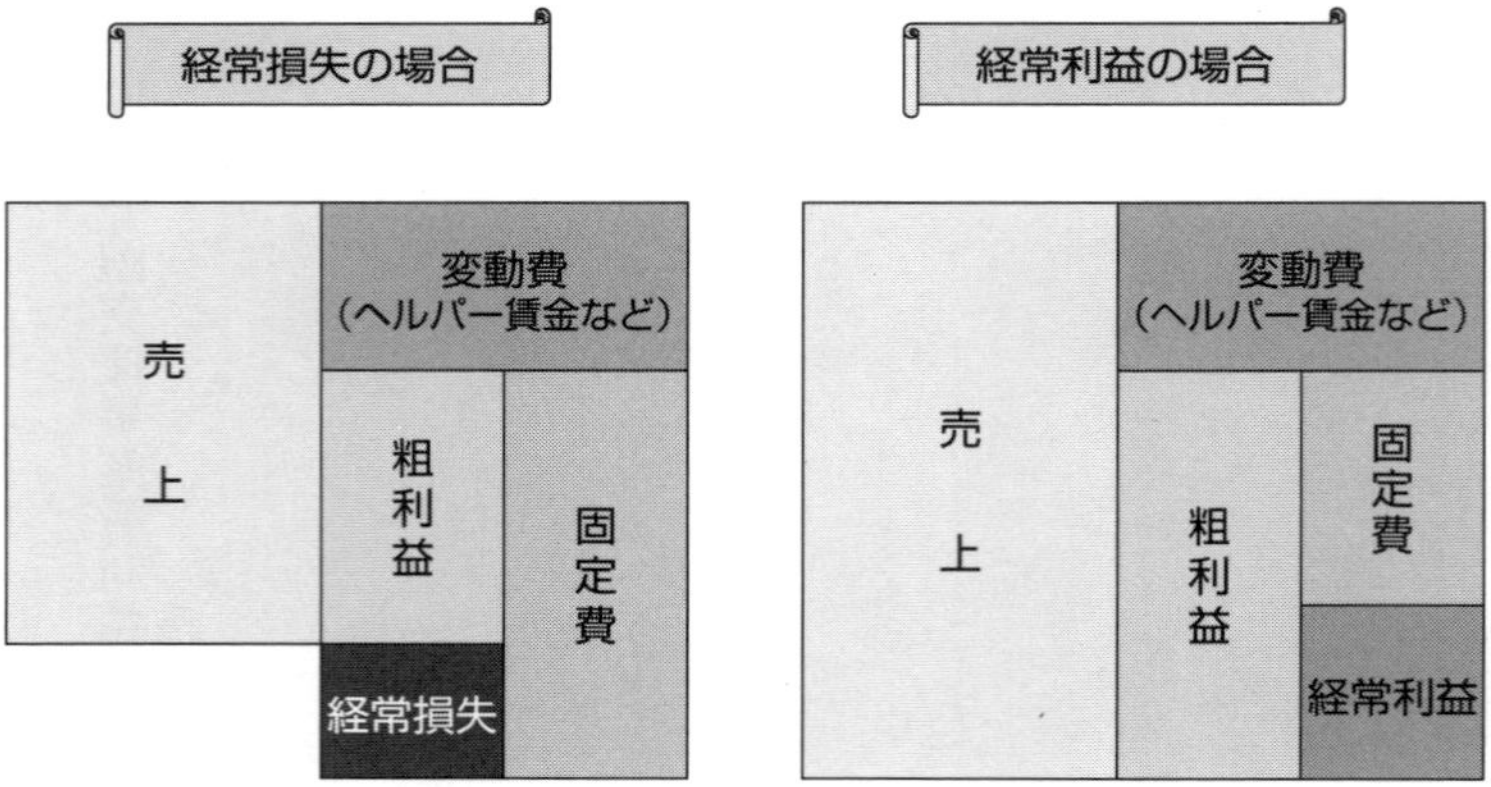
経常損失の場合
売上
変動費
(ヘルパー賃金など)
粗利益
固定費
経常損失
経常利益の場合
売上
変動費
(ヘルパー賃金など)
粗利益
固定費
経常利益

Part 2 請求

〈1〉国保連請求とは

国保連とは、国民健康保険団体連合会の略で、介護業界または医療保険関係の人でないと聞きなれないことと思います。

介護保険の支給先は、九（八）割が保険者、つまり自治体（世田谷であれば世田谷区）です。負担先は国、都道府県、区市町村、一号保険者・二号保険者になっています。

そして、残りの一（二）割が利用者負担になります（公費・生活保護者など細かい部分は省略）。前者九（八）割の支給を保険者に代わって代行支給しているのが国保連になります。したがって、サービスが発生し、請求額の九〇（八〇）％である介護報酬は国保連に請求することになります。

〈2〉経営者が請求の仕組みを理解していないと大きな落とし穴が

経営者の中には「請求など細かいことは事務担当に任せてある」「そんなところまで首を突っ込むと社員が働きづらいだろうし、大勢に影響はない」という人がいます。

これは大きな間違いです。一般業界ではその理論は通用するでしょうが、介護業界の請求はとても複雑です。同じ訪問介護でもコード（内容）により報酬が違いますし、介護認定がおりていない利用者なので今月は請求ができないケースが発生したり、その他にも未請求者の管理や返戻の管理や再請求の管理などは経営者自身が管理していないと「請求忘れ」などが実際発生するのです。よほど熟練した事務員を育てた後は別でしょうが、はじめからそんな人材はいないし、まずは経営者が請求の仕組みを覚えましょう。

そうでないと、ヘルパーの給与は支払い済みで国保連への請求を忘れると、売上は回収できないうえ、経費はかかるので二重に損をすることになります。

かなり複雑なので十分勉強し、請求担当事務員が辞めたら「請求がわからない」という事態は避けましょう。人任せはダメです。また、複雑な分だけ、取得すれば相当なスキルが身についていることになります。

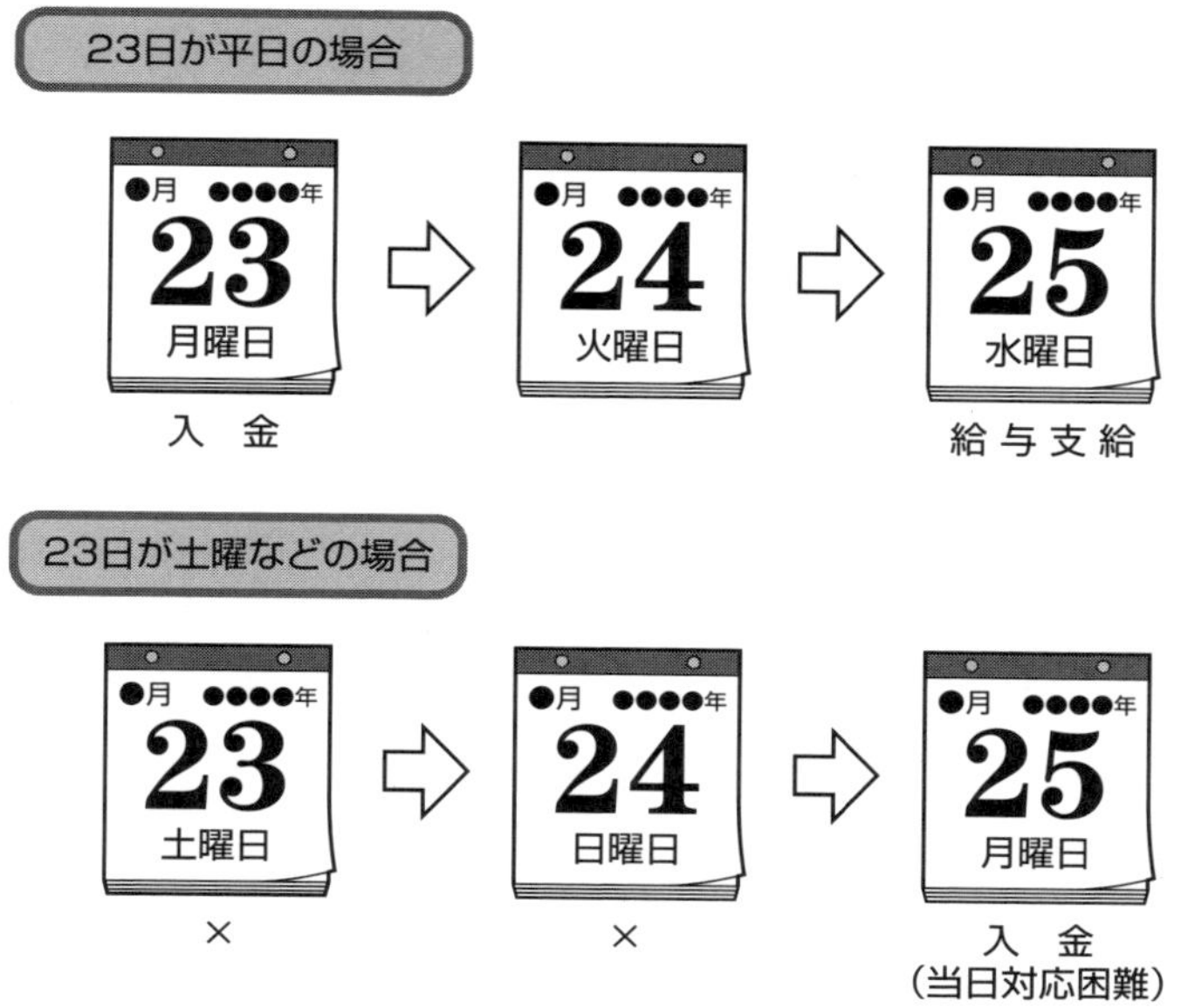

給与の締め日と支払い日

給与の締め日と支払い日も、国保連からの支払サイトが長いため注意する必要があります。

一般的な支給日である二十五日にしてしまうと、国保連からの入金日の二十三日に土・日が絡んでしまう月が発生します。そうなると入金が後ろにずれてしまいますので、二十三日（東京都の場合）が土曜の場合には、二十四日が日曜日のため介護報酬入金が二十五日になってしまいます。給与支払い日二十五日に間に合わず、一日のために融資を受ける事態になってしまいます（当日振込み手続きをすれば間に合いますが、急用などが入る場合がありリスクを伴います）。入金日の曜日によって資金繰りの心配をするのは避けるべきであり、社員は月末締めの翌月二十六日（二十六日が土日曜日の場合翌日）払い、登録ヘルパーも月末締めの翌月二十六日（二十六日が土日曜日の場合翌日）払いにしたほうが良いと思います。

〈3〉介護度未定利用者は月遅れ請求

介護保険の利用可能開始日のことから説明します。

介護保険は六五歳（条件付四〇歳）以上の人が介護保険サービスを必要になった場合には、行政の窓口または地域包括支援センターに要介護認定申請をします。その後、ケアマネージャーの認定調査、医師の意見書をもとに審査会が開催され介護度が決まってきます。自立、要支援1・2、要介護1・2・3・4・5の八種類のどれかに振り分けられます。申請から一～二ヵ月後くらいに本人宛に介護認定通知書が送られてきて、自分の要介護度状況がわかるのです。

それでは、申請してから介護認定通知書がくるまで介護保険が使えないのかというとそうではなく、申請日から利用することができるのです。もちろん、認定調査結果で自立という判定が出た場合は利用できません。サービスに急を要しないで自立という判定が出る可能性がある人は、介護認定がおりるまで利用は控えたほうが良さそうです。

話を月遅れ請求に戻します。

介護保険をすぐに利用したい人・サービス利用に対し急を要する人は（そういう人は自立認定になることは考えづらい）申請した後すぐにでも利用できます。介護認定がすでにおりている人の請求は、n月にサービスを利用したとしたら（n＋1）月の一日～十日に国保連に請求を起こし（n＋2）月の二十三日（東京都の場合）に送金があります。

しかし、申請をしたばかりで介護認定調査を受けておらずn月に介護認定申請をした人は（n＋1）月

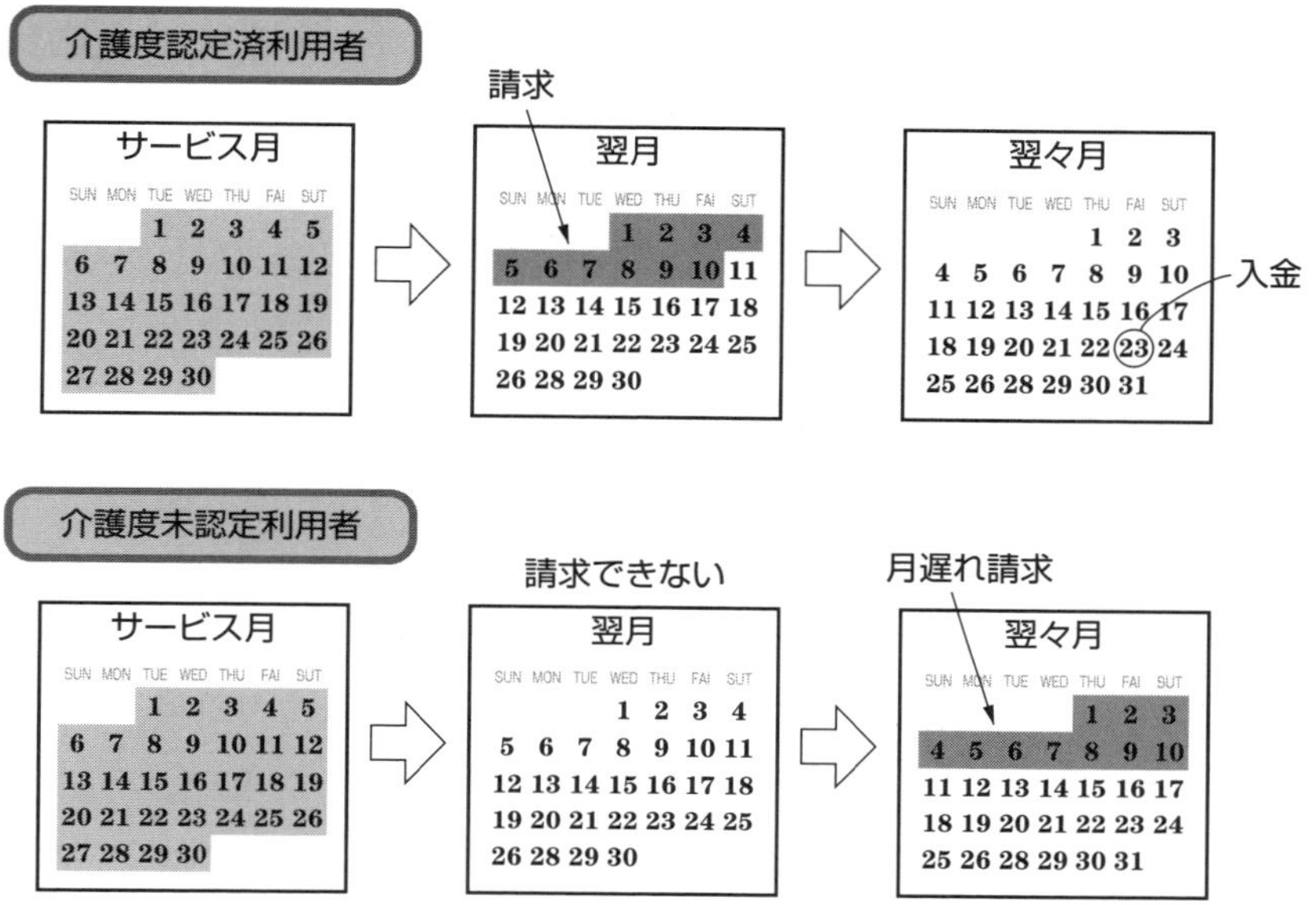

の請求の段階で介護度が出ていないことがほとんどです。ということは、（n＋1）月は請求できません。

それではいつ請求するのかという話になりますが、介護認定がおりた月の翌月一日～十日に過去の請求をします。たとえば、一月のサービスで二月に介護度が決定した場合には、一月サービス分を三月の請求時期（一日～十日）に請求します。二月一日～十日の請求時期には、介護度が決まっておらずに請求できないのです。

これを一般に月遅れ請求といいます。何ヶ月月遅れになるかというと一～二ヶ月が多いですが、医師の意見書がなかなか提出されないなどの理由で五～六ヶ月介護度が決まらず数ヶ月遅れの請求になることもあります。

細かく話せばまだまだありますが、起業前の現段階ではこれくらいの理解で十分だと思います。経営者が請求の仕組みを理解すべきだということはすでに説明しましたが、この時に誰の何月分が未請求だということを明確に押さえてないと請求し忘れることがあるわけです。未請求管理台帳を作成ししっかりチェックすべきです。

また、介護認定が数ヶ月決まらない場合は、同じ利用者の数ヶ月分を一度に請求することになります。その人のサービス発生から入金までのサイトが長くなることはいうまでもありません。

〈4〉請求ミスは返戻《へんれい》になる

お金の流れとしては、サービス事業者が国保連に請求し、国保連で正しい請求かどうかのチェックをして、その金額の入金があります。そのチェックシステムの件ですが、サービスのプランは、居宅介護支援事業所のケアマネージャーが作成することを思い出してください。ケアマネージャーが、Aさんの自立に向け一番必要なサービスは何かということを介護保険の限度額内（介護度によって違う）でプランを組みます。たとえば、A訪問介護事業所週二回二時間で～円（単位）、B通所介護事業所週一回九時から一六時で～円（単位）、C福祉用具貸与事業所で特殊寝台（ベッド）～円（単位）、車椅子～円（単位）などです。

サービス事業者は、ケアマネージャーが作成したサービス依頼書である提供票をもとにしたサービスを行い（変更があればケアマネに連絡）、そのサービス実績に基づき請求します。ケアマネージャーは、Aさんのプランとして国保連にサービス計画表である給付管理票を提出します。

国保連でサービス事業者からきた請求とケアマネージャーからの給付管理を突合《とつごう》し、一致したものを送金します。したがって、給付管理にないもの、または情報が一致していないものは却下されます。

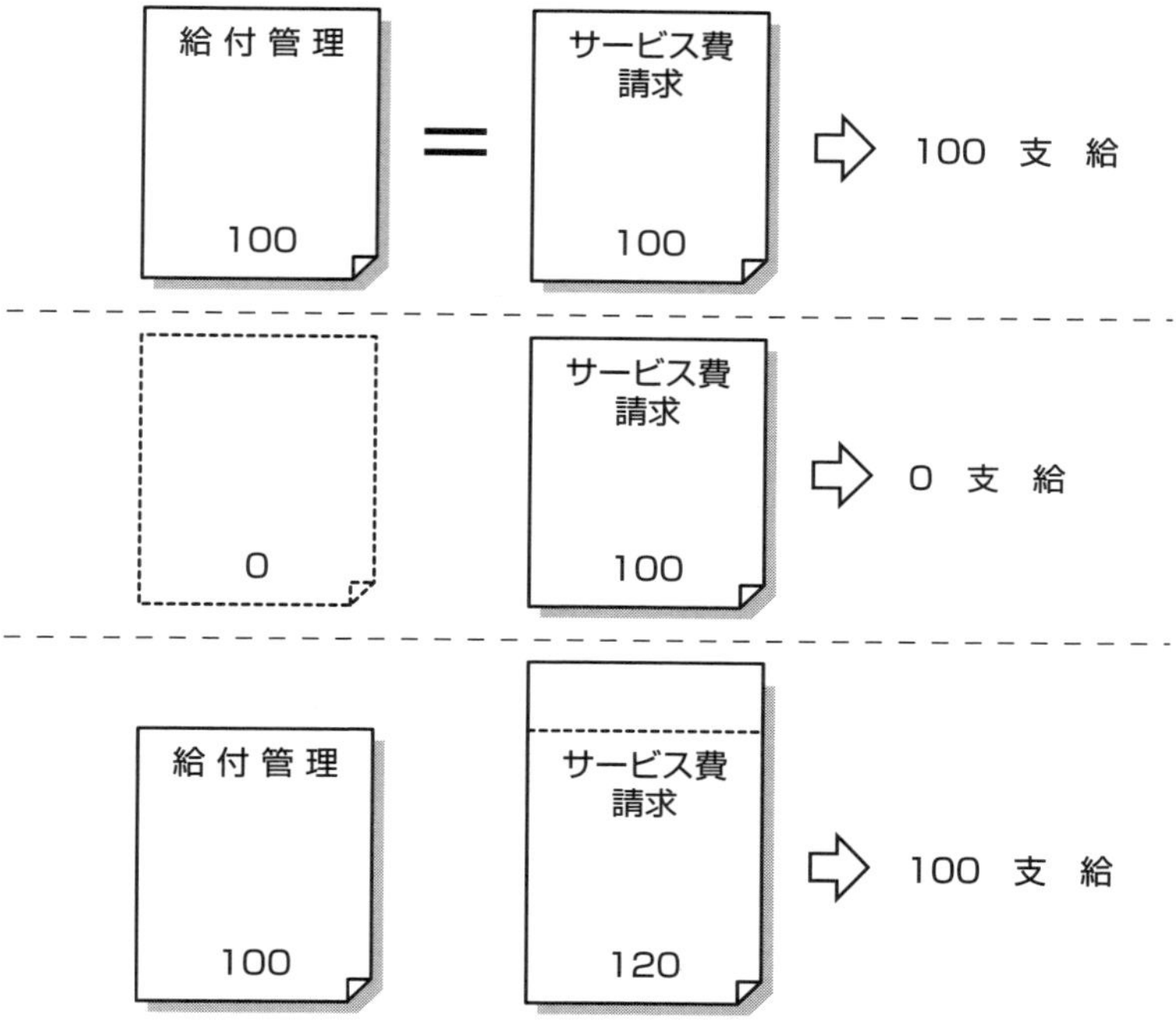

これが返戻というものです。返戻になる理由としては、被保険者番号、事務所番号の間違いやケアマネの給付管理の出し忘れなど多種の要因が考えられます。

また、サービス事業者からの請求のほうが給付管理より多い場合は、給付管理の金額（単位）を超える金額はカットされた状態で入金になります。

これが増減給付です。これは一つ一つ理由を調べ対応します。訂正して再請求するのか、保留にしてケアマネに給付管理を修正してもらうのか、そもそも請求自体が間違えで過誤申請（取り下げ）するのか、多種の対応方法があります。

この返戻も経営者・管理者がしっかり押さえておかないと売り上げの修正、国保連への請求の修正、利用者への請求の修正などパズルのような管理を行うわけですから、混乱することになります。

〈5〉居宅介護支援の訂正は給付管理修正

国保連請求における修正とは、何か?

居宅介護支援事務所の給付管理票が誤っている場合、「給付管理の修正」にて訂正します。

n月の給付管理に関しては、(n+2)月の一日に各サービス事業所に国保連から返戻が発信(送)されます。

サービス事業者が返戻になった場合には、原因を調査します。居宅介護支援事業所の給付管理票に誤りがあった場合は「給付管理の修正」ということで、(n+2)月の一日~十日に修正として出し直すわけです。これは、サービス事業者にミスがないケースです。

それでは、サービス事業者にミスはなく給付管理にミスがあるケースとは、どんな場合なのでしょう。

たとえば、サービスコードもしくはサービス時間の変更をケアマネージャーに報告しているにもかかわらず、居宅介護支援事業所のほうで実績単位数を変更するのを忘れた時、または間違えたときなどです。

それ以外では、単純に事業所番号を入力するときの間違いとか、利用者の基礎情報の入力間違いなども考えられます。居宅介護支援事業所は、サービス事業者に一ヶ月入金が遅れることを謝罪するとともに速やかに修正を申請する必要があります。

〈6〉サービス事業所の請求訂正は過誤申請

前項で説明しましたのは、居宅サービス事業所の給付管理の修正の件ですが、今度はサービス事業者が修正（変更）したい場合はどうしたらよいでしょう。

たとえば、訪問介護で生活保護対象の利用者で、間違えて生活保護対象外で請求をしてしまった場合には、国保連から請求額の九〇％は入金されますが、残りの一〇％を利用者に請求することはできません。保険者に電話して「間違えました」で済めば良いですが、そんなことはありません。保険者に過誤申請をして請求を取り下げ、再請求をするのです。この請求または債権管理を細かく追いかけていく人がいないと対応が困難であり、最悪の場合忘れ去られて違算になっていきます。

そういう意味でも当初は経営者（管理者）が請求及び債権管理をするべきだと考えます。この作業が複雑なことを理解してもらえることでしょう。

〈7〉再請求が必要な場合

居宅サービス計画費（居宅介護支援の請求）・訪問介護の請求において、すべて居宅介護支援事業所で作成する給付管理がもとになり、国保連で突合され介護報酬が支給されます。このことをまず理解してください。

居宅サービス計画費を請求し、返戻になった場合は基礎情報の入力ミスなどが考えられます。再請求し

給付管理	正		過誤請求→再請求（実績入力ミス）or 返戻→再請求（その他の請求ミス）
サービス費	誤	サービス事業者	
給付管理	誤		給付管理修正（給付管理ミス）or 返戻→給付管理（その他のミス）
サービス費	正	居宅介護支援事業者	

てください。

次に、訪問介護事業所などのサービス事業者は、給付管理のほうに何らかのミスがあり返戻になった場合、居宅介護支援事業所と連絡を取り合い、調整してください。先方が修正を出します。再請求の必要はありません。

次はサービス事業者側で、基礎情報（被保番号）の入力にミスがあり返戻になった場合は、単純に正確な情報を入力し直し再請求するだけで良いです（生保などの情報入力が間違った場合は過誤申請再請求）。

実際のサービスと異なって請求してしまい返戻にならないで受諾されてしまった場合は、過誤申請を起こし、その後再請求する必要があります。

以上、代表的な再請求を列記しただけでこれ以外にもたくさんのケースがありますのでこれ以上は割愛しますが、一筋縄ではいかないことを覚悟する必要があります。

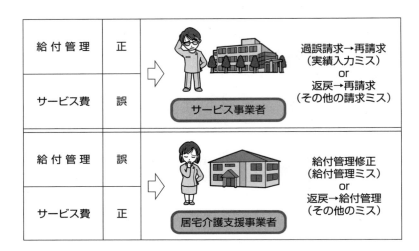

〈8〉利用者負担金請求の留意点

利用者負担金額は、介護保険であれば一（二）割なので少額です。したがって、「大勢に影響はない」と一見思いがちですが、「ちりも積もれば山となる」であり、気を抜くことはできません。

相手が利用者なのでトラブルが一番多い部分でもあります。基本的に介護保険の介護報酬請求時、請求額の九（八）割が国保連に請求、残りの一（二）割が利用者請求になります。単純な話に聞こえますが、実はかなりクセものです。

何がクセものか紹介しますと、まず介護保険の国保連分の請求はしても、生活保護対象者は請求しません。また、公費利用者の場合には、身体障害者などは何％かは自治体の負担があり、国保連にその公費を含めた情報で請求し、利用者には一〇（二〇）％の請求はしません。

また、自治体独自の減免制度を持っているところは国保連には通常どおりの請求をし、利用者には減免制度による負担金を引いた金額を請求し、負担金は自治体から直接支給があります。

ここで細かく覚える必要はありませんが、クセがあるということを認識する必要があります。

次に大変なことは、売上の修正や請求のミスをした場合です。

国保連に関しては、修正や取り下げ再請求などで直接利用者に迷惑をかけることはありませんが、利用者請求は別です。

実際より請求が多く、入金済みであれば現金を返しに行く必要があるかもしれませんし、その時に利用者に領収書を書いてもらうことになります。実際より請求が少なく、再請求する場合は事情を説明および

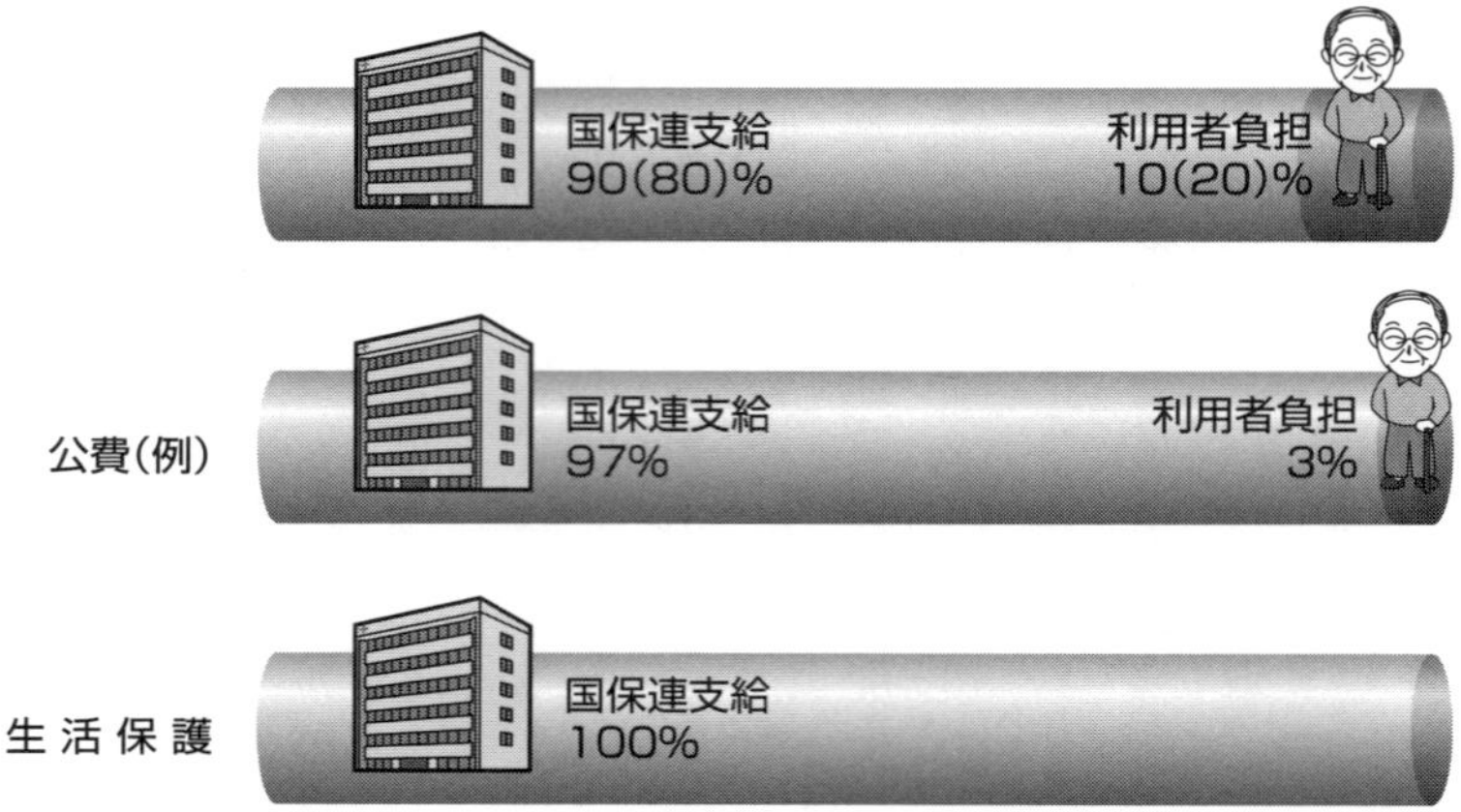

謝罪を含め利用者訪問が必要な場合もあります。振込み手数料はどうするのかまでの調整が発生します。

また、利用者請求の中に介護保険外の請求、たとえば介護保険の限度額を超えたサービス費、介護保険とは別の私費サービス、キャンセル料なども加えて請求するケースもありますので、債権管理を含め細かくチェックする必要があります。

金額は少額ですが、利用者に迷惑をかける可能性のある処理なので気を抜くことのないよう取り組むべきです。

また、利用者の支払い方法ですが、銀行の自動引き落としが事業者側からみれば理想ですが、利用者によっては振込みがよい、集金に来てくれなどという人もいます。その体制を整える必要があります。国保連からの支給と違い、未入金、銀行引き落とし不可（資金不足・口座なし・印鑑相違など）の場合があります。特に当業界の特性として、死亡により口座引き落とし不可なども少なくありません。

再請求するシステムやケースごとの対応が必要なります。

〈9〉国保連からの帳票

国保連から数種類の書類の郵送もしくは伝送があります。「支払決定通知書」「請求明細書・給付管理票返戻（保留）一覧表」「介護保険審査決定増減表」「介護給付費過誤決定通知書」などがそれです。この書類はそれぞれ大変重要で、支払決定通知書に関しては国保連からの入金と同日に来ます。事業所番号ごとの入金額が記載されています。売り上げの裏づけとして唯一証明になる書類なので大変重要です。

「請求明細書・給付管理票返戻（保留）一覧表」「介護保険審査決定増減表」などは売り上げ修正、請求修正、または債権管理、未請求管理などチェックするのに必ず必要になってくる書類です。

「介護給付費過誤決定通知書」は国保連側に過誤申請（取り下げ）が受け付けられたと分かる書類でこれを確認し再請求をかけるという書類です。

いずれにしても、書類ごとの意味を十分に理解し大切に活用し保管すべきです。見れば分かると捨ててしまい、数ヶ月後に大変困った事業所担当者を知っています。そのようなことのないようにご留意ください。

第7章

起業時の経営

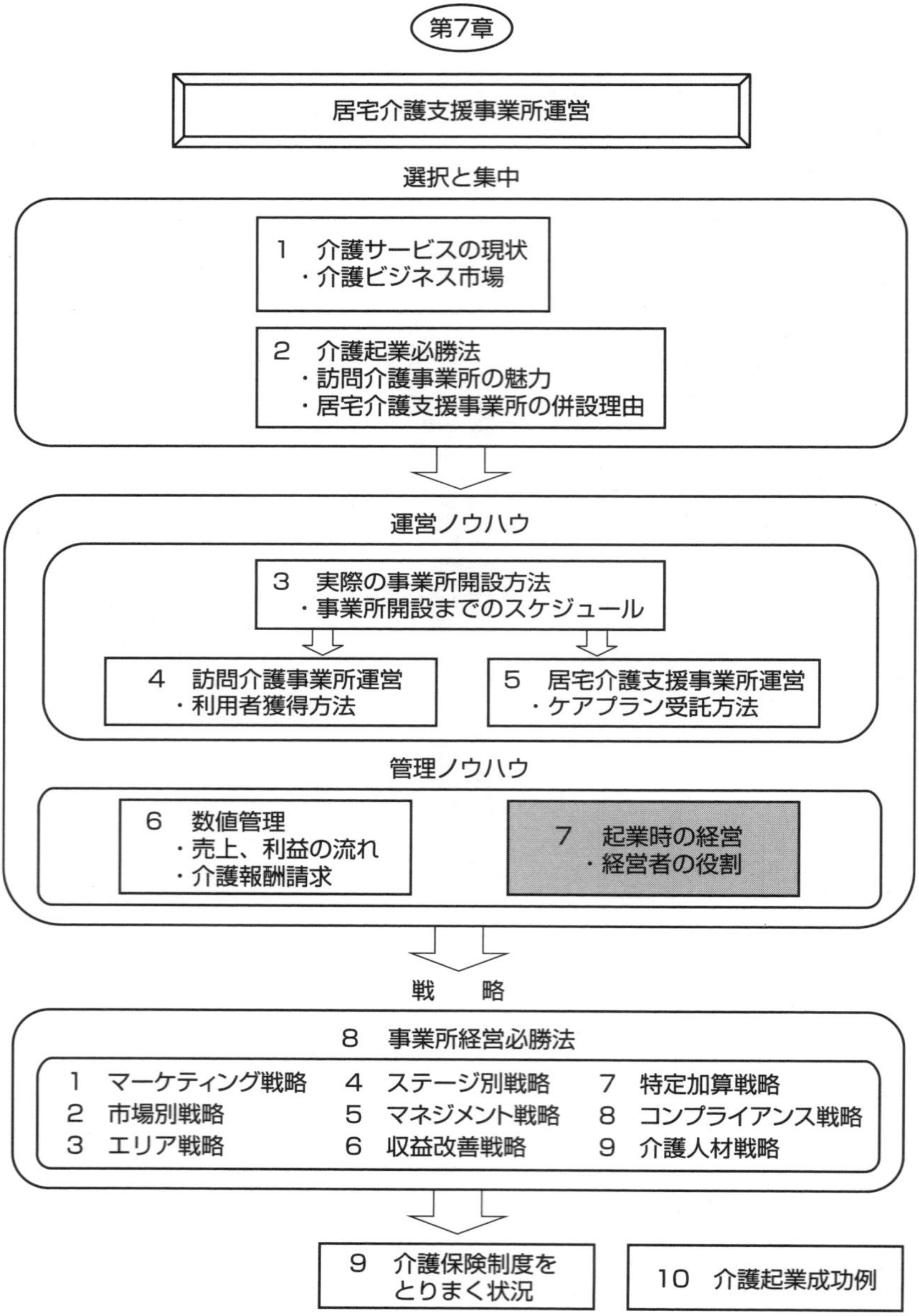

第7章
居宅介護支援事業所運営
選択と集中
1　介護サービスの現状
・介護ビジネス市場
2　介護起業必勝法
・訪問介護事業所の魅力
・居宅介護支援事業所の併設理由
運営ノウハウ
3　実際の事業所開設方法
・事業所開設までのスケジュール
4　訪問介護事業所運営
・利用者獲得方法
5　居宅介護支援事業所運営
・ケアプラン受託方法
管理ノウハウ
6　数値管理
・売上、利益の流れ
・介護報酬請求
7　起業時の経営
・経営者の役割
戦　略
8　事業所経営必勝法
1　マーケティング戦略
2　市場別戦略
3　エリア戦略
4　ステージ別戦略
5　マネジメント戦略
6　収益改善戦略
7　特定加算戦略
8　コンプライアンス戦略
9　介護人材戦略
9　介護保険制度をとりまく状況
10　介護起業成功例

Part 1 経営者の仕事と作業

〈1〉経営者の仕事

一般的には、経営者の仕事とは、方針立案、資金繰り・会社資源の分配などといわれます。まさに、そのとおりだと思います。事業計画を立て、予算を立て（売上・経費・利益）、資金繰り計画を作成することがまず第一歩でしょう。

当然資金が不足しているのであれば、借入計画・返済計画を立てます。

この時点で成功するか失敗するか、大体決まってしまいます。というのは、売上目標予算だけでキャッシュフロー計画書を作成しないと資金がショートする可能性があるからです。キャッシュが底をつきそうな時点で借り入れに奔走しても、すでにどこも融資などしてくれません。そのような計画性のない経営者に怖くてお金を貸せないからです。

また、資金繰り計画書を立案し融資が必要であれば、なるべく早く借り入れに向け動きましょう。なぜかというと、多種の審査がありすぐには借り入れができず、入金まで時間がかかるからです。逆に、融資が困難で資金のめどが立たなければ事業運営自体再考したほうが良いかもしれません。

いずれにしても、一般的にいう経営者の重要な役割である資金繰りが大事であることは確かです。

次に、マネージメントだと思います。一言でマネージメントといっても幅の広い言葉ですが、介護業界では「目標に向かっての意思統一と働きやすい環境づくりをすること」というのが的確だと思います。「当社では、このような方向で働きたいので皆さんはこう動いてほしい」ということを全社員に周知させ、一丸となって動かすことです。

介護業界のビジョン例として、「三年後に二店舗目を設立予定です。そのためにも二年間で利用者を一〇〇名にし、一五〇名になった時点で物件の調査に動きます。毎月五件の新規利用者の増加を目安に活動してください。五〇件で事務所を広い場所に引越し、環境を整えることを約束します」「当目標を達成するための動きを、それぞれの立場で考え行動してみてください。目標どおりに推移すれば、賞与という形で皆さんに還元しようと思います」などです。

ＣＳ（顧客満足度）を上げるのは当たり前のことですが、ＥＳ（従業員満足度）を上げないとＣＳが上がらないのも事実です。

〈２〉経営者の作業

確かに、前項で説明したことが経営者の仕事ですが、これから起業する会社というのはまだ大企業ではないので現場の作業も行うことになります。

この作業を行うことにより、人件費の削減にもつながるし、仕事の流れを知ること、スタッフの気持ちを理解することにもなるのです。

起業時においては、まずは介護業務の流れに関することは、何でもやることをお勧めします。なぜかというと、現場の仕事を一通りにこなす絶好のチャンスだからです。訪問介護サービスで現場に入るヘルパーの手配をしてみる、営業に出かける、コンピュータに入力してみる、国保連への請求・利用者請求などを経験することができます。

小さな会社にもかかわらず、自分ができないことを部下に丸投げする人がいますが、その方法はその作業の労力がわからないし、評価できないし、スタッフが休みの場合の対応ができないなどさまざまな弊害が考えられます。

何よりもそのスタッフが辞めたら「その作業が誰もわからない」ので辞めないでほしい、という気持ちが経営者にあればそのスタッフに強い指導力を発揮することができず、全体のモチベーションも下がっていく可能性があります。まずは何でも行うことです。

また当業界で考えれば、利用者が五〇名までは事務員の必要はないと考えますので、特に請求事務等の仕事は経営者自身が率先してやるべきです。

事業所長業務一覧

部　門		業　務	備　考
1 マネジメント	1-1	経営計画立案参画	経営者方針を理解し、立案をサポート
	1-2	予算作成	経中期経営計画から単年度月別予算にブレイクダウン
	1-3	戦略立案	予算達成のための方法(戦略)を検討、立案、スタッフ間コンセンサス
	1-4	進捗管理	経営戦略会議を毎月開催し、予算に対する進捗状況把握
	1-5	修正戦略立案	修正予算、修正戦略を立案し情報を共有
	1-6	評価	目標に対し予定通り推移しているかどうか精査し評価の共有
	1-7	経営戦略会議運営	各管理者を集め会社予算に対する状況・問題点・対策の議論
	1-8	事業所会議管理	正社員全員を集め事業所の状況・問題点・対策を議論
	1-9	実績分析	毎月の実績を細かく分析する(客単価、利用者数、新規獲得数など)
	1-10	売上管理	月次実績累計実績を分析し年間売上見込みを予測
2 コーディネート	2-1	人事考課	個人別パフォーマンスを把握し個別面談、インセンティブ対応
	2-2	給与調整	昇給有無、昇給額の判断
	2-3	モチベーション管理	スタッフからの情報やミーティングなどで士気が高まっているか管理
	2-4	体調管理	欠席者などの状況を把握し、スタッフの体調に関する管理
	2-5	環境整備	事務所の美化に努める
	2-6	人事調整	個人別パフォーマンスを把握し適材適所に配属
	2-7	コーチング	個人別の成長目標を考慮し、OJTや外部研修などの啓発に努める
	2-8	オペレーション管理	決められた業務フローが守られているか、修正の必要があるか確認
	2-9	スタッフの業務ボリューム管理	特定の人員に業務が集中していないか管理
	2-10	減算管理	運営要件を満たしているか毎月確認
	2-11	朝令	経営者からの通達、全スタッフ共有事項などを言及
	2-12	社員増員判断	人事計画に基づき、増員の判断
	2-13	忘年会管理	企画、手配、運営などの支援
	2-14	社員旅行管理	企画、手配、運営などの支援
3 営業	3-1	自治体窓口（行政営業）	区（市）役所の介護保険課との関係構築
	3-2	新規利用者獲得営業支援	スタッフの新規利用者獲得に向けた動きを支援、同行
	3-3	営業ツール作成支援	スタッフの新規利用者獲得に向けた営業ツール作成支援
4 情報管理	4-1	市場調査	エリア内の認定者数、新規申請者数、事業者数、各事業者利用者数の把握
	4-2	新規情報管理	厚生労働省、都道府県庁からの情報を入手し、水平展開
	4-3	各種連絡会出席	連絡会に出席し、情報収集、人脈構築などに努める
	4-4	経営者への報告	売上予算に対する進捗状況や事故報告など
	4-5	経営者通達の水平展開	経営者の通達をスタッフで共有
5 コンプライアンス	5-1	記録管理	事故対応など記録の管理
	5-2	法定書類管理	法的に保管義務のある書類の管理
	5-3	情報公表対応	情報公表に係る事項の管理
6 経理	6-1	小口管理	必要経費を領収書と引き替えに金銭支給
	6-2	国保連請求業務	実績を集計し国保連へ伝送
	6-3	利用者請求業務	実績を集計し利用者請求額の確定
	6-4	請求書発行	各利用者に郵送
	6-5	債権管理	請求から入金を消し込み債権を正確に把握
	6-6	未収金者への督促	未回収者に電話連絡、督促状、集金、内容証明の郵送など

部　門		業　務	備　考
	6-7	未請求管理	申請中、区分変更中などの未請求者を請求するまで管理
	6-8	月遅れ請求管理	月次売上において当月売上、月遅れ売上の区別
	6-9	再請求管理	返戻などによる再請求の管理
	6-10	売上修正管理	売上修正が発生した場合の管理
	6-11	入金管理	銀行、郵便局、現金による入金先入金額の管理
	6-12	経費管理	必要経費かどうかの判断、経費予算との対比
	6-13	銀行管理	定期的に記帳し管理
	6-14	郵便局管理	定期的に記帳し管理
	6-15	出納帳管理	出納帳を作成
	6-16	給与計算	タイムカードから欠勤遅刻等を計算し給与計算
	6-17	給与振込	給与を期日内に振込
	6-18	経費振込	経費を期日内に振込
	6-19	給与明細送付	給与明細を作成し郵送
	6-20	領収書管理	利用者からの入金確認後、領収書を作成し郵送
7 総務	7-1	社会保険	社会保険手続き
	7-2	労働保険	労働保険手続き
	7-3	指定申請	変更が発生した場合など都道府県庁に変更申請
	7-4	有給管理	各スタッフの有給管理
	7-5	損害保険対応	損害保険対応が生じた場合の手続き
	7-6	出勤退勤管理	タイムカード、届所などの管理
	7-7	残業管理	残業時間の管理
	7-8	クレーム処理	クレームが生じた場合の対応
	7-9	事故対応	事故が生じた場合の対応
	7-10	面接対応	社員採用に係る面接の対応
	7-11	採用事務	新規採用者の必要書類などの案内
	7-12	不採用事務	不採用者に連絡（郵送）
	7-13	スタッフ募集対応	ハローワークなどの対応
	7-14	募集広告管理	一定予算内での募集広告の管理
	7-15	契約書管理	各種契約書の管理
	7-16	印鑑管理	実印、銀行印などの管理
	7-17	什器管理	什器の発注、レイアウト、資産計上などの管理
	7-18	健康診断	年１回の健康診断の手続き、管理
	7-19	労働契約書管理	スタッフの労働契約書の管理
	7-20	コピー機管理	コピー機のメンテナンスなどの管理、コピー用紙の補充
	7-21	ＰＣ管理	パソコンの管理
	7-22	データバックアップ	必要データのバックアップ管理
	7-23	文房具管理	一定予算内での文房具の購入、補充
	7-24	鍵の管理	事務所の鍵、自転車の鍵などの管理
	7-25	名刺管理	名刺のレイアウト、退職者からの回収などの管理
	7-26	社員名簿管理	スタッフの住所連絡先などの管理
	7-27	助成金の対応	各種助成金の手続き

Part 2 予算作成

〈1〉利用者獲得数を根拠とした予算作成

訪問介護売上予算作成時、何を基準にするかというと利用者数です。

要するに、利用者数×客単価＝売上という当たり前のことですが、その件について説明させていただきます。

まず利用者の件ですが、新規利用者獲得数の予定（目標）を立てることです。

これは単純に気合とか希望とかではなく、客観的に判断すべきことです。

前章でもふれましたが、最初にマーケットリサーチをします。よく市場調査と銘を打ち、総人口・高齢化比率・認定者数などのデータのみを活用する会社がありますが、「その他」情報も必要です。確かにこれらも必要ですがもっと大事なことは、半径三キロメートル以内の事業所数・民間事業者の利用者数・月間新規利用者獲得数・行政の民間事業所の受け入れに関する考え・訪問介護（ヘルパー）利用者に対する住民の意識（嫁がいるのに利用すると近所から白い目でみられるなど）・社会福祉協議会、事業団などの力関係（囲い込み状態かどうか）・ヘルパーの募集に対するレスポンス・ヘルパー時給の相場・CM給与の相場などが「その他」の重要な情報です。

極端にいえば、半径三キロメートル以内の民間事業者が一〇〇人以上の利用者がいて、現在も月間新規利用者が五名前後とれていれば好市場なのです。人口の統計などは、参考程度にしか使えません。

上記のようにマーケットを十分に調査したうえで、検討し（営業体制・事業運営方法）売上目標を設定します。

次に、また落とし穴があります。利用者は新規を取れれば増えますが、入所・入院・死亡時には減るのです。利用者数目標作成時、単純に新規利用者目標数を加えていくのではなく、利用者数×三～七％（地域によって異なる）を毎月の利用者目標数から引いていきます。その差し引き（新規利用者獲得数―休止・廃止者数）が純増利用者で、それに客単価をかけ、売上予算を作成していきます。客単価予測に関してですが、数ヶ月たてば当事業所の客単価は出てきますが、最初は全国平均で計算するしかないでしょう。

また、その客単価と比べ、実績が低すぎても高すぎても何かしらの問題がある可能性があります。ただし、開設当初の客単価は、月途中からのスタートにより一ヶ月間サービス提供していない利用者が、少なくないので二万円～四万円に設定するのが無難です。

以上の要領で、セグメント別に売上計画をたて、それに必要な経費計画を立案し利益計画を作成します。三年間（中期）分を作ると、キャッシュフローなども含め大きな流れのイメージが湧きます。一年間だけの作成ですと、累計収支のプラス時期・キャッシュフローのデットバレー（資金の底）が一年以内でないことが考えられますので、やはり中期計画が必要ということになります。

(円)

7ヶ月目	8ヶ月目	9ヶ月目	10ヶ月目	11ヶ月目	12ヶ月目	合計
30	35	40	45	50	55	334
12,000	12,000	12,000	12,000	12,000	12,000	144,000
50,000	50,000	50,000	50,000	50,000	50,000	600,000
410,000	470,000	530,000	590,000	650,000	710,000	4,608,000
30	35	40	45	50	55	334
45,000	45,000	45,000	45,000	45,000	45,000	450,000
1,350,000	1,575,000	1,800,000	2,025,000	2,250,000	2,475,000	14,205,000
1,760,000	2,045,000	2,330,000	2,615,000	2,900,000	3,185,000	18,813,000
250,000	250,000	250,000	250,000	250,000	250,000	3,000,000
650,000	900,000	900,000	900,000	900,000	900,000	9,050,000
472,500	551,250	630,000	708,750	787,500	866,250	4,950,750
0	0	0	0	0	0	0
94,900	131,400	131,400	131,400	131,400	131,400	1,321,300
0	0	0	0	0	0	0
30,000	30,000	30,000	30,000	30,000	30,000	360,000
100,000	100,000	100,000	100,000	100,000	100,000	1,200,000
50,000	50,000	50,000	50,000	50,000	50,000	600,000
30,000	30,000	30,000	30,000	30,000	30,000	360,000
5,000	5,000	5,000	5,000	5,000	5,000	60,000
100,000	100,000	100,000	100,000	100,000	100,000	1,200,000
30,000	30,000	30,000	30,000	30,000	30,000	360,000
1,812,400	2,177,650	2,256,400	2,335,150	2,413,900	2,492,650	22,462,050
−52,400	−132,650	73,600	279,850	486,100	692,350	−3,649,050
−3	−6	3	11	17	22	−19

1,090,000	1,350,000	1,760,000	2,045,000	2,330,000	2,615,000	12,728,000
1,812,400	2,177,650	2,256,400	2,335,150	2,413,900	2,492,650	22,462,050
−722,400	−827,650	−496,400	−290,150	−83,900	122,350	−9,734,050
−8,158,300	−8,985,950	−9,482,350	−9,772,500	−9,856,400	−9,734,050	

0	0	0	0	0	0	10,000,000
−722,400	−827,650	−496,400	−290,150	−83,900	122,350	−9,734,050
200,000	200,000	200,000	200,000	200,000	200,000	2,400,000
3,441,700	2,414,050	1,717,650	1,227,500	943,600	865,950	

■ 新設事業所予算例

第１ステージ　　売上重視
　　　　　　　　エリア大

勘定科目	1ヶ月目	2ヶ月目	3ヶ月目	4ヶ月目	5ヶ月目	6ヶ月目
居宅介護支援利用者	3	6	10	15	20	25
居宅介護支援客単価	12,000	12,000	12,000	12,000	12,000	12,000
認定調査売上	50,000	50,000	50,000	50,000	50,000	50,000
居宅介護支援売上	86,000	122,000	170,000	230,000	290,000	350,000
訪問介護利用者	3	6	10	15	20	25
訪問介護客単価	20,000	20,000	30,000	30,000	40,000	40,000
訪問介護売上	60,000	120,000	300,000	450,000	800,000	1,000,000
売上計	146,000	242,000	470,000	680,000	1,090,000	1,350,000
役員報酬	250,000	250,000	250,000	250,000	250,000	250,000
給与手当	650,000	650,000	650,000	650,000	650,000	650,000
雑給	0	42,000	105,000	157,500	280,000	350,000
賞与	0	0	0	0	0	0
法定福利費	94,900	94,900	94,900	94,900	94,900	94,900
福利厚生費	0	0	0	0	0	0
通信費	30,000	30,000	30,000	30,000	30,000	30,000
家賃	100,000	100,000	100,000	100,000	100,000	100,000
賃借料	50,000	50,000	50,000	50,000	50,000	50,000
水道光熱燃料費	30,000	30,000	30,000	30,000	30,000	30,000
事務用品費	5,000	5,000	5,000	5,000	5,000	5,000
広告宣伝費	100,000	100,000	100,000	100,000	100,000	100,000
顧問料（会計事務所）	30,000	30,000	30,000	30,000	30,000	30,000
販管費計	1,339,900	1,381,900	1,444,900	1,497,400	1,619,900	1,689,900
経常損益	−1,193,900	−1,139,900	−974,900	−817,400	−529,900	−339,900
利益率	−818	−471	−207	−120	−49	−25

キャッシュ

営業収入	0	0	146,000	242,000	470,000	680,000
営業支出	1,339,900	1,381,900	1,444,900	1,497,400	1,619,900	1,689,900
営業収支	−1,339,900	−1,381,900	−1,298,900	−1,255,400	−1,149,900	−1,009,900
累計収支	−1,339,900	−2,721,800	−4,020,700	−5,276,100	−6,426,000	−7,435,900

資金計画

期首残高	3,000,000					
融資	10,000,000	0	0	0	0	0
営業収支	−1,339,900	−1,381,900	−1,298,900	−1,255,400	−1,149,900	−1,009,900
融資返済	200,000	200,000	200,000	200,000	200,000	200,000
残額	11,460,100	9,878,200	8,379,300	6,923,900	5,574,000	4,364,100
その他	イニシャルコスト		2,000,000			

(円)

19ヶ月目	20ヶ月目	21ヶ月目	22ヶ月目	23ヶ月目	24ヶ月目	合計
90	95	100	105	110	115	1,050
12,000	12,000	12,000	12,000	12,000	12,000	144,000
50,000	50,000	50,000	50,000	50,000	50,000	600,000
1,130,000	1,190,000	1,250,000	1,310,000	1,370,000	1,430,000	13,200,000
90	95	100	105	110	115	1,050
45,000	45,000	45,000	45,000	45,000	45,000	540,000
4,050,000	4,275,000	4,500,000	4,725,000	4,950,000	5,175,000	47,250,000
5,180,000	5,465,000	5,750,000	6,035,000	6,320,000	6,605,000	60,450,000
800,000	800,000	800,000	800,000	800,000	800,000	9,600,000
1,350,000	1,350,000	1,600,000	1,600,000	1,600,000	1,800,000	16,550,000
1,417,500	1,496,250	1,575,000	1,653,750	1,732,500	1,811,250	16,537,500
0	2,025,000	0	0	0	0	3,175,000
197,100	197,100	233,600	233,600	233,600	262,800	2,416,300
0	0	0	0	0	0	0
60,000	60,000	60,000	60,000	60,000	60,000	720,000
100,000	100,000	100,000	100,000	100,000	100,000	1,200,000
80,000	80,000	80,000	80,000	80,000	80,000	960,000
60,000	60,000	60,000	60,000	60,000	60,000	720,000
5,000	5,000	5,000	5,000	5,000	5,000	60,000
100,000	100,000	100,000	100,000	100,000	100,000	1,200,000
30,000	30,000	30,000	30,000	30,000	30,000	360,000
4,199,600	6,303,350	4,643,600	4,722,350	4,801,100	5,109,050	53,498,800
980,400	−838,350	1,106,400	1,312,650	1,518,900	1,495,950	6,951,200
19	−15	19	22	24	23	11

4,610,000	4,895,000	5,180,000	5,465,000	5,750,000	6,035,000	53,610,000
4,199,600	6,303,350	4,643,600	4,722,350	4,801,100	5,109,050	53,498,800
410,400	−1,408,350	536,400	742,650	948,900	925,950	111,200
−11,368,400	−12,776,750	−12,240,350	−11,497,700	−10,548,800	−9,622,850	

0	0	0	0	0	0	5,000,000
410,400	−1,408,350	536,400	742,650	948,900	925,950	111,200
300,000	300,000	300,000	300,000	300,000	300,000	3,600,000
2,131,600	423,250	659,650	1,102,300	1,751,200	2,377,150	

第２ステージ　　オペレーション確立
エリア中

勘定科目	13ヶ月目	14ヶ月目	15ヶ月目	16ヶ月目	17ヶ月目	18ヶ月目
居宅介護支援利用者	60	65	70	75	80	85
居宅介護支援客単価	12,000	12,000	12,000	12,000	12,000	12,000
認定調査売上	50,000	50,000	50,000	50,000	50,000	50,000
居宅介護支援売上	770,000	830,000	890,000	950,000	1,010,000	1,070,000
訪問介護利用者	60	65	70	75	80	85
訪問介護客単価	45,000	45,000	45,000	45,000	45,000	45,000
訪問介護売上	2,700,000	2,925,000	3,150,000	3,375,000	3,600,000	3,825,000
売上計	3,470,000	3,755,000	4,040,000	4,325,000	4,610,000	4,895,000
役員報酬	800,000	800,000	800,000	800,000	800,000	800,000
給与手当	900,000	1,150,000	1,150,000	1,350,000	1,350,000	1,350,000
雑給	945,000	1,023,750	1,102,500	1,181,250	1,260,000	1,338,750
賞与	0	0	1,150,000	0	0	0
法定福利費	131,400	167,900	167,900	197,100	197,100	197,100
福利厚生費	0	0	0	0	0	0
通信費	60,000	60,000	60,000	60,000	60,000	60,000
家賃	100,000	100,000	100,000	100,000	100,000	100,000
賃借料	80,000	80,000	80,000	80,000	80,000	80,000
水道光熱燃料費	60,000	60,000	60,000	60,000	60,000	60,000
事務用品費	5,000	5,000	5,000	5,000	5,000	5,000
広告宣伝費	100,000	100,000	100,000	100,000	100,000	100,000
顧問料(会計事務所)	30,000	30,000	30,000	30,000	30,000	30,000
販管費計	3,211,400	3,576,650	4,805,400	3,963,350	4,042,100	4,120,850
経常損益	258,600	178,350	−765,400	361,650	567,900	774,150
利益率	7	5	−19	8	12	16

キャッシュ

営業収入	2,900,000	3,185,000	3,470,000	3,755,000	4,040,000	4,325,000
営業支出	3,211,400	3,576,650	4,805,400	3,963,350	4,042,100	4,120,850
営業収支	−311,400	−391,650	−1,335,400	−208,350	−2,100	204,150
累計収支	−10,045,450	−10,437,100	−11,772,500	−11,980,850	−11,982,950	−11,778,800

資金計画

期首残高	865,950					
融資	5,000,000	0	0	0	0	0
営業収支	−311,400	−391,650	−1,335,400	−208,350	−2,100	204,150
融資返済	300,000	300,000	300,000	300,000	300,000	300,000
残額	5,254,550	4,562,900	2,927,500	2,419,150	2,117,050	2,021,200

(円)

31ヶ月目	32ヶ月目	33ヶ月目	34ヶ月目	35ヶ月目	36ヶ月目	合計
115	115	115	115	115	115	1,380
15,000	15,000	15,000	15,000	15,000	15,000	180,000
50,000	50,000	50,000	50,000	50,000	50,000	600,000
1,775,000	1,775,000	1,775,000	1,775,000	1,775,000	1,775,000	21,300,000
115	115	115	115	115	115	1,380
54,000	54,000	54,000	54,000	54,000	54,000	648,000
6,210,000	6,210,000	6,210,000	6,210,000	6,210,000	6,210,000	74,520,000
7,985,000	7,985,000	7,985,000	7,985,000	7,985,000	7,985,000	95,820,000
1,700,000	1,700,000	1,700,000	1,700,000	1,700,000	1,700,000	20,400,000
1,800,000	1,800,000	1,800,000	1,800,000	1,800,000	1,800,000	21,600,000
2,173,500	2,173,500	2,173,500	2,173,500	2,173,500	2,173,500	26,082,000
0	2,700,000	0	0	0	0	4,500,000
262,800	262,800	262,800	262,800	262,800	262,800	3,153,600
0	0	0	0	0	0	0
90,000	90,000	90,000	90,000	90,000	90,000	1,080,000
100,000	100,000	100,000	100,000	100,000	100,000	1,200,000
110,000	110,000	110,000	110,000	110,000	110,000	1,320,000
80,000	80,000	80,000	80,000	80,000	80,000	960,000
5,000	5,000	5,000	5,000	5,000	5,000	60,000
100,000	100,000	100,000	100,000	100,000	100,000	1,200,000
30,000	30,000	30,000	30,000	30,000	30,000	360,000
6,451,300	9,151,300	6,451,300	6,451,300	6,451,300	6,451,300	81,915,600
1,533,700	−1,166,300	1,533,700	1,533,700	1,533,700	1,533,700	13,904,400
19	−15	19	19	19	19	15

7,985,000	7,985,000	7,985,000	7,985,000	7,985,000	7,985,000	92,775,000
6,451,300	9,151,300	6,451,300	6,451,300	6,451,300	6,451,300	81,915,600
1,533,700	−1,166,300	1,533,700	1,533,700	1,533,700	1,533,700	10,859,400
−3,731,950	−4,898,250	−3,364,550	−1,830,850	−297,150	1,236,550	

0	0	0	0	0	0	0
1,533,700	−1,166,300	1,533,700	1,533,700	1,533,700	1,533,700	10,859,400
300,000	300,000	300,000	300,000	300,000	300,000	3,600,000
6,168,050	4,701,750	5,935,450	7,169,150	8,402,850	9,636,550	

第３ステージ　　利益重視　特定加算取得
エリア小

勘定科目	25ヶ月目	26ヶ月目	27ヶ月目	28ヶ月目	29ヶ月目	30ヶ月目
居宅介護支援利用者	115	115	115	115	115	115
居宅介護支援客単価	15,000	15,000	15,000	15,000	15,000	15,000
認定調査売上	50,000	50,000	50,000	50,000	50,000	50,000
居宅介護支援売上	1,775,000	1,775,000	1,775,000	1,775,000	1,775,000	1,775,000
訪問介護利用者	115	115	115	115	115	115
訪問介護客単価	54,000	54,000	54,000	54,000	54,000	54,000
訪問介護売上	6,210,000	6,210,000	6,210,000	6,210,000	6,210,000	6,210,000
売上計	7,985,000	7,985,000	7,985,000	7,985,000	7,985,000	7,985,000
役員報酬	1,700,000	1,700,000	1,700,000	1,700,000	1,700,000	1,700,000
給与手当	1,800,000	1,800,000	1,800,000	1,800,000	1,800,000	1,800,000
雑給	2,173,500	2,173,500	2,173,500	2,173,500	2,173,500	2,173,500
賞与	0	0	1,800,000	0	0	0
法定福利費	262,800	262,800	262,800	262,800	262,800	262,800
福利厚生費	0	0	0	0	0	0
通信費	90,000	90,000	90,000	90,000	90,000	90,000
家賃	100,000	100,000	100,000	100,000	100,000	100,000
賃借料	110,000	110,000	110,000	110,000	110,000	110,000
水道光熱燃料費	80,000	80,000	80,000	80,000	80,000	80,000
事務用品費	5,000	5,000	5,000	5,000	5,000	5,000
広告宣伝費	100,000	100,000	100,000	100,000	100,000	100,000
顧問料（会計事務所）	30,000	30,000	30,000	30,000	30,000	30,000
販管費計	6,451,300	6,451,300	8,251,300	6,451,300	6,451,300	6,451,300
経常損益	1,533,700	1,533,700	−266,300	1,533,700	1,533,700	1,533,700
利益率	19	19	−3	19	19	19

キャッシュ

営業収入	6,320,000	6,605,000	7,985,000	7,985,000	7,985,000	7,985,000
営業支出	6,451,300	6,451,300	8,251,300	6,451,300	6,451,300	6,451,300
営業収支	−131,300	153,700	−266,300	1,533,700	1,533,700	1,533,700
累計収支	−9,754,150	−9,600,450	−9,866,750	−8,333,050	−6,799,350	−5,265,650

資金計画

期首残高	2,377,150					
融資	0	0	0	0	0	0
営業収支	−131,300	153,700	−266,300	1,533,700	1,533,700	1,533,700
融資返済	300,000	300,000	300,000	300,000	300,000	300,000
残額	1,945,850	1,799,550	1,233,250	2,466,950	3,700,650	4,934,350

7ヶ月目	8ヶ月目	9ヶ月目	10ヶ月目	11ヶ月目	12ヶ月目	合計
30	35	40	45	50	55	334
1	2	2	2	2	2	17
250,000	250,000	250,000	250,000	250,000	250,000	3,000,000
250,000	500,000	500,000	500,000	500,000	500,000	4,250,000
30	35	40	45	50	55	334
2	2	2	2	2	2	24
200,000	200,000	200,000	200,000	200,000	200,000	
400,000	400,000	400,000	400,000	400,000	400,000	4,800,000
650,000	900,000	900,000	900,000	900,000	900,000	9,050,000

19ヶ月目	20ヶ月目	21ヶ月目	22ヶ月目	23ヶ月目	24ヶ月目	合計
90	95	100	105	110	115	1,050
3	3	4	4	4	4	39
250,000	250,000	250,000	250,000	250,000	250,000	3,000,000
750,000	750,000	1,000,000	1,000,000	1,000,000	1,000,000	9,750,000
90	95	100	105	110	115	1,050
3	3	3	3	3	4	34
200,000	200,000	200,000	200,000	200,000	200,000	
600,000	600,000	600,000	600,000	600,000	800,000	6,800,000
1,350,000	1,350,000	1,600,000	1,600,000	1,600,000	1,800,000	16,550,000

31ヶ月目	32ヶ月目	33ヶ月目	34ヶ月目	35ヶ月目	36ヶ月目	合計
115	115	115	115	115	115	1,380
4	4	4	4	4	4	48
250,000	250,000	250,000	250,000	250,000	250,000	3,000,000
1,000,000	1,000,000	1,000,000	1,000,000	1,000,000	1,000,000	12,000,000
115	115	115	115	115	115	1,380
4	4	4	4	4	4	48
200,000	200,000	200,000	200,000	200,000	200,000	
800,000	800,000	800,000	800,000	800,000	800,000	9,600,000
1,800,000	1,800,000	1,800,000	1,800,000	1,800,000	1,800,000	21,600,000

勘定科目	1ヶ月目	2ヶ月目	3ヶ月目	4ヶ月目	5ヶ月目	6ヶ月目
居宅介護支援利用者	3	6	10	15	20	25
ケアマネ人員数	1	1	1	1	1	1
支援給与単価(月間)	250,000	250,000	250,000	250,000	250,000	250,000
居宅介護支援給与	250,000	250,000	250,000	250,000	250,000	250,000
訪問介護利用者	3	6	10	15	20	25
常勤人員数	2	2	2	2	2	2
訪問給与単価(月間)	200,000	200,000	200,000	200,000	200,000	200,000
訪問介護給与	400,000	400,000	400,000	400,000	400,000	400,000
給 与 計	650,000	650,000	650,000	650,000	650,000	650,000

勘定科目	13ヶ月目	14ヶ月目	15ヶ月目	16ヶ月目	17ヶ月目	18ヶ月目
居宅介護支援利用者	60	65	70	75	80	85
ケアマネ人員数	2	3	3	3	3	3
支援給与単価(月間)	250,000	250,000	250,000	250,000	250,000	250,000
居宅介護支援給与	500,000	750,000	750,000	750,000	750,000	750,000
訪問介護利用者	60	65	70	75	80	85
常勤人員数	2	2	2	3	3	3
訪問給与単価(月間)	200,000	200,000	200,000	200,000	200,000	200,000
訪問介護給与	400,000	400,000	400,000	600,000	600,000	600,000
給 与 計	900,000	1,150,000	1,150,000	1,350,000	1,350,000	1,350,000

勘定科目	25ヶ月目	26ヶ月目	27ヶ月目	28ヶ月目	29ヶ月目	30ヶ月目
居宅介護支援利用者	115	115	115	115	115	115
ケアマネ人員数	4	4	4	4	4	4
支援給与単価(月間)	250,000	250,000	250,000	250,000	250,000	250,000
居宅介護支援給与	1,000,000	1,000,000	1,000,000	1,000,000	1,000,000	1,000,000
訪問介護利用者	115	115	115	115	115	115
常勤人員数	4	4	4	4	4	4
訪問給与単価(月間)	200,000	200,000	200,000	200,000	200,000	200,000
訪問介護給与	800,000	800,000	800,000	800,000	800,000	800,000
給 与 計	1,800,000	1,800,000	1,800,000	1,800,000	1,800,000	1,800,000

〈2〉当初の目標は単月黒字

まず開業後、当面の目標は単月黒字です。単月黒字というのは、単月（一ヶ月）の損益計算書（ＰＬ）で経常利益を上げるということです。訪問介護の利用者が四〇人時点なのか六〇人時点が単月黒字の時期なのかは事業所によって異なると思いますが、早い事業所で六ヶ月目くらいでしょう。逆に十八ヶ月（一年半）たって単月黒字が出ない場合は市場を見直したほうが良いかもしれません。また、人件費などの経費を再考する必要があると思います。

単月黒字さえ出し、それを継続すれば、あとはキャッシュさえ枯渇しなければビジネスとしては成立することになります。

〈3〉利益が出たらインフラ整備

開業当初のインフラは「身の丈にあった経営」ということで、なるべく経費をかけないことに徹することです。必要以上の経費をかけすぎると万が一失敗した場合のリスクが増えますし、なかなか単月黒字になりません。したがって、事務所も机もすべて、いずれリニューアルするという予定で最低限最少額のものにすべきでしょう。利益が出始めたら「今月二〇万円の利益予定なのでパソコンを買おう」「今月五〇万円の利益予定ならキャビネット・デスクを買おう」など、なるべく購入月をばらすこともテクニックです。

そういった「インフラ整備」ができ上がったあとに「コンプライアンス体制の見直し」、「研修など福利厚生」の検討、「特定加算事業所の申請」、「支店開設計画」などに移っていけばよいのです。

はじめから背伸びをしたインフラは、不必要でリスクが高いことだけは重ねて申し上げておきます。

Part 3

インフラ整備

〈1〉環境整備

前項でもふれた環境の整備ですが、考えられるインフラとして一番大きいのは事務所です。特に、指定申請に事務所の写真が必要となりますので、開業二ヶ月前の契約が必要になります。ということは、実際に使用していないにもかかわらず、事務所家賃を支払うわけです。この経費は、安いに越したことはありません。最初の事務所は、必要最低限で良いことは容易に理解できるでしょう。

その他、絶対に必要なイニシャルコストとしては、コピー機・パソコン・通信機器・キャビネット・デスクなどですが、コピー機はリース、パソコンは一台から、デスク・キャビネットはリサイクルショップから購入、通信機器は家庭用で十分だと思います。そして、利益が出るようになれば、事務所の移転、パソコン数台の購入、通信機器の整備、数人分のデスク、ファイル分のキャビネット購入、その上で冷蔵庫、ロッカー、看板、カウンター、緊急携帯などを揃えていけば良いでしょう。

〈2〉事務員の雇用時期

前項でも利用者五〇名までは経営者が事務員を兼ねたほうが良い話を、経営面でも仕事を覚える面でも有効である旨を説明しました。

介護サービスにおける事務仕事として、経理（出納帳の記帳や領収書の添付）、売上確定、売掛金と請求の管理、小口管理、給与管理、未入金管理、国保連からの受送信管理、利用者請求書、領収書の郵送などがありますが、利用者が五〇名を超えた頃から事務職を雇用し徐々に移行していき、本来の経営者の活動もしくは次の出店計画などに費やしていく時間を保てるようにします。

また、せっかく事務員を雇用するのであれば介護職員初任者研修修了者などの有資格者のほうが良いでしょう。どうしてもヘルパーの急な休みや緊急対応などが出てくるものです。そのときにその有資格者に対応してもらえれば一石二鳥です。

〈3〉新事業所開設準備

一事業所が軌道に乗ったら、次の出店も当然考えていくべきでしょう。一度ノウハウを身に付けたら水平展開しないともったいないですし、イニシャルコストも一店舗目に比べ比較的安価ですみます。

出店場所に関しては、利用者を暖簾分けしていく方法とまったく新たな地に開設していく方法があります。

暖簾分けしていく方法とは、利用者が一五〇名になった場合、特定の地域を切り離しさらにその延長上の地域を範囲に入れ、実質上の担当地域拡大です。特に自治体の管轄ごとで分けるのが一般的です。この場合は地域性も十分わかっているので、特に調査の必要はないでしょう。

二番目のまったく新たな地の場合、前に説明しましたとおりマーケットリサーチを行うべきです。そして、考えられる候補地の中でランク付けして出店計画を立てるべきです。

Part 4 強固な経営体制を整え、介護報酬削減に備える

よく、介護報酬が「これ以上低くなったら倒産する」とか、「低くなったらどうしよう」などの話を耳にします（もちろん報酬アップも考えられますが）。

それどころか、利用者の負担額も現在の一割中心から二〜三割中心に上がっていくことが十分予想されます（医療保険がそうであったように）。

それでは、介護報酬が見直しになる度に一喜一憂するのでしょうか？

そんなことをしていると社員はともかく、利用者だって不安で仕方ありません。

介護報酬が下がるということは、下がっても利益が出る体質、贅肉のないローコスト体質を維持していけば良いのです。

人件費以外の経費に関しては、最小限に抑えると共に、登録ヘルパーなどを有効利用しなるべく固定経費を抑えて流動経費にするべきです。

売上が低迷した場合に、固定経費であれば利益は確実に低下しますが、流動経費であれば売上が下がれば経費も下がるので、致命傷になるほどの利益低迷にはならない可能性があるからです。

「介護報酬見直し」、「介護保険法改正」などによる売上変動事業なので、安易な多店舗展開も考えものです。制度リスクを想定し、資金状況に合わせた出店をするよう気をつけましょう。

Part 5

私費サービスの落とし穴

仮に、介護保険の利用者負担金の中心が二～三割になり、区分支給限度額が下げられたら、私費サービスを増やせばよいと簡単にいう人がいます。これは楽観主義すぎると思います。

介護保険とは別に契約をすれば、内容に応じ介護保険外の仕事もしますというものです（オーバー分とは違うので注意）。積極的に私費（利用者全額負担）売上を伸ばすと思わぬ落とし穴があるので注意することです。

第一に、私費の場合には、利用者の権利意識が違うということです。概念はともかくとして、現在は約一割負担の社会保険であり、数千円～数万円だからまだ介護事業者にお世話になっているという感覚ですが、これが全額負担で数万～数十万になりますと訳が違います。当然クレームも増えますし、未払い（債権未回収）も増える、トラブルも増えます。

未回収についてさらにコメントしますと、債権管理の難易度が社会保険と比べ比較にならないほどの労力を要します。社会保険による一（二）割の負担金を毎月支払ってくるお客様に慣れているスタッフが、私費サービスに対する高額な債権回収を毎月確実にできるとは思えません。私費に関しては、消極的対応にとどめておいたほうが無難です。通院介助などの待ち時間にやむを得ず対応する程度が適切だと思います。

　また、債権回収などにかかる労力があれば、本業である介護保険の売上を伸ばしたほうがはるかに効率的です。介護保険売上の代役にはなりえません。

第8章

事業所経営必勝法

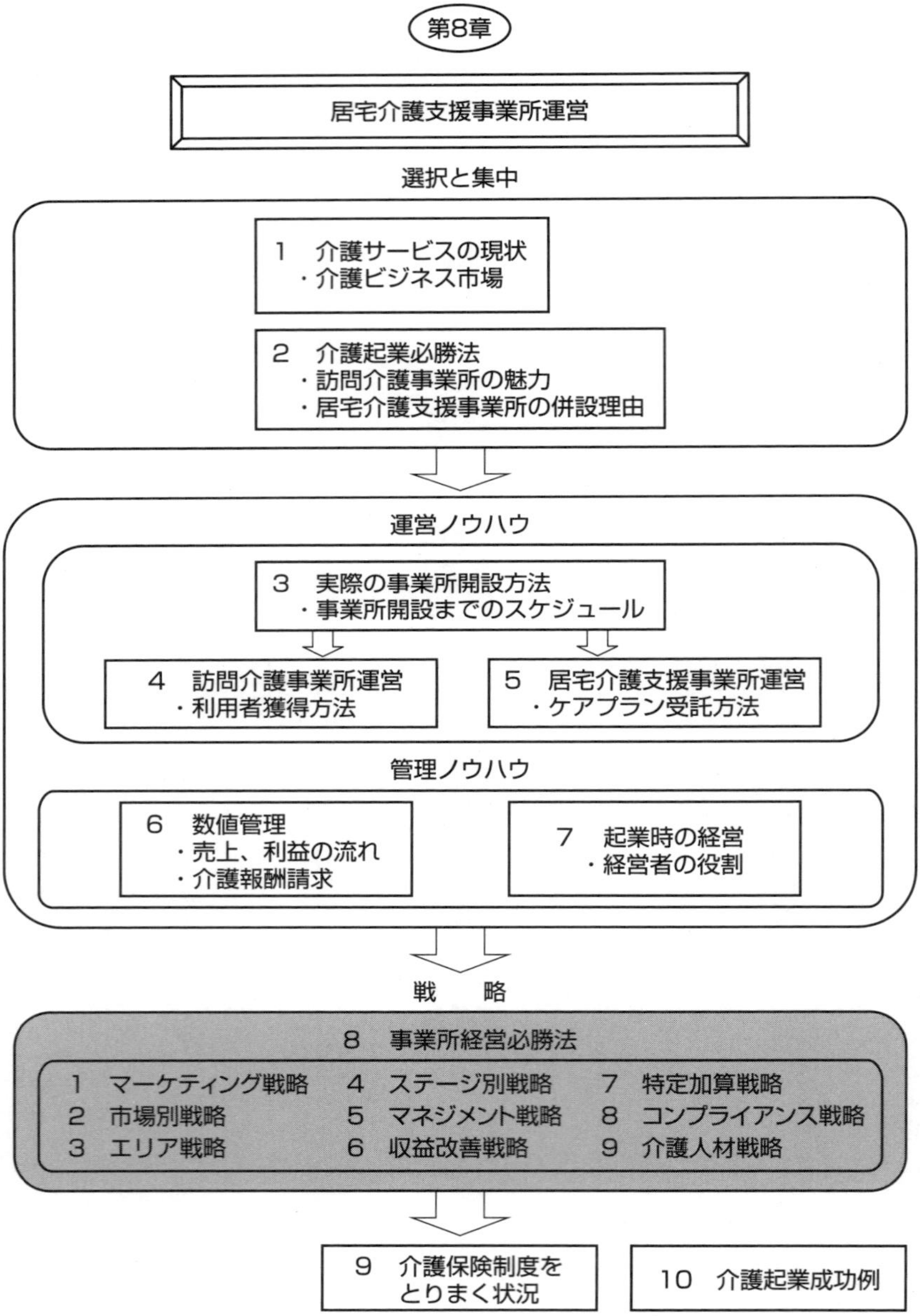
第8章
居宅介護支援事業所運営
選択と集中
1　介護サービスの現状
・介護ビジネス市場
2　介護起業必勝法
・訪問介護事業所の魅力
・居宅介護支援事業所の併設理由
運営ノウハウ
3　実際の事業所開設方法
・事業所開設までのスケジュール
4　訪問介護事業所運営
・利用者獲得方法
5　居宅介護支援事業所運営
・ケアプラン受託方法
管理ノウハウ
6　数値管理
・売上、利益の流れ
・介護報酬請求
7　起業時の経営
・経営者の役割
戦　略
8　事業所経営必勝法
1　マーケティング戦略
2　市場別戦略
3　エリア戦略
4　ステージ別戦略
5　マネジメント戦略
6　収益改善戦略
7　特定加算戦略
8　コンプライアンス戦略
9　介護人材戦略
9　介護保険制度をとりまく状況
10　介護起業成功例

Part 1 マーケティング戦略

〈1〉市場調査のポイント

介護事業を展開するにあたり、市場の状況により戦略を変えていく必要があります。市場調査の考え方は多種あると思いますが、次の点がキーポイントになります。

市場調査チェックポイント

■ 役所対応調査

1	民間訪問介護事業所を歓迎しているか
2	要介護認定者数
3	介護認定新規申請者数
4	在宅、施設のサービス比率(訪問介護利用率)
5	半径3Kmの人口、起伏
6	利用者に対する支援事業所紹介システム

■ 事 前 調 査

1	エリア内支援事業所数
2	エリア内訪問介護事業所数
3	駅(ターミナルステーション以外)の乗降客数

■ 営業(訪問調査)

1	近隣事業所の訪問介護利用者数
2	近隣事業所の訪問介護新規利用者獲得数・目標
3	ヘルパーの応募状況

Part 2 市場別戦略

市場調査のチェックポイントを精査し、月間新規利用者獲得目標を決めます。次に現在の月間利用者数を図1にプロットし、市場カテゴリーを把握します。自社の市場に合わせた戦略を立案します。

市場規模に応じ動き方が変わってきますので、図2を参考にしてください。訪問介護（居宅介護支援）事業に十羽ひとからげの戦略はありません。

■ 市場別戦略

図1

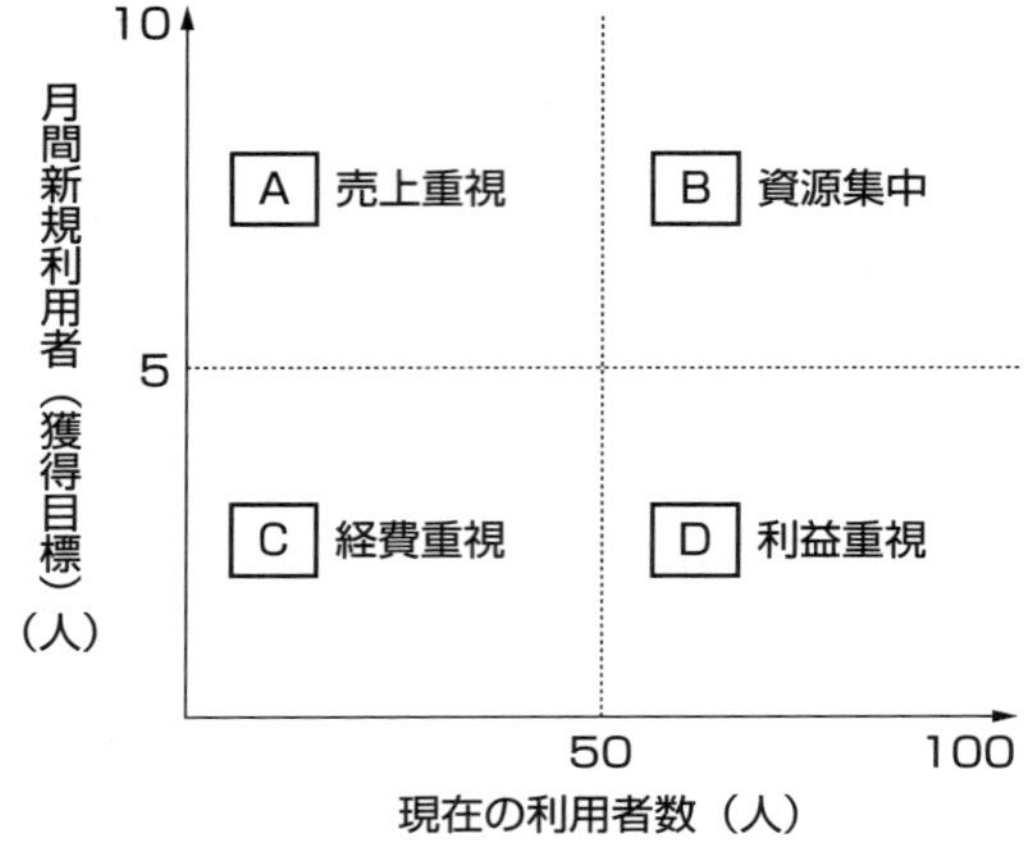

図2

A 売上重視

支援事業所併設

①新規受入れ体制を強化し人員を配置する
②売上重視（利益に関しては重視しない）

B 資源集中

支援事業所、福祉用具貸与事業所併設

①会社資源を集中
②研修事業所　人材育成事業所
③運営方針などを検討するアンテナ事業所

C 経費重視

訪問介護単独

①他支援事業所への営業を強化し、他社からのサービス依頼を目指す
②人員またはあらゆる経費は最小限に抑える

D 利益重視

支援事業所検討

①ケアマネージャーの増員はしない
②他支援事業所への営業を強化し、他社からのサービス依頼を目指す
③人員またはあらゆる経費は最小限に抑える
④利益を重視し人員も最低限の配置にする

Part 3 エリア戦略

市場調査後、エリアを設定します。エリアの考え方を説明いたします。

次の図のように、エリアを明確にしたうえで戦略を立案していきます。

決めたエリア外の利用者からのサービス依頼は断るほうが、利益的見地にたてば妥当といえるでしょう。

訪問時の移動に時間がかかりますし、緊急対応時など効率が悪いのは確かです。

また、このエリアを営業訪問時に明確に伝えることにより、効率の良くない地域利用者のサービス依頼を避けることができ、ケアマネージャーや利用者にとっても何件も問い合わせする必要がなくなるのでメリットがあるといえます。

■ エリア設定の考え方

営業活動をするにあたり、エリアを明確にする必要がある。
営業先で仕事を依頼する指針になると同時に、担当エリア以外の仕事を受注することによる、弊害も避けることができるからである。

■ 事業の性格

介護事業の中でも、訪問系と居宅介護支援事業は顧客の自宅に訪問しサービスを提供することで成り立っている。また、近隣の他事業者、行政への訪問も不可欠である。

交通手段としては、電車、バスなどの公共機関、徒歩、自転車、自動車などがあるが、首都圏では小回りがきき、一方通行などの交通規制に左右されない手段として、自転車移動が最適である。

また、ケアマネージャーも前述のとおり、動きやすい服装で自転車を使用することが、最適と考えている。加えて、交通費の削減や移動時間の短縮などからも自転車を有効に使用すること。

地方の場合は利用者が広く点在していれば、自転車では無理な場合があり自動車など他の交通手段になるが、移動手段の原則は自転車であることに変わりはない。

登録ヘルパー採用時にも、その旨は必ず説明すること。

■ エリア設定

自転車で移動可能な距離は平地でおおよそ3km
（おおよそ20分で移動できる距離）
事業所から半径3kmの円の中が営業エリアとしては最適である。
山坂や河川の橋などのように起伏が多く、その場所を通過するのに時間がかかったり、労力がかかる場合は3kmの円にこだわることはなく、エリアの形を変形させるなど実態に合わせてエリア設定をする。

また、半径3kmに満たなくても認定者数が多ければ距離にこだわることはなく、狭いエリア範囲でも十分である。

エリアでおおよそ認定者数5,000人を目安とする。

逆に、半径3km以内に認定者数が5,000人に満たない場合は、エリアを広くしていく必要がある。

すでに事業を展開している事業所も、認定者数、他社訪問介護事業所数、移動距離を確認して、現状の設定が適切かどうか、新規件数と照らし合わせてエリアを広げるかなど営業範囲を決めること。

特に重要となるのは、今後の新規認定者（利用者）数であることを理解し、エリア戦略を立てることである。

エリア設定の例

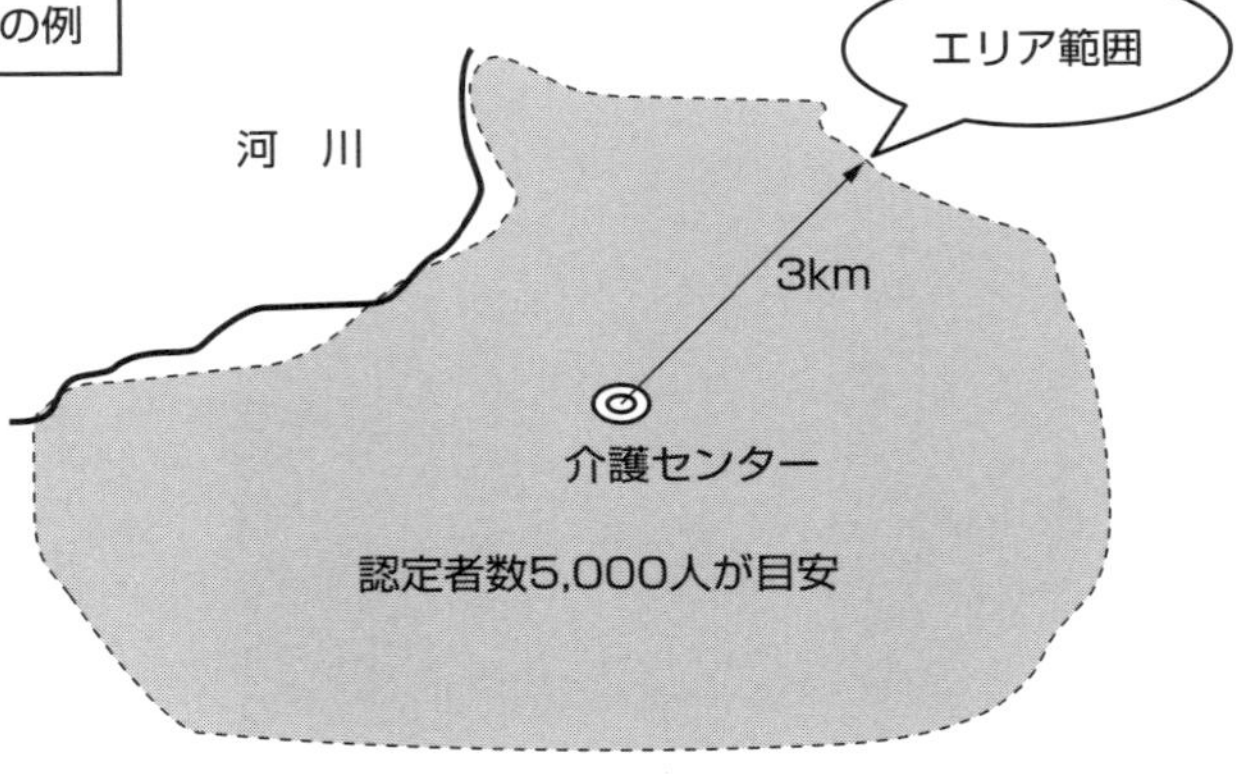

Part 4 ステージ別戦略

開設まもない事業所と三年目の事業所と同じ戦略であるはずがありません。図1で事業所の利用者数に応じステージを把握してください。

新規利用者目標が同じなのに純増数がちがうのは、サービス中止、廃止利用者が利用者総数によりちがうからです。

図2のように事業所のステージにより注力する場所がちがいます。

図1

ステージ別展開目標						
ステージ	テーマ	ポイント	利用者			ヘルパー
			新規目標（月）	純増（月）	総数	登録目標（月）
ステージ1	売上確保	売上増加第一主義	7	5	30	3
ステージ2	売上拡大	単月黒字への転換	7	4	60	2
ステージ3	利益創出	初期投資回収・事業モデルの確立	7	3	90	2
ステージ4	次なる事業展開	新規出店検討	7	2	120	1

図2

ステージ別展開戦略			
ステージ	テーマ	戦　略	行　動
ステージ1	売上確保	営業、ヘルパー募集のサイクルの確立	各種マニュアルの徹底および業務工程の確立
		エリアでの優位性を得る取り組み	行政研修・イベント等への積極的な参加
ステージ2	売上拡大	売上・事業所人員増加に対する業務分担の見直し	より確実な予算実績管理に基づいた行動
		利用者単価の引き上げ	顧客満足向上の取り組み
ステージ3	利益創出	エリアの見直し	半径3Km以内へシフト
		業務効率化によるコスト削減	業務の標準化・常勤比率の低下
ステージ4	次なる事業展開	長期的視座に基づいた事業戦略と計画の策定	事業戦略に併せた出店（新規店舗・分割出店・M&A）

Part 5 マネジメント戦略

〈1〉社員モチベーション

次の図1のように介護従事者には特徴があります。何もしなければ離職者はあとを絶たないでしょう。スタッフは会社に所属しているというより利用者との関係が深いと考えております。それぞれのスタッフが別々に考え行動し特段会社に所属している意味も見出せず、毎日の目の前の仕事をこなしていくだけです。だから離職していくわけですから、離職率を下げるためには目標の共有を行いチームで活動しているという意識づけが必要となります。例えば当社では、図2を事務所の壁に貼り、「目標はなにか」「目標に対する現在の状況」などをビジュアル化することや、毎週合同会議を開催し、目標に対する進捗報告を確認したりしております（図3）。

インセンティブの仕組みもあり、新規利用者獲得数に応じ賞与に反映させており新規利用者獲得手当を支給したり、毎月行っている飲み会の会社負担金を設定したりして業績を上げたら評価する風土づくりを行っております（図4・5）。

■ 介護業界人材の特徴（図1）

まず、ケアマネージャーから登録ヘルパーにいたるまでの、いわゆる「専門職」の職場流動が激しいことが大きな特徴としてあげられます。

つまりは、会社へのロイヤリティを持たせにくいのです。

これは、事業所側、会社側にも原因があります。

他社との差異を持たせにくいため、働く側に「どこの事業所（会社）でも中身（仕事、風土）は同じだから、嫌なことがあったら他のところへ行けばいい」と思わせやすいのです。

また、登録ヘルパーは直行直帰型が多く、横とのつながりが希薄なため、「どこの事業所所属」というところに意識は向けにくくなっています。

なので、「少しでもよい条件」があれば職場を移すことにあまり躊躇がない人が多いのも、ある意味仕方のないことかもしれません。

■ 新規利用者獲得状況（図2）

○月分　　基本目標7名

		サービス開始日	利用者名	事業所名―ケアマネ名	介護度	初回加算	口振確認㊞	請求担当㊞
10日現在	件	月　日	様	（　―　CM）				
		月　日	様	（　―　CM）				
		月　日	様	（　―　CM）				
		月　日	様	（　―　CM）				
20日現在	件	月　日	様	（　―　CM）				
		月　日	様	（　―　CM）				
		月　日	様	（　―　CM）				
		月　日	様	（　―　CM）				
		月　日	様	（　―　CM）				
末日現在	件	月　日	様	（　―　CM）				
		月　日	様	（　―　CM）				
		月　日	様	（　―　CM）				
		月　日	様	（　―　CM）				
		月　日	様	（　―　CM）				

新規ヘルパー氏名	稼働利用者数	未請求者名	サービス終了者名	緊急時加算者名	2回目以降初回加算者	備考
	自社【　名】			／	／	
	他社【　名】			／	／	
	予防【　名】			／	／	
	私費のみ【　名】			／	／	
	合計【　名】			／	／	店予約
稼働ヘルパー数	名			／	／	（　）

■ 合同会議用資料（図 3）

訪問介護・居宅介護支援　Weekly Meeting　打ち合わせシート　　年　月　日（ ）

※本日までの新規利用者獲得状況（月内）

訪問介護　新規利用者獲得件数____件
ヘルパー獲得件数____件

居宅介護支援　新規利用者獲得件数____件

今週の他社ケアマネ受託状況

受託先	CM	件数	受託要因

受託要因記載例）
訪問営業、FAX 営業、既存など

今週のケアプラン受託状況

紹介先	担当	件数	紹介要因

紹介要因記載例）
支援事業所リスト、包括紹介、行政窓口紹介、訪問営業（病院など）など

＊訪問介護ヘルパー空状況

	月	火	水	木	金	土	日
午前							
午後①							
午後②							

※　○△×で記入

訪問介護受託容量　____%
記載例）いつでも可 100 %
週 2 回程度なら 50 %など

介護度 4・5 比率　____%

プラン作成可能件数____件
※CM 数×39—現在のプラン数（請求ベース）

最高紹介法人依頼割合
訪問介護　____%
福祉用具貸与　____%
通所介護　____%

介護度 3・4・5 比率　____%

■ 目標管理とモチベーション

図４

社員（常勤）のモチベーション
⇒会議における進捗管理の徹底
⇒賞与に反映
⇒新規利用者獲得手当
⇒飲み会の予算

ヘルパーのモチベーション
⇒ポイント制（時間・研修・紹介）

図５

目標件数　７件

【新規に対する飲み会予算（１人分）】

4件	¥1,000
6件	¥3,000
8件	¥5,000
10件	¥8,000
12件	¥10,000
20件	¥12,000

〈2〉登録ヘルパー

登録ヘルパーに対してもモチベーションアップとしてポイント制を行っている会社があります。1時間働くと一ポイント加算、その他ヘルパーを紹介してくれたり、研修に参加した場合にポイント加算します。五〇〇ポイントで七、〇〇〇円支給、三、〇〇〇ポイントでハワイ旅行か一〇万円プレゼントなどです。その他、介護職員初任者研修費のキャッシュバックや忘年会開催、社員旅行などもモチベーションを上げる手段です。

〈3〉両立ケアマネージャー

介護福祉士の雇用が困難なこともあり、当社では両立ケアマネージャーを活用しております。ケアマネージャーの中には「資格は取ったが訪問介護現場が好きで離れたくない」「資格は取ったが三五件も担当する自信がない」といった人が少なくありません。そこでケアプラン二〇件、訪問介護一日二件サービスといった両立スタッフを雇用しております。都道府県庁へは各四時間（就業時間八時間の会社）申請します。

当スタッフを活用すれば訪問介護従事者不足は補えるしケアマネージャー一人当たりの件数不足による採算割れも解決する事でしょう。また、ケアマネージャーはほとんど介護福祉士資格を取得しているので平成二一年度から始まったサービス提供責任者〇・五人換算が活用できます。

■ 両立ケアマネージャー活用

人材確保の動向

特定加算の影響等で
介護福祉士不足 ⇒ サービス提供責任者の雇用困難

CM１人当たりのプラン数27件
（全国平均）
CMの余剰人員あり
⇒ CMの雇用比較的容易
訪問介護サービスを継続したいCMが
少なくない

両立CMを雇用し訪問介護員補充・特定加算（訪問介護、居宅介護支援）に貢献

CM資格者は
ほとんど介護福祉士の資格あり ⇒ 0.5人換算でサービス提供責任者にカウント可
特定申請など必要時に専任に移行可

Part 6 収益改善戦略

〈1〉訪問介護の管理

訪問介護の管理は、新規利用者獲得数（月間目標五件以上）、常勤社員稼働率（一日サービス三件）、客単価（全国平均維持）の三つだけといっても過言ではありません（図1）。

新規利用者獲得に関しては、第4・5章でも記載しましたが、居宅介護支援事業所へ営業します。営業を嫌う経営者を見かけることがありますが、どんなに質の高いサービスを行っていたとしても、営業以外伝える手段がなく差別化することはできません。愚直に訪問を繰り返すことです（図2・3）。

常勤社員がサービスに入るべきだという事は、第4章PART5に記載したとおりです。

次に客単価ですが、高くても低くても問題があります。全利用者数が極端に少ない場合は別ですが、普通にやれば全国平均値に近づくでしょう。平成三〇年一月の訪問介護客単価（介護給付）は七四、七〇〇円（図4）、介護予防客単価（予防給付）は二〇、〇〇〇円（図5）ですが、毎月厚生労働省が開示しますので確認した方が良いと思います。客単価はケアマネージャーの影響が大きいことは確かですが、訪問介護として自立支援に向けたサービスを提案すべきです。

その他、残業はご法度なのはもちろん、目標管理の方法も重要です。介護報酬が決まっているので、

■ 訪問介護事業における管理ポイント

図１

管理項目
- 新規利用者獲得数（営業・ヘルパー獲得）
- 常勤社員稼働率（エリアを絞り１日３件）
- 客単価（ケアマネへの提案力）

図２

<u>営業訪問をする理由</u>

1. 訪問介護売上を上げる
↓
2. 新規利用者を獲得する
↓
3. ケアマネージャーから依頼を受ける
↓
4. ケアマネージャーに知ってもらう（覚えてもらう）
↓
5. ケアマネージャーと会話をする
↓
6. 居宅介護支援事業所を訪問する

図３

<u>訪問介護の具体的営業方法</u>

1. エリアを明確にする（認定者5000人）
2. エリア内居宅介護支援事業所をリストアップ
3. 居宅介護支援事業所ごとに担当を決め表にする
4. 営業活動を後回しにしない（計画的に）
5. 常勤訪問介護員が訪問
6. 滞在時間5分以内、対象はCM
7. 簡潔なセールストーク（今動けるヘルパーがいます）
8. アポイントはとらない（「いらっしゃらなくてもけっこうです」とアポをとる）
9. CMの名前を覚え「人間関係構築」が目的

■ ケアマネジャーの意識

・サービス事業所の情報収取方法は？
　１位：担当事業所が営業に来る
・サービス事業所を評価するポイントは？
　１位：お互いに確認し合える顔なじみの連携
・サービス事業所を選ぶポイントは？
　１位：スタッフや相談員に信頼できる人がいる

■ 介護予防サービス受給者1人当たり費用額,要支援状態区分・サービス種類別

平成30年1月審査分
(単位：千円)

	総数	要介護1	要介護2	要介護3	要介護4	要介護5
総数	192.2	109.9	148.8	222.1	264.3	301.7
居宅サービス	119.4	75.5	99.9	142.8	176.7	219.2
訪問通所	103.8	66.7	89.1	123.9	155.1	205.2
訪問介護	74.7	38.2	53.7	90.8	124.8	166.5
訪問入浴介護	67.0	55.1	59.2	61.4	64.1	71.8
訪問看護	46.7	38.3	42.9	45.1	50.1	62.6
訪問リハビリテーション	37.5	36.4	37.2	38.1	37.8	38.4
通所介護	89.5	67.2	85.2	109.8	122.9	135.2
通所リハビリテーション	80.3	62.3	77.3	94.9	106.4	115.4
福祉用具貸与	14.6	7.6	13.1	16.0	19.7	24.3

(出典) 介護給付費実態調査月報第6表
(注) 受給者1人当たり費用額 = 費用額／受給者数

■ 介護予防サービス受給者１人当たり費用額，要支援状態区分・サービス種類別

平成30年1月審査分
（単位：千円）

	総数	要支援1	要支援2
総数	29.1	22.8	33.4
介護予防居宅サービス	24.1	18.3	27.9
訪問通所	20.8	15.1	24.5
介護予防訪問介護	20.0	17.3	22.2
介護予防訪問入浴介護	36.9	31.2	38.2
介護予防訪問看護	32.1	25.7	35.4
介護予防訪問リハビリテーション	31.0	25.9	33.1
介護予防通所介護	29.2	19.6	37.7
介護予防通所リハビリテーション	34.7	22.3	42.9
介護予防福祉用具貸与	6.3	5.4	6.7

（出典）介護給付費実態調査月報第６表
（注）受給者１人当たり費用額 ＝ 費用額／受給者数

■ 利益獲得のポイントはオペレーションと目標管理

ローコスト競争
↙ ↘
システマティックな管理　ブレのない目標管理
↓ ↓
残業なし　利益向上に注力

サービスの質さえ落とさなければローコスト競争ということは先にふれました。効率の良いオペレーションにし、残業をなくすことや、目標を明確にし情報を共有し進捗状況をチェックしていくシステムを構築していないと、毎日の忙しさに翻弄され戦略的な動きからかけ離れてしまうでしょう。

以下に、当社（㈱さくらケア）の運営マニュアルを例として引用いたしますので参考にしてください。

■ 訪問介護事業所マニュアル１
～サービス提供責任者業務の実施手順～

○サービス提供責任者の月間業務○		
時　期	業務内容	補　足
2営業日目まで	・訪問介護記録書の回収	・ヘルパーへ当月の最終サービス日に回収するよう促す
	・訪問介護記録書のチェック	・月間スケジュールと照らし合わせる
	・実績入力（1入れ）	・他社ケアマネを優先し、2営業日までに返送できるよう配慮する
5日	・ヘルパーより実務実績表の回収	
10日	・実務実績表のチェック	・月間スケジュールと照らし合わせる
	・ポイントのチェック（ポイント達成者表彰準備）	・ポイント達成者はヘルパー向け広報誌（さくら便り）にて氏名を掲載し、表彰する
20日	・ヘルパーへの給料明細の送付	・実務実績表の間違いを訂正し、コピーを郵送する ・ポイント達成者にはポチ袋入りの目録を同送する
	・さくら便りの作成（ヘルパー向け便り）	・事例やヘルパーへの注意事項・ポイント達成者の氏名・研修会の告知などを記載する
月末	・「記録書回収スケジュール」を作成する	・定期連絡時最終日であることを担当ヘルパーへ伝える
	・ヘルパーへ訪問介護記録書の回収を促す	
	・翌月月間スケジュールの打ち出し	・変更箇所を修正し、打ち出す

■ 訪問介護事業所マニュアル2

○その他の業務のポイント○

①日常のコーディネート

※祝日がある場合特に注意する。（利用者・担当ヘルパーよりキャンセルが入る場合がある）

Ⅰ．定期のサービスに変更が生じた場合、連絡を受けた時点で、変更台帳へ記入する。

Ⅱ．同社のケアマネへ変更依頼書へ記入し報告する。他社ケアマネへは電話もしくは書面にて報告する。

Ⅲ．利用者・ヘルパー両者に連絡が出来た時点で済み印を押す。(両方に済み印を押印できた時点で完了)

②サービス提供

※新規のケースを中心にサービス提供を行う。

『1日3件』を目安にサービス提供を行う。(新規ケース・単発対応が中心となる)

③ヘルパー募集

※有資格者と無資格者では説明内容が異なる。

ヘルパーの空き状況を確認し募集広告を掲載する。その方法や広告のデザインを社内で意見交換することが大切である。(ヘルパー募集の重要性を共有できる)

④ヘルパー面接

※ヘルパーも『お客様』という意識を持つ。無資格でも資格取得制度があることを説明する。

Ⅰ．持ち物(有資格者)⇒①履歴書②身分を証明できるもの(免許証など)③資格者証④履歴書に貼る大きさの顔写真⑤給与の振込み口座がわかるもの⑥印鑑

Ⅱ．面接は約1時間を目安に行う。アンケートを取り、対象者の人柄・価値観がわかるようにする。

Ⅲ．有資格者の場合、いい人材で適当なケースがあれば、その場で仕事を紹介する。

⑤営業活動（空きがある場合、他社への営業活動を行う）

※サービス提供責任者内で訪問する支援事業所の担当を決め、毎月同じスタッフが訪問し、親近感が出るようにする。

Ⅰ．初回の持ち物⇒会社案内・さくらケア訪問介護事業所の特徴を記入したもの・空き情報を持参する。

Ⅱ．新規依頼が来たら、サービスの様子を現状報告書に落とし、情報提供を行う。

⑥ケースカンファレンス
　※ケアマネより依頼があった場合参加する。
　　サービス開始時・更新時・ケアプランの変更時等、ケースカンファレンスに参加することあり、必要に応じて資料作成を行う。

⑦社内ヘルパーへの研修会の開催
Ⅰ．研修のメニューについてはミーティングなどで意見を出し合う。
Ⅱ．研修に参加できない方へ補修を行う。
Ⅲ．アンケートを取り、内容や方法などを検討する。

■ 居宅介護支援マニュアル1

○ケアマネージャーの月間業務○			
時　期	業務内容	補　足	その他の業務
1日～5日頃	・実績入力		①営業活動 ・保健福祉センター ・地域包括支援センター
6日～31日頃	・利用表の印刷		
	・定期訪問	●定期訪問時同時に行う業務 ①アセスメント ②モニタリング ③区分変更・更新申請 ④居宅サービス計画書の交付	②ケースカンファレンス ③居宅サービス計画書作成（プラン変更もしくは更新月の利用者） ④サービス事業所との調整（ショートステイ予約・住宅改修理由書作成） ⑤配食サービス・オムツなどシルバーサービスの案内・代行手続き
25日頃	・提供票の印刷		⑥認定調査
	・提供票の送付		

■ 居宅介護支援事業所マニュアル２

○新規利用者の受付から利用まで○

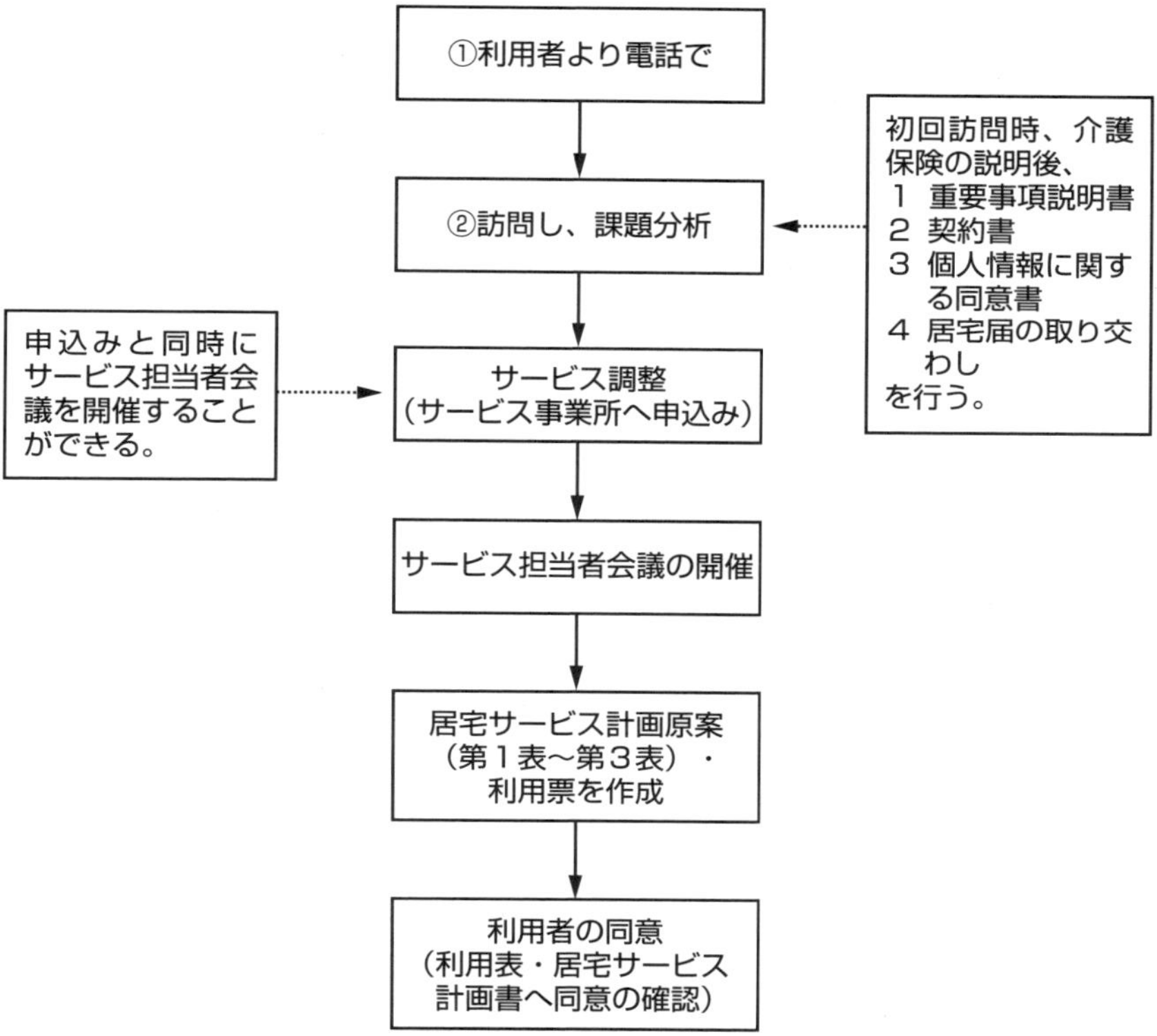

○ポイント○

①ケアマネ業務は相談窓口であり、オールマイティである必要はないため、各サービス事業所の役割を明確にし、緊急時の体制を整え、行政との連携を図ることにより、業務を抱え込まないようにすることが重要である。

②アセスメント時の利用者のニーズをヒアリング後すぐに居宅サービス計画書へ記載し、『３０分以内で作る』など目標を設定する。

③安定しているケースに関しては月に一度の訪問（月初めから回り始めると良い）に更新申請・ケアプランの確認なども一緒に行う。また、主治医とのカンファレンスが必要な場合は自宅から一緒に通院するなどし、定期訪問としてカウントするのも一つの方法である。

〈2〉居宅介護支援の管理

役所窓口、地域包括支援センターと人脈の構築をする事は第5章Ｐａｒｔ1どおりです。

そもそも居宅介護支援は、特定加算を取得しないとビジネスにならないでしょう。ビジネス的に見れば一般的な居宅介護支援事業所は他の介護サービス事業の玄関的な役割しか果たしていませんが、特定加算を取得し単独事業として役割を果たすべきです。

また、居宅介護支援の赤字の要因に「人件費負け」があると思いますが、二〇〇〇年の介護保険制度スタート当時と給与相場が変わっております。市場に合った給与シフトを断行していく必要があります。さらにケアマネージャー一人当たりのケアプラン作成数が低迷している現状があるので、担当件数と給与を連動させる制度も検討すべきだと考えております。たとえば、三五件プラン作成をするスタッフと、高額な給与を希望しないが二五件しかプランを作成したくないスタッフ間で給与に差をつけることは考えられるでしょう。もちろん入社時の雇用契約内容で決まることだと思います。

Part 7 特定加算戦略

〈1〉訪問介護の特定加算について

特定事業所加算を申請、取得するかどうか躊躇する経営者がいますが、結論からいうと取得すべきです。申請しない理由として考えられるのは、報酬加算を取得すれば利用者負担金も加算されるので自社の訪問介護利用者数が減ってしまうのではないかと考え申請に踏み出せない、一般事業所よりも報酬が高いので、居宅介護支援事業所より新規利用者を獲得できないのではないか等です。

まず、前者の利用者数減少の件ですが、まったく減らないといえばウソになりますが、ご存じの通り高齢者は環境の変化を好みません。

質の高いサービスさえ行っていれば、通常の負担額であるサービス料金の一割負担が一〇%～二〇%程度上がったからといって、わざわざ訪問介護事業所を変える利用者は少ないでしょう。

事実、当社では加算①（二〇%加算）に移行した時に減少した利用者は支給限度額を超えていた二名だけでした。

利用者に対する説明の仕方にもよりますが、「研修、健康診断をはじめ管理体制の強化などサービスのクオリティーを上げるための対価」である旨を入念に言及すれば理解をえることができるでしょう。

後者の新規利用者獲得については、確かに影響があります。

介護支援専門員（ケアマネージャー）に、「きちっとした管理体制をとっているので加算がある事業者」と、「一般事業者」のどちらが良いか利用者に選択してもらうよう要請すべきです。

介護サービス料金の一〇％負担が一二％負担に変わる程度なら質の高さを選ぶ人は少なくないと思います。

新規利用者獲得に影響があることは事実ですが、訪問介護サービスを利用したい人が介護従事者の対応力より上回っている市場において、需要と供給の法則により新規利用者は獲得できます。総合的判断をすれば特定事業所加算取得は、そんなに恐れることはないでしょう。

また、自由市場で考えれば「価値を高め、対価を得る」というのは当たり前の話であり、それを怖がっていること自体、福祉業界が発展途上だと考えざるを得ません。

いずれにしても特定事業所加算を取得しますと経営が安定しますし、企業努力により対価が得られるすばらしいシステムであり評価できる制度と考えます。

健康診断、研修などコストもかかりますので、どうせ加算を取得するなら二〇％アップの加算①を取得すべきです。

ヘルパーの立場から考えても、自分のスキルを伸ばしてくれる事業所、管理体制が確立されていて安心して働ける事業所に所属したいはずです。

現在の特定事業所加算要件が、将来的にはスタンダードな要件になっていくでしょう。その時に慌てふためかないためにも今から特定加算要件を満たすための施策に着手しましょう。

〈2〉訪問介護の特定加算要件について

訪問介護特定加算要件は、体制要件・人材要件・重度要介護者等対応要件の三つになります。（図１・２）特に間違いやすいのは人材要件で、加算①と②では満たさなければならない要件が異なりますので注意してください（図３）。また、人材要件は常勤換算だということと、重度要介護者等対応要件は人数でなくサービス回数でも要件を満たせば申請できることを正確に理解してください。

自事業所が特定加算申請ができる状況かどうか判断し（図４）、要件を満たしてない部分を計画的に補てんしてください。申請に必要な書類（図５・６）等の作成にも着手してください。とはいうものの実際の「やり方」「添付書類」などを考えるには膨大な労力と時間がかかると思いますので既に特定加算を取得している事業所に問い合わせることが近道でしょう。当社のようなコンサルサービスを利用することも一つの方法です。

また、特定加算を取得した後、利用者に同意を得たり、担当ケアマネージャーへ連絡したりしますが、特にヘルパー対応を慎重に進めないと研修や業務が増える事の理解が得にくいでしょう。当社がヘルパー向けに作成した案内を参考にしてください（図７）。

■ 訪問介護特定加算要件

図１

加算の体制要件

①すべての訪問介護員に対して個別の研修計画を作成し、研修を実施又は実施を予定していること。

②利用者に関する情報、サービス提供に当たっての留意事項の伝達又は訪問介護員等の技術指導を目的とした会議を定期的に開催すること。

③サービス提供責任者が、訪問介護員等に利用者に関する情報やサービス提供に当たっての留意事項を文書等の確実な方法により伝達してから開始し、終了後、適宜報告を受けていること。

④すべての訪問介護員等に対し、健康診断等を定期的に実施していること。

⑤緊急時等における対応方法が利用者に明示されていること。

図２

加算の人材要件

①訪問介護員等の総数のうち介護福祉士が30%以上、又は介護福祉士・介護職員基礎研修課程修了者・１級訪問介護員の合計が50%以上であること。

②すべてのサービス提供責任者が3年以上の実務経験者を有する介護福祉士又は5年以上の実務経験を有する介護職員基礎研修課程修了者・１級訪問介護員であること。ただし、居宅サービス基準上、１人を超えるサービス提供責任者を配置しなければならない事業所については、２人以上のサービス提供責任者が常勤であること。

重度要介護者等対応要件

①前年度又は前３月の利用者のうち、要介護4～5・認知症日常生活自立度Ⅲ以上の利用者の総数が20%以上であること。

図 3

加算の条件

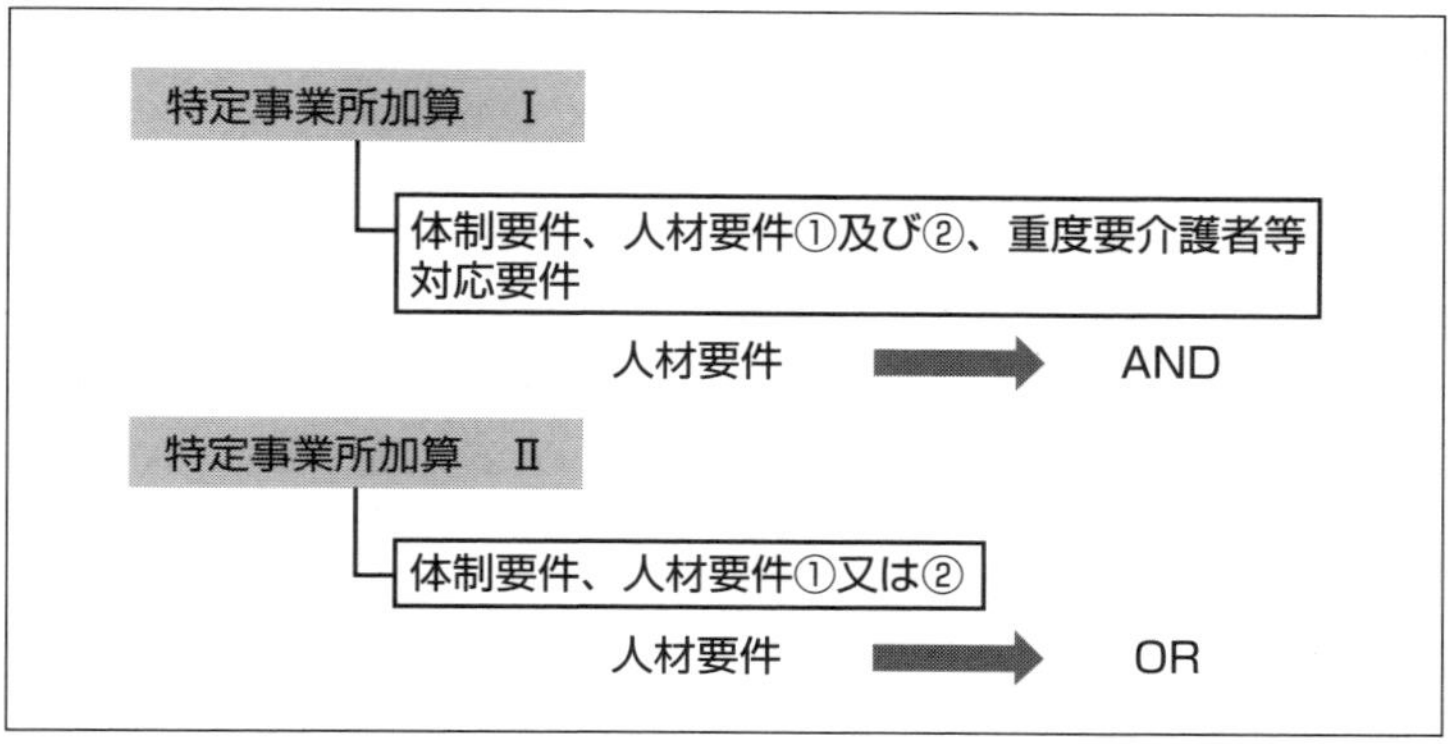
特定事業所加算　Ⅰ
体制要件、人材要件①及び②、重度要介護者等対応要件
人材要件
AND
特定事業所加算　Ⅱ
体制要件、人材要件①又は②
人材要件
OR

■ 特定事業所加算申請

図4

特定事業所加算チェックリスト

体制要件	1	すべての訪問介護員に対して個別の研修計画を作成していますか	はい・いいえ
	2	すべての訪問介護員に対して個別の研修を実施又は予定していますか	はい・いいえ
	3	利用者に関する情報、サービス提供に当たっての留意事項の伝達をしていますか	はい・いいえ
	4	訪問介護員等の技術指導を目的とした会議を定期的に開催していますか	はい・いいえ
	5	サービス提供責任者が、訪問介護員等に利用者に関する情報やサービス提供に当たっての留意事項を文書等の確実な方法により伝達してから開始していますか	はい・いいえ
	6	サービス終了後、適宜報告を受けていますか	はい・いいえ
	7	すべての訪問介護員等に対し、健康診断等を定期的に実施していますか	はい・いいえ
	8	緊急時等における対応方法が利用者に明示されていること	はい・いいえ
人材要件	9	訪問介護員等の総数のうち介護福祉士が30%以上いますか	はい・いいえ
	10	介護福祉士・介護職員基礎研修課程修了者・1級訪問介護員の合計が50%以上いますか	はい・いいえ
	11	すべてのサービス提供責任者が3年以上の実務経験を有する介護福祉士ですか	はい・いいえ
	12	すべてのサービス提供責任者が5年以上の実務経験を有する介護職員基礎研修課程修了者・1級訪問介護員ですか	はい・いいえ
	13	2人以上のサービス提供責任者が常勤ですか	はい・いいえ
重度要件	14	前年度又は前3月の利用者のうち、要介護4～5・認知症日常生活自立度Ⅲ以上の利用者数が20%以上ですか	はい・いいえ

図５

特定事業所加算申請添付書類

加算Ⅰ・Ⅱ・Ⅲ共通

①特定事業所加算に係る届出書
②訪問介護員についての個別研修計画
③訪問介護員等の技術指導を目的とした会議の定期的な開催を確認できる資料
④サービス提供責任者と訪問介護員等との間の情報伝達及び報告体制を確認できる資料
⑤訪問介護員に対する健康診断の定期的な実施体制を確認できる資料
⑥緊急時における対応方法の明示が確認できる資料

加算Ⅰ

①介護福祉士の資格証
②「従業者の勤務体制及び勤務形態一覧表」
③「サービス提供責任者経歴書」
④人材要件を満たしていることを確認できる資料
⑤重度要介護者等対応要件を満たしていることを確認できる資料

図６

研修に必要な帳票類

事業所管理

①年間計画表
②入社別育成計画表
③参加者名簿
④研修記録簿
⑤個別の育成計画書

各自管理

①年間計画表
②OJTシート
③研修報告書
④個別の育成計画書

■ 登録ヘルパーに対する特定事業所加算取得案内（図7）

特定事業所指定について

スタッフのみなさんが、「さくらケアで働いていて良かった」と思われるよう日々努力しております。

介護という仕事を継続していくうえで、質の高いケアサービスを提供している事業所、介護技術が向上する事業所、管理体制がしっかりしている事業所で働きたいと考えているスタッフが少なくないと感じております。

今般、「さくらケア」は体制要件・人材要件・重度要件などの条件を満たすことが必要な特定訪問介護事業所に東京都庁より指定を受けることができました。H21年4月より特定訪問介護事業所指定事業者として事業運営いたします。他の訪問介護事業所より質の高い事業所として認められたわけでございます。皆様も誇りを持って今まで以上のご支援ご協力をお願い申し上げます。

今後は、スキルアップの観点から研修の充実（賃金支給）、健康維持の観点から健康診断料金全額会社負担、福利厚生の観点から社員旅行、忘年会などの充実など様々な施策を行っていく予定です。

〈3〉居宅介護支援の特定加算について

居宅介護支援の特定加算ですが、第一章「報酬改定」でも記載しましたが、利用者負担がないので確実に取得したいものです。

加算Ⅱを取得すると利用者一人当たり四〇〇単位加算になりますので、居宅介護支援事業所単体で、採算ベースに乗せる事ができ、他事業にとらわれることなく本来の意味での「中立公正」が実現できます。ケアマネージャー全員のプラン数が飽和状態になったところで重度要介護者対応にシフトしていき、加算Ⅰ（利用者一人当たり五〇〇単位加算）取得を目指すべきです。特定加算を取得した後は、ビジネスラインにのっているわけですから、居宅介護支援事業所の規模をできるだけ大きくしていくべきです。申請方法は訪問介護より比較的容易です。平成三〇年四月より特定加算Ⅳ（利用者一人当たり一二五単位加算）が新設され、医療機関等と総合的に連携する事業所が更に評価されることになりました。

Part 8 コンプライアンス戦略

介護保険に関するサービスは社会保険事業です。保険料および税金からの報酬が含まれているからには、事業運営に社会性が求められます。したがって、当該事業はコンプライアンス（法の遵守）が重要です。しかし、うっかりすると知らないうちに法律違反をしている場合があります。いくら故意でないにしても、法に関する知識が不足していたという理由で責任を免れることはありません。現場責任者はもちろん、経営者も必要な知識を身に付け万全を帰すべきです。法律違反により指定取り消し処分になったら、いくら良いサービスをしていても事業運営ができなくなるからです。介護保険法のコンプライアンスの確認のため、都道府県庁ホームページ等で自己点検票にてチェックしましょう。

Part 9

介護人材戦略

介護サービス需要に対する介護従事者不足は今後も継続するでしょう。我が国は就職難と言われながらも人材不足であるということは収入を得るために何でもやるといった時代ではなくなってきたと考えられます。

介護従事者不足を放置していたのでは、いくら高齢者の介護需要が高まり介護市場が拡大すると理論で示しても供給ができないので絵に描いた餅になってしまいます。

北欧の人材不足対応をみてみると、スウェーデンは介護サービスに関する資格を廃止することによりヘルパーの間口を広げ介護従事者不足を克服しました。フィンランドは准看護師による業務独占によりステータスを醸成することにより供給体制の維持をしております。

日本でも「介護人材のキャリアパスの形成」ということで、キャリア段位制度の構築などを行っております。また、初任者が実務者研修を受講し「介護福祉士」にキャリアアップし、キャリアゴールとして介護技術の指導や業種間連携のキーパーソンである「認定介護福祉士（仮称）」という生涯働き続けることができる職種になれるという展望を持たせようとしております。

これらの施策は介護従事者不足の対応策であり、将来的には北欧を参考とした「無資格でも供給可能なサービス」と、国家資格である「介護福祉士の業務独占サービス等」が制度化される可能性もあります。

いずれにしても介護事業者としては、介護福祉士の獲得が重要な経営要素であることは間違いありません。

■ 北欧の人材不足対応

スウェーデン	訪問介護は資格なし	ヘルパー間口を広げる
フィンランド	准看護師中心 （昔はヘルパー資格あり）	ステータス醸成

↓

供給体制の維持

■ 日本の介護従事者不足対応策

★予想

予防訪問介護	⇒	資格なし
生活援助	⇒	（仮称）生活援助ヘルパー
身体介護	⇒	介護福祉士等

▼

業務独占

↓

ステータス
（モチベーションアップ）

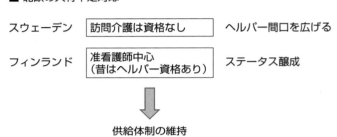

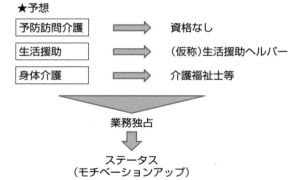

第9章

介護保険制度をとりまく状況

第9章

居宅介護支援事業所運営

選択と集中

1　介護サービスの現状
・介護ビジネス市場

2　介護起業必勝法
・訪問介護事業所の魅力
・居宅介護支援事業所の併設理由

運営ノウハウ

3　実際の事業所開設方法
・事業所開設までのスケジュール

4　訪問介護事業所運営
・利用者獲得方法

5　居宅介護支援事業所運営
・ケアプラン受託方法

管理ノウハウ

6　数値管理
・売上、利益の流れ
・介護報酬請求

7　起業時の経営
・経営者の役割

戦　略

8　事業所経営必勝法

1　マーケティング戦略
2　市場別戦略
3　エリア戦略
4　ステージ別戦略
5　マネジメント戦略
6　収益改善戦略
7　特定加算戦略
8　コンプライアンス戦略
9　介護人材戦略

9　介護保険制度をとりまく状況

10　介護起業成功例

Part 1 平成三十年度介護報酬改定

〈1〉平成三十年度介護報酬改定に関する審議報告概要

報酬改定は、社会保障の継続を主な目的として行われます。

団塊の世代がほぼ七五歳以上になる二〇二五年に対応できるよう制度設計するわけですが、今般の改定は、二〇二四年改定および二〇二一年改定を見据えた改定という位置づけになります。介護報酬改定は、三年に一回行われるからです。診療報酬改定は、二年に一度の改定のため同時改定は六年に一度行われます。二〇一八年改定は、同時改定の時期にも当たります。

報酬改定の概要は、地域包括ケアシステムの推進、自立支援・重度化防止に資する質の高い介護サービスの実現、多様な人材の確保を生産性の向上および介護サービスの適正化・重点化を通じた制度の安定性・持続可能性の確保が四本の柱となっております。

2025年に向けた医憲・介護分野のスケジュール

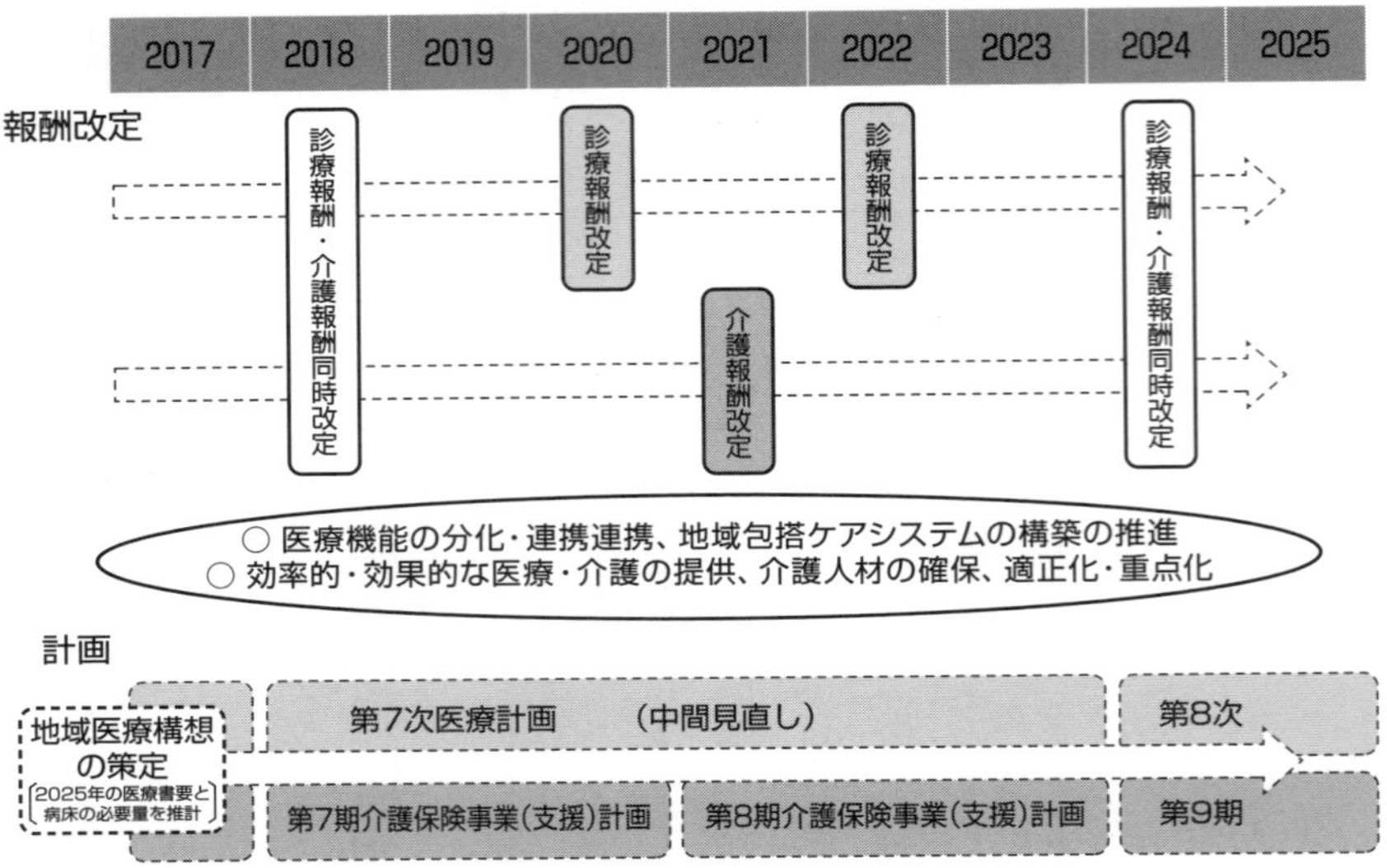

平成30年度介護報酬改定に関する審議報告の概要	社保審一介護給付費分科会
	第157回(H30.1.17)　参考資料2

団塊の世代が75歳以上となる2025年に向けて、国民1人1人が状態に応じた適切なサービスを受けられるよう、「地域包括ケアシステムの推進」、「自立支援・重度化防止に資する質の高い介護サービスの実現」、「多様な人材の確保と生産性の向上」、「介護サービスの適正化・重点化を通じた制度の安定性・持続可能性の確保」を推進。

Ⅰ 地域包括ケアシステムの推進

■中重度の要介護者も含め、どこに住んでいても適切な医療・介護サービスを切れ目なく受けることができる体制を整備

【主な事項】
- ○中重度の在宅要介護者や、居住系サービス利用者、特別養護老人ホーム入所者の医療ニーズへの対応
- ○医療・介護の役割分担と連携の一層の推進
- ○医療と介護の複合的ニーズに対応する介護医療院の創設
- ○ケアマネジメントの質の向上と公正中立性の確保
- ○認知症の人への対応の強化
- ○口腔衛生管理の充実と栄養改善の取組の推進
- ○地域共生社会の実現に向けた取組の推進

Ⅱ 自立支援・重度化防止に資する質の高い介護サービスの実現

■介護保険の理念や目的を踏まえ、安心・安全で、自立支援・重度化防止に資する質の高い介護サービスを実現

【主な事項】
- ○リハビリテーションに関する医師の関与の強化
- ○リハビリテーションにおけるアウトカム評価の拡充
- ○外部のリハビリ専門職等との連携の推進を含む訪問介護等の自立支援・重度化防止の推進
- ○通所介護における心身機能の維持に係るアウトカム評価の導入
- ○褥瘡の発生予防のための管理や排泄に介護を要する利用者への支援に対する評価の新設
- ○身体的拘束等の適正化の推進

Ⅲ 多様な人材の確保と生産性の向上

■人材の有効活用・機能分化、ロボット技術等を用いた負担軽減、各種基準の緩和等を通じた効率化を推進

【主な事項】
- ○生活援助の担い手の拡大
- ○介護ロボットの活用の促進
- ○定期巡回型サービスのオペレーターの専任要件の緩和
- ○ICTを活用したリハビリテーション会議への参加
- ○地域密着型サービスの運営推進会議等の開催方法・開催頻度の見直し

Ⅳ 介護サービスの適正化・重点化を通じた制度の安定性・持続可能性の確保

■介護サービスの適正化・重点化を図ることにより、制度の安定性・持続可能性を確保

【主な事項】
- ○福祉用具貸与の価格の上限設定等
- ○集合住宅居住者への訪問介護等に関する減算及び区分支給限度基準額の計算方法の見直し等
- ○サービス提供内容を踏まえた訪問看護の報酬体系の見直し
- ○通所介護の基本報酬のサービス提供時間区分の見直し等
- ○長時間の通所リハビリの基本報酬の見直し

Part 2 訪問介護の報酬改定

〈1〉概　要

訪問介護の報酬改定は複数ありますが、特に注目すべき点は生活援助のみのサービスを抑制し身体介護に重点をおいた自立支援を推進・評価した点です。身体介護の報酬が上がり生活援助が減算となりました。ＡＤＬのみならずＱＯＬの観点からも自立支援を目的とした見守りを明確に身体介護に位置付けられたことや、生活援助のサービス回数に一定の条件を付けたことなどから、訪問介護を自立支援に向けたサービスに移行していく方針が読み取れます。

また、介護人材確保を目的として生活援助サービスができる、新研修が創設されました。当該研修は身体介護もサービスができる初任者研修一三〇時間と比較し、五九時間の研修にて修了するカリキュラムになっており、介護の担い手の拡大を目的としたものです。

その他、集合住宅に提供するサービス報酬や算定方法の見直しなどがありましたが、地域包括ケアを提案する国の方針なので同一建物に集中したサービスに対しペナルティーが課せられることは当然の流れとも言えます。

外部のリハビリ専門職等との連携の推進を含む訪問介護等の自立支援・重度化防止の推進

○ 訪問介護の身体介護として行われる「自立生活支援のための見守り的援助」を明確化するとともに、身体介護に重点を置くなど、身体介護・生活援助の報酬にメリハリをつける。

訪問介護

【「自立生活支援のための見守り的援助」の明確化】

○ 訪問介護の自立支援の機能を高める観点から、身体介護と生活援助の内容を規定している通知（老計第10号（訪問介護におけるサービス行為ごとの区分等について））について、身体介護として行われる「自立生活支援のための見守り的援助」を明確化する。

【身体介護と生活援助の報酬】

○ 自立支援・重度化防止に資する訪問介護を推進・評価する観点から、訪問介護事業所の経営実態を踏まえた上で、身体介護に重点を置くなど、身体介護・生活援助の報酬にメリハリをつける。

		＜現行＞		＜改定後＞
身体介護中心型	20分未満	165単位	➡	165単位
	20分以上30分未満	245単位		248単位
	30分以上1時間未満	388単位		394単位
	１時間以上１時間30分未満	564単位		575単位
	以降30分を増すごとに算定	80単位		83単位
生活援助中心型	20分以上45分未満	183単位	➡	181単位
	45分以上	225単位		223単位

（出典）厚生労働省

訪問介護における自立支援・重度化防止に資するサービスの推進・評価

（参考資料）

①身体介護・生活援助の報酬にメリハリ

	現行		改定後
身体介護中心型			
20分未満	165単位	⇒	165単位
20分以上30分未満	245単位	⇒	248単位
30分以上1時間未満	388単位	⇒	394単位
1時間以上1時間30分未満	564単位	⇒	575単位
以降30分を増すごとに算定	80単位	⇒	83単位
生活援助加算	67単位	⇒	66単位
生活援助中心型			
20分以上45分未満	183単位	⇒	181単位
45分以上	225単位	⇒	223単位

②生活機能向上連携加算の見直し

○生活機能向上連携加算(Ⅰ)　100単位／月（新設：理学療法士等の自宅訪問は不要）

○生活機能向上連携加算(Ⅱ)　200単位／月（現行の生活機能向上連携加算（100単位）の充実）

⇒　連携対象として、リハビリテーションを実施している医療提供施設（原則として許可病床数200床未満のものに限る。）の理学療法士・作業療法士・言語聴覚士・医師を追加

⇒　(Ⅰ)は以下の取組を定期的（原則３月毎）に行うことを評価（初回月のみ算定）

・　理学療法士等（範囲は（Ⅱ）と同じ）からの助言を受けた上で、サービス提供責任者が生活機能の向上を目的とした訪問介護計画を作成（変更）すること

・　なお、当該理学療法士等は、通所リハビリテーション等のサービス提供の場において、又はＩＣＴを活用した動画等により、利用者の状態を把握した上で、助言を行うこと

③「自立生活支援のための見守り的援助」の明確化

⇒　訪問介護の自立支援の機能を高める観点から、身体介護と生活援助の内容を規定している通知（老計第10号（訪問介護におけるサービス行為ごとの区分等について））について、身体介護として行われる「自立生活支援のための見守り的援助」を明確化する。

④訪問回数の多い利用者への対応（H30.10施行）

⇒　利用者の自立支援・重度化防止や地域資源の有効活用等の観点から、ケアマネジャーが、統計的に見て通常のケアプランよりかけ離れた回数の訪問介護（生活援助中心型）を位置付ける場合には、市町村にケアプランを届け出ることとする。

⇒　地域ケア会議の機能として、届け出られたケアプランの検証を位置付け、市町村は地域ケア会議の開催等により、届け出られたケアプランの検証を行うこととする。また市町村は、必要に応じ、ケアマネジャーに対し、利用者の自立支援・重度化防止や地域資源の有効活用等の観点から、サービス内容の是正を促す。

自立支援・重度化防止に資する訪問介護を推進・評価

（出典）厚生労働省

生活援助の担い手の拡大

○ 訪問介護について、介護福祉士等は身体介護を中心に担う（機能分化）とともに、生活援助については、人材確保の裾野を拡大するとともに、新研修を創設して質を担保する。

訪問介護

○ 訪問介護事業所における更なる人材確保の必要性を踏まえ、介護福祉士等は身体介護を中心に担うこととし、生活援助中心型については、人材の裾野を広げて担い手を確保しつつ、質を確保するため、現在の訪問介護員の要件である130時間以上の研修は求めないが、生活援助中心型のサービスに必要な知識等に対応した研修を修了した者が担うこととする。

○ このため、新たに生活援助中心型のサービスに従事する者に必要な知識等に対応した研修課程を創設することとする。その際、研修のカリキュラムについては、初任者研修のカリキュラムも参考に、観察の視点や認知症高齢者に関する知識の習得を重点とする。（カリキュラムの具体的な内容は今年度中に決定する予定）

○ なお、この場合、訪問介護事業所には多様な人材が入ることとなるが、引き続き、利用者の状態等に応じて、身体介護、生活援助を総合的に提供していくこととする。

（参考）介護人材確保の目指す姿　～「まんじゅう型」から「富士山型」へ～

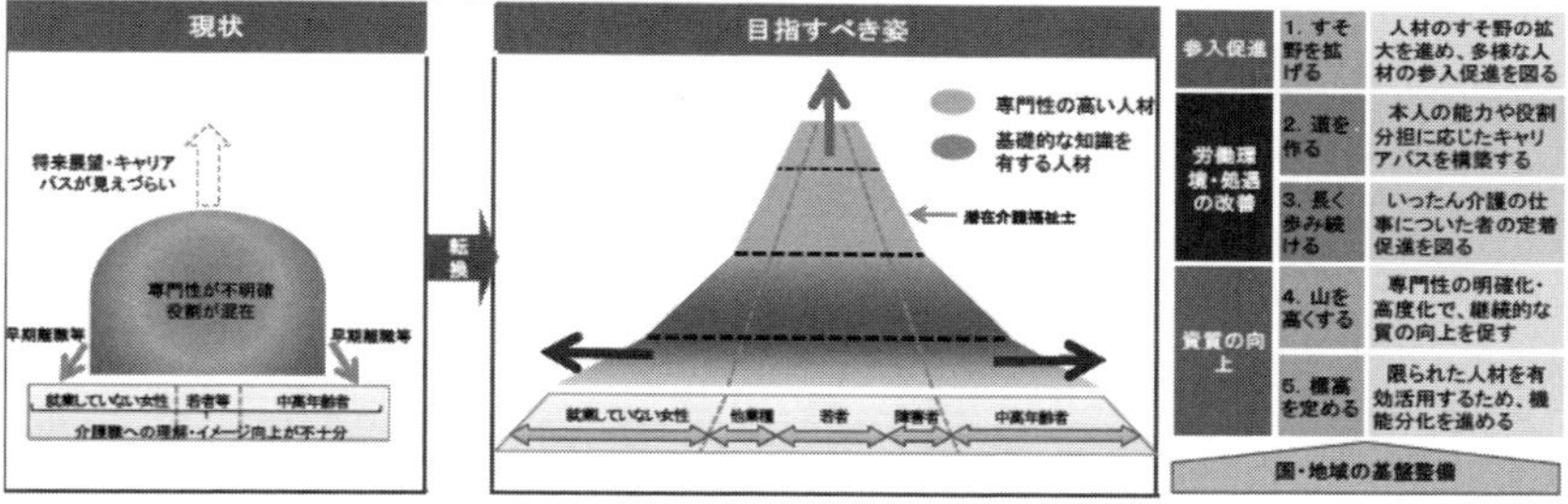

（出典）厚生労働省

集合住宅居住者への訪問介護等に関する減算及び区分支給限度基準額の計算方法の見直し等

○ 集合住宅居住者に関する訪問介護等の減算の対象を、有料老人ホーム等以外の建物にも拡大する。
○ 事業所と同一敷地内又は隣接する敷地内に所在する建物について、当該建物に居住する利用者の人数が一定以上の場合は、減算幅を見直す。
○ 定期巡回サービス事業者は、正当な理由がある場合を除き、地域の利用者に対してもサービス提供を行わなければならないことを明確化する。

各種の訪問系サービス

○ 同一建物等居住者にサービス提供する場合の報酬について建物の範囲等を見直すとともに、一定の要件を満たす場合の減算幅を見直す。

［訪問介護、夜間対応型訪問介護、訪問入浴介護、訪問看護、訪問リハビリテーション］

＜現行＞

減算等の内容	算定要件
10%減算	①事業所と同一敷地内又は隣接する敷地内に所在する建物（養護老人ホーム、軽費老人ホーム、有料老人ホーム、サービス付き高齢者向け住宅に限る）に居住する者 ②上記以外の範囲に所在する建物（建物の定義は同上）に居住する者 （当該建物に居住する利用者の人数が1月あたり20人以上の場合）

＜改定後＞

減算等の内容	算定要件
①・③10%減算 ②15%減算	①事業所と同一敷地内又は隣接する敷地内に所在する建物に居住する者（②に該当する場合を除く。） ②上記の建物のうち、当該建物に居住する利用者の人数が1月あたり50人以上の場合 ③上記①以外の範囲に所在する建物に居住する者 （当該建物に居住する利用者の人数が1月あたり20人以上の場合）

［定期巡回・随時対応型訪問介護看護］

＜現行＞

減算等の内容	算定要件
600単位/月減算	・事業所と同一敷地内又は隣接する敷地内に所在する建物（養護老人ホーム、軽費老人ホーム、有料老人ホーム、サービス付き高齢者向け住宅に限る）に居住する者

＜改定後＞

減算等の内容	算定要件
①600単位/月減算 ②900単位/月減算	①事業所と同一敷地内又は隣接する敷地内に所在する建物に居住する者 ②事業所と同一敷地内又は隣接する敷地内に所在する建物に居住する者のうち、当該建物に居住する利用者の人数が1月あたり50人以上の場合

○ 一部の事業所において、利用者の全てが同一敷地内又は隣接する敷地内に所在する建物に居住しているような実態があることを踏まえ、定期巡回・随時対応型訪問介護看護事業者は、正当な理由がある場合を除き、地域の利用者に対してもサービス提供を行わなければならないことを明確化する。

対応策

↓

- 中重度利用者比率を増やす
- 自立支援を目的とした身体介護を増やす
- 特定加算取得
- 集住型住居に固執しない
- 生活援助に関する考えを見直す

〈2〉訪問介護の報酬改定による影響と対応策

総合的に考えれば、国は財源がないので軽度者の介護報酬を削減してくる可能性が高いので中重度者比率を増やすことが得策です。また、自立支援に関して再周知するなど、訪問介護事業に単なる家事サービスでなく自立支援を目的とした事業として確立させたい趣意が読み取れます。よって、生活援助に関する考え方を見直し自立支援を目的とした身体介護に移行していく必要があります。

介護人材が不足していることは周知の事実なので、一人あたりのパフォーマンスを高くする観点から、一定の条件を満たせば報酬が増額される特定加算を取得したほうが良いでしょう。

地域包括ケアを推進しているのですから集住型住居に固執しないことも重要です。

今般報酬改定の影響としては、サービス付高齢者住宅等ではなく、通常の事業所で換算すると報酬前と比較して一〇一％売上と微増といった状況です。

■ 月間売上170万円規模改定影響例

サービス				回数	改正後	改正後	改正前	備考
	改正前	改正後	差単位		単位数	請求額	請求額	差額
身体介護1	245	248	3	127	31,496	359,054	354,711	4,343
身体介護2	388	394	6	119	46,886	534,500	526,351	8,149
身体介護3	564	575	11	9	5,175	58,995	57,865	1,130
身体介護4	644	658	14	1	658	7,501	7,341	160
身体1生活1	312	314	2	24	7,536	85,910	85,361	549
身体1生活2	379	380	1	33	12,540	142,956	142,577	379
身体1生活3	446	446	0	6	2,676	30,506	30,505	1
身体介護01	165	165	0	17	2,805	31,977	31,977	0
身体介護01・夜	206	206	0	1	206	2,348	2,348	0
身体2生活2	522	526	4	5	2,630	29,982	29,753	229
身体2生活3	589	592	3	5	2,960	33,744	33,572	172
身体3生活1	631	641	10	2	1,282	14,615	14,386	229
生活援助2	183	181	−2	47	8,507	96,980	98,046	−1,066
生活援助3	225	223	−2	115	25,645	292,353	294,975	−2,622
合計						1,721,423	1,709,768	**11,655**
改正割合								101%

■ 月間売上 650 万円規模改定影響例

サービス				回数	改正後	改正後	合計	備考
	改正前	改正後	単位差		単位数	請求額		差額
身体1・I	294	297.6	3.6	371	110,410	1,258,669	1,243,428	15,241
身体1・夜・I	367	372	5	23	8,556	97,538	96,225	1,313
身1生1・I	374	376.8	2.8	104	39,187	446,734	443,410	3,324
身1生2・I	454	456	2	78	35,568	405,475	404,586	889
身1生3・I	535	535.2	0.2	81	43,351	494,204	494,019	185
身体2・I	465	472.8	7.8	332	156,970	1,789,453	1,763,698	25,755
身2生1・I	546	552	6	22	12,144	138,442	136,935	1,507
身2生2・I	626	631.2	5.2	34	21,461	244,653	242,634	2,019
身2生3・I	707	710.4	3.4	32	22,733	259,154	257,911	1,243
身体3・I	677	690	13	52	35,880	409,032	401,318	7,714
身3生2・I	838	848.4	10.4	9	7,636	87,046	85,978	1,068
身体4・I	773	789.6	16.6	4	3,158	36,006	35,248	758
身体5・I	869	889.2	20.2	2	1,778	20,274	19,813	461
身体7・I	1061	1088.4	27.4	1	1,088	12,408	12,095	313
身体01・I	198	198	0	13	2,574	29,344	29,343	1
生活2・I	220	217.2	−2.8	117	25,412	289,701	293,436	−3,735
生活3・I	270	267.6	−2.4	200	53,520	610,128	615,600	−5,472
合計						6,628,261	6,575,677	**52,584**
改正割合								101%

Part 3 居宅介護支援の報酬改定

〈1〉概　要

居宅介護支援の報酬改定はターミナルケアマネジメント加算や特定事業所加算で医療連携を評価するようになりました。

基本報酬は一・〇％～二・五％引き上げられ、国が質の高いケアマネジメント作成に期待していることがうかがえます。新設されるターミナルマネジメント加算は、末期癌の利用者に対する頻回支援を評価するものです。また、退院・退所加算の報酬を引き上げ、医療・介護連携の連携を促進しております。

一方で、訪問介護の中で生活援助の回数が全国平均を大きく上回る場合は市区町村への届出が義務づけられました。これは生活援助に関し、自立支援を目的とした身体介護に移行して欲しいための制度である可能性もあります。

運営基準の見直しでは、利用者・家族との契約時に、希望があれば利用者・家族が複数の介護サービス事業所の紹介を求めることができることや、ケアプランに各事業所を位置づけた理由の説明を求めることが可能であることを説明する義務を課せられました。これはケアマージャーに中立公正さを求めたものです。

居宅介護支援事業所の管理者は、今まではケアマネージャーの資格者で要件を満たしておりましたが、主任ケアマネージャーに限定されることになり居宅介護支援事業所の大規模化を目指しているように感じます。

中重度の在宅要介護者や、居住系サービス利用者、特別養護老人ホーム入所者の医療ニーズへの対応

○ ターミナル期に頻回に利用者の状態変化の把握等を行い、主治の医師等や居宅サービス事業者へ情報提供するケアマネ事業所に対する評価を設ける。

居宅介護支援

○ 著しい状態の変化を伴う末期の悪性腫瘍の利用者については、主治の医師等の助言を得ることを前提として、サービス担当者会議の招集を不要とすること等によりケアマネジメントプロセスを簡素化する。

○ 末期の悪性腫瘍の利用者又はその家族の同意を得た上で、主治の医師等の助言を得つつ、ターミナル期に通常よりも頻回な訪問により利用者の状態変化やサービス変更の必要性を把握するとともに、そこで把握した利用者の心身の状況等の情報を記録し、主治の医師等や居宅サービス事業者へ提供した場合を新たに評価する。

ターミナルケアマネジメント加算　400単位／月（新設）

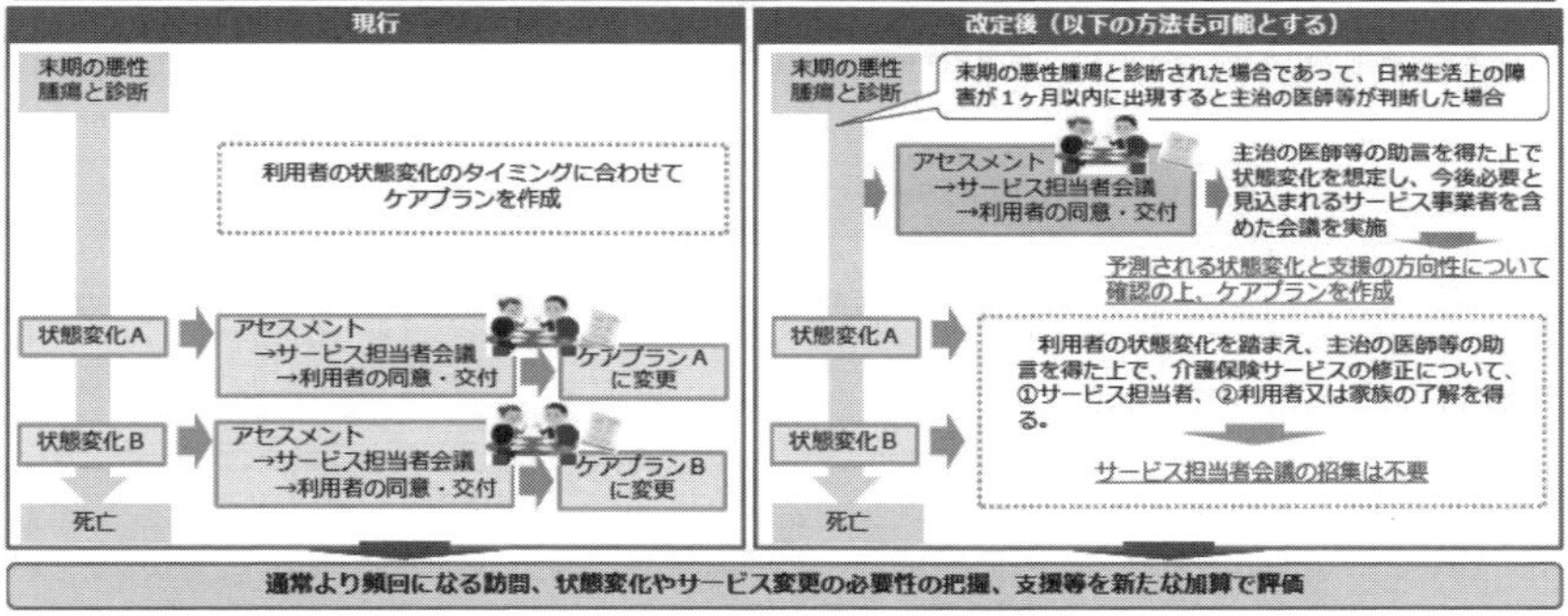

医療・介護の役割分担と連携の一層の推進

○ 医療機関との連携により積極的に取り組むケアマネ事業所について、入退院時連携に関する評価を充実するとともに、新たな加算を創設する。
○ 訪問介護事業所等から伝達された利用者の口腔や服薬の状態等について、ケアマネから主治の医師等に必要な情報伝達を行うことを義務づける。

居宅介護支援

○ 入院時情報連携加算について、入院後３日以内の情報提供を新たに評価する。

＜現行＞
入院時情報連携加算（Ⅰ）　200単位／月
・入院後７日以内に医療機関を訪問して情報提供
入院時情報連携加算（Ⅱ）　100単位／月
・入院後７日以内に訪問以外の方法で情報提供

＜改定後＞
入院時情報連携加算（Ⅰ）　200単位／月
・入院後３日以内に情報提供（提供方法は問わない）
入院時情報連携加算（Ⅱ）　100単位／月
・入院後７日以内に情報提供（提供方法は問わない）

○ 退院・退所加算について、退院・退所時におけるケアプランの初回作成の手間を明確に評価するとともに、医療機関等との連携回数に応じた評価とする。加えて、医療機関等におけるカンファレンスに参加した場合を上乗せで評価する。

＜現行＞退院・退所加算

	カンファレンス参加 無	カンファレンス参加 有
連携１回	300単位	300単位
連携２回	600単位	600単位
連携３回	×	900単位

＜改定後＞退院・退所加算

	カンファレンス参加 無	カンファレンス参加 有
連携１回	450単位	600単位
連携２回	600単位	750単位
連携３回	×	900単位

○ 特定事業所加算について、医療機関等と総合的に連携する事業所（※）を更に評価する。（平成31年度から施行）

特定事業所加算（Ⅳ）　125単位／月（新設）

※　特定事業所加算（Ⅰ）～（Ⅲ）のいずれかを取得し、かつ、退院・退所加算の算定に係る医療機関等との連携を年間35回以上行うとともに、ターミナルケアマネジメント加算を年間５回以上算定している事業所

○ 訪問介護事業所等から伝達された利用者の口腔に関する問題や服薬状況、モニタリング等の際にケアマネジャー自身が把握した利用者の状態等について、ケアマネジャーから主治の医師や歯科医師、薬剤師に必要な情報伝達を行うことを義務づける。

外部のリハビリ専門職等との連携の推進を含む訪問介護等の自立支援・重度化防止の推進

○ 統計的に見て通常のケアプランとかけ離れた回数(※)の訪問介護(生活援助中心型)を位置付ける場合には、ケアマネジャーは市町村にケアプランを届け出ることとする。市町村は地域ケア会議の開催等により、届け出られたケアプランの検証を行い、必要に応じ、ケアマネジャーに対し、利用者の自立支援・重度化防止や地域資源の有効活用等の観点から、サービス内容の是正を促す。　※「全国平均利用回数+2標準偏差」を基準として平成30年4月に国が定め、10月から施行。

訪問介護、居宅介護支援

○ 訪問回数の多いケアプランについては、利用者の自立支援・重度化防止や地域資源の有効活用等の観点から、市町村が確認し、必要に応じて是正を促していくことが適当であり、ケアマネジャーが、統計的に見て通常のケアプランよりかけ離れた回数の訪問介護(生活援助中心型)を位置付ける場合には、市町村にケアプランを届け出ることとする。

○ 地域ケア会議の機能として、届け出られたケアプランの検証を位置付け、市町村は地域ケア会議の開催等により、届け出られたケアプランの検証を行うこととする。また市町村は、必要に応じ、ケアマネジャーに対し、利用者の自立支援・重度化防止や地域資源の有効活用等の観点から、サービス内容の是正を促す。

【イメージ図】ケアプランの適正化に向けた対策の強化

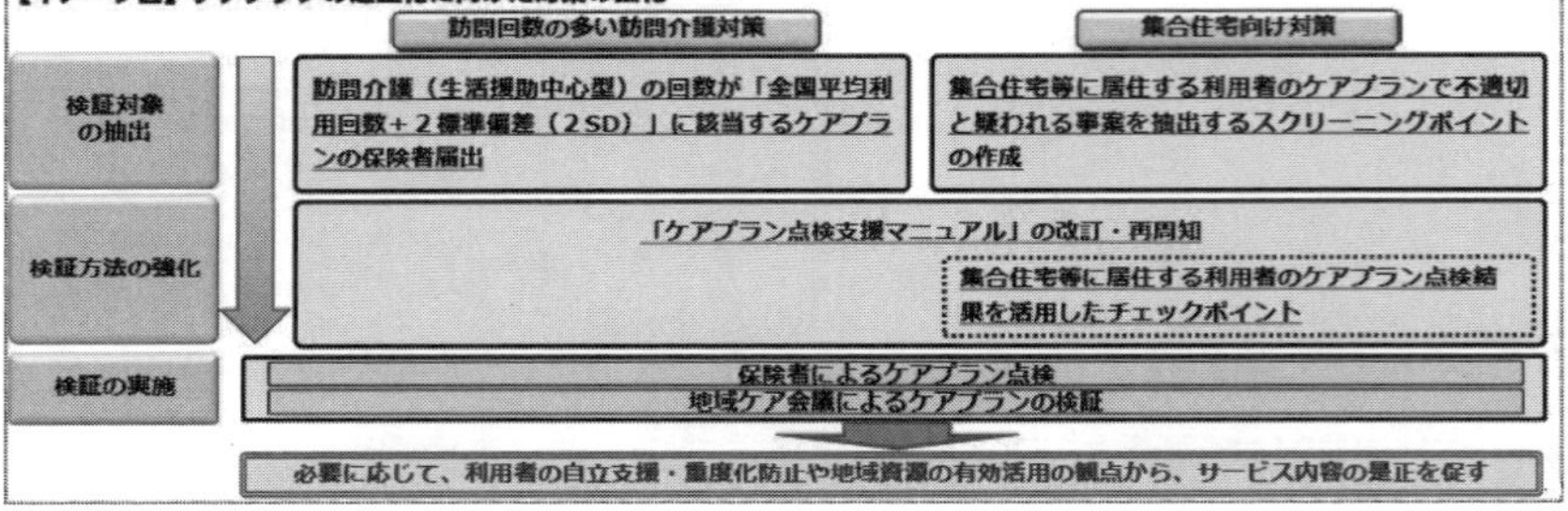

ケアマネジメントの質の向上と公正中立性の確保

○ ケアマネ事業所の管理者要件を見直し、主任ケアマネジャーであることを管理者の要件とする。(一定の経過措置期間を設ける)
○ 利用者は複数の事業所の紹介を求めることができる旨説明することを、ケアマネ事業所の義務とし、これに違反した場合は報酬を減額する。

居宅介護支援

○ ケアマネ事業所における人材育成の取組を促進するため、主任ケアマネジャーであることを管理者の要件とする。その際、３年間の経過措置期間を設ける。

○ 利用者の意思に基づいた契約であることを確保するため、利用者やその家族に対して、利用者はケアプランに位置付ける居宅サービス事業所について、複数の事業所の紹介を求めることが可能であることや、当該事業所をケアプランに位置付けた理由を求めることが可能であることを説明することを義務づけ、これらに違反した場合は報酬を減額（所定単位数の50／100に相当する単位数（運営基準減算））する。

※ なお、例えば、集合住宅居住者において、特定の事業者のサービス利用が入居条件とされ、利用者の意思、アセスメント等を勘案せずに、利用者にとって適切なケアプランの作成が行われていない実態があるとの指摘も踏まえ、利用者の意思に反して、集合住宅と同一敷地内等の居宅サービス事業所のみをケアプランに位置付けることは適切ではないことを明確化する。

〈２〉居宅介護支援の報酬改定による影響と対応策

まずは、今まで以上に医療との連携を行うことによりターミナル加算や退院・退所加算などを算定することです。

また、訪問介護に係る生活援助回数が通常よりかけ離れた回数の届け出義務に関しては、家事サービス的な生活援助を自立支援を目的とした身体介護に移行していくことが肝要です。身体介護の回数は届け出義務がありません。

中立公正を目的とした複数事業所紹介説明などは、同意書による押印もしくは重要事項説明書追記などが考えられます。

通常のケアプランよりかけ離れた回数は介護度別に
厚生労働省より通達（国レベルでの基準）

※１回提出のみであり、計画書が大きく変わる場合のみ再精査

↕

身体介護の回数
は問われない

▼

生活援助から身体介護への流れ

居宅介護支援事業所「重要事項説明書」追記例

⬇

・入院時に担当ケアマネジャーの氏名や連絡先等を入院先医療機関にお知らせいただきますようお願いいたします。

・お客様はケアプランに位置付ける居宅サービス事業所について、複数の事業所の紹介を求めることが可能です。また、ケアマネジャーに対し、その事業所をケアプランに位置付けた理由を求めることが可

Part 4 訪問看護の報酬改定

〈1〉概　要

訪問看護ステーションからのリハビリ専門職の訪問について、看護職員との連携が確保できる仕組みを導入するとともに、基本サービス費を見直すことになりました。訪問看護事業所スタッフ人員が看護師数よりリハビリ専門職数が多い事業所が散見されるなど、ターミナルを含む中重度者対応の方針から乖離している事業者に対する警告かもしれません。

また、要支援者と要介護者に対する訪問看護については、サービスの提供内容が異なることから、基本サービス費に一定の差を設けることになりました。

これも中重度対応に期待している国の方針に則したものといえるでしょう。

中重度者の医療ニーズへの対応を連携するため、看護体制強化加算や緊急時訪問看護加算の引き上げも行われました。

訪問看護ステーションの従事者数の推移

○ 訪問看護ステーションの従事者数（常勤換算）は看護師約33,000人、准看護師約3,500人、理学療法士約6,600人、作業療法士約3,000人であり、いずれの職種も年々増加している。全従事者に占める看護職員の割合は73%であり、低下傾向である。

○ 1事業所あたりの従事者数は6.5人で、そのうち看護職員は4.8人である。

■ 職種別の従事者数の推移（常勤換算）

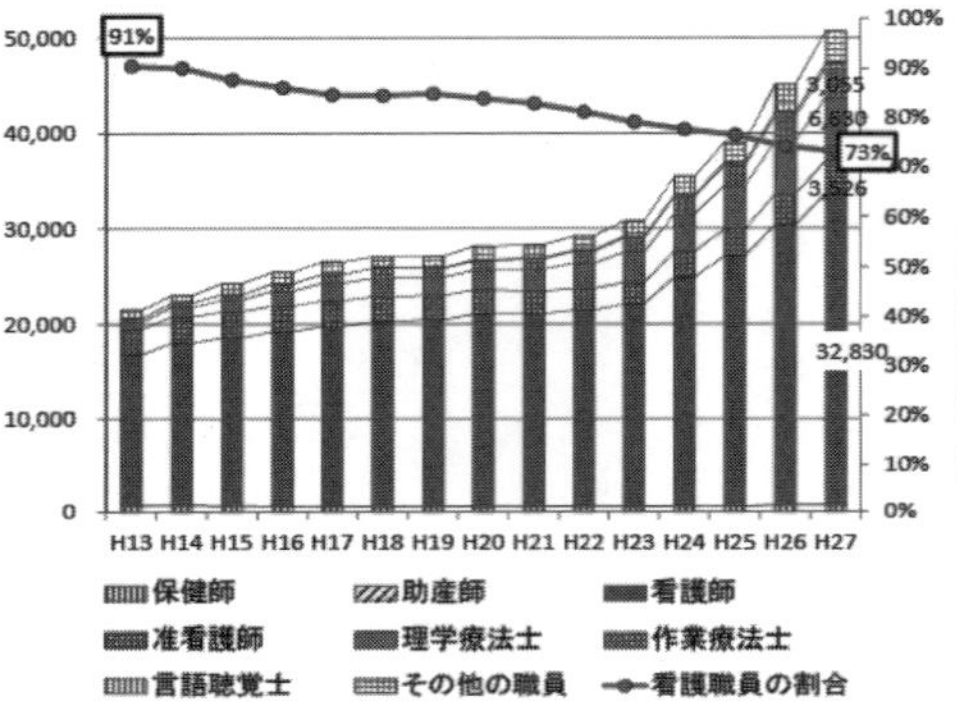

■ 訪問看護ステーションの1事業所当たり従事者数（常勤換算）

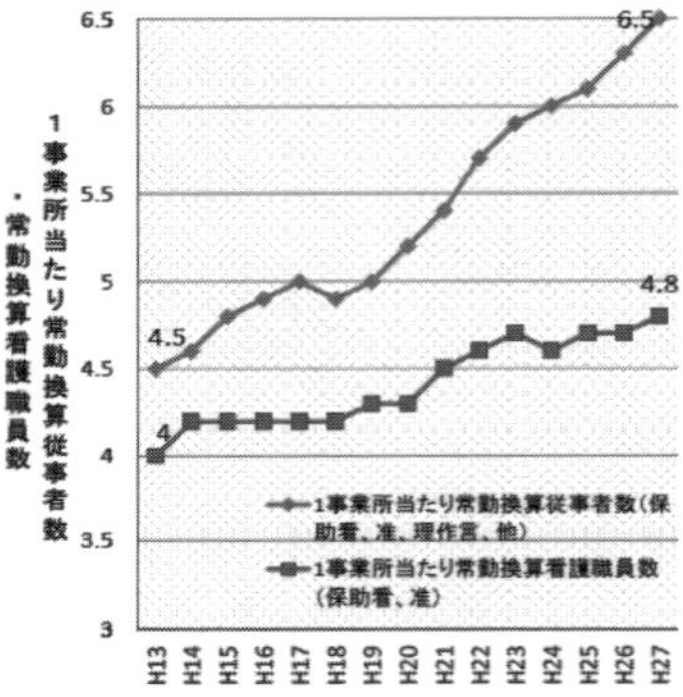

サービス提供内容を踏まえた訪問看護の報酬体系の見直し

○ 訪問看護ステーションからのリハビリ専門職の訪問について、看護職員との連携が確保できる仕組みを導入するとともに、基本サービス費を見直す。

○ 要支援者と要介護者に対する訪問看護については、サービスの提供内容が異なることから、基本サービス費に一定の差を設けることとする。

訪問看護

○ 訪問看護ステーションにおける理学療法士、作業療法士又は言語聴覚士による訪問について、サービスの利用開始時や利用者の状態の変化等に合わせた定期的な看護職員による訪問により利用者の状態の適切な評価を行うことなどを算定要件に加えるとともに、基本報酬を以下のとおり見直す。

＜現行＞

訪問看護	302単位／回
介護予防訪問看護	302単位／回

＜改定後＞

訪問看護	296単位／回
介護予防訪問看護	286単位／回

○ 訪問看護及び介護予防訪問看護の基本報酬を以下のとおり見直す。

＜現行＞訪問看護及び介護予防訪問看護

	訪問看護ステーション	病院又は診療所
20分未満	310単位／回	262単位／回
30分未満	463単位／回	392単位／回
30分以上 1時間未満	814単位／回	567単位／回
1時間以上 1時間30分未満	1117単位／回	835単位／回

＜改定後＞訪問看護

	訪問看護ステーション	病院又は診療所
20分未満	311単位／回	263単位／回
30分未満	467単位／回	396単位／回
30分以上 1時間未満	816単位／回	569単位／回
1時間以上 1時間30分未満	1118単位／回	836単位／回

＜改定後＞介護予防訪問看護

	訪問看護ステーション	病院又は診療所
20分未満	300単位／回	253単位／回
30分未満	448単位／回	379単位／回
30分以上 1時間未満	787単位／回	548単位／回
1時間以上 1時間30分未満	1080単位／回	807単位／回

（出典）厚生労働省

■ 今後の訪問介護事業

特定加算申請	特定加算は終了、スタンダードに
重度要介護者対応	予防は地域支援事業に
中堅規模事業所	ある程度の規模がある事業所を想定した介護報酬改定

Part 5 訪問介護事業の今後の展望

〈1〉中期的訪問介護事業の今後の展望

今後の訪問介護事業所展開においてキーワードとなるのは、「特定加算申請」「重度要介護者対応」「中堅規模事業所」の三つでしょう。第８章等で説明したとおり、特定加算要件は今後スタンダードな要件となることが予想されるので、要件を満たしてない事業者は必然的に淘汰されるでしょう。次に、社会保障の財源には限りがあるので、軽度要介護者よりも重度要介護者への対応にシフトせざるを得ないことが予想されます。また、今回の介護報酬改定内容をみて、零細事業者は報酬アップの恩恵を受けづらくなっている事から、ある程度の規模がないと市場から撤退せざるを得ない状況になるでしょう。

■ 二通りのビジネスモデル

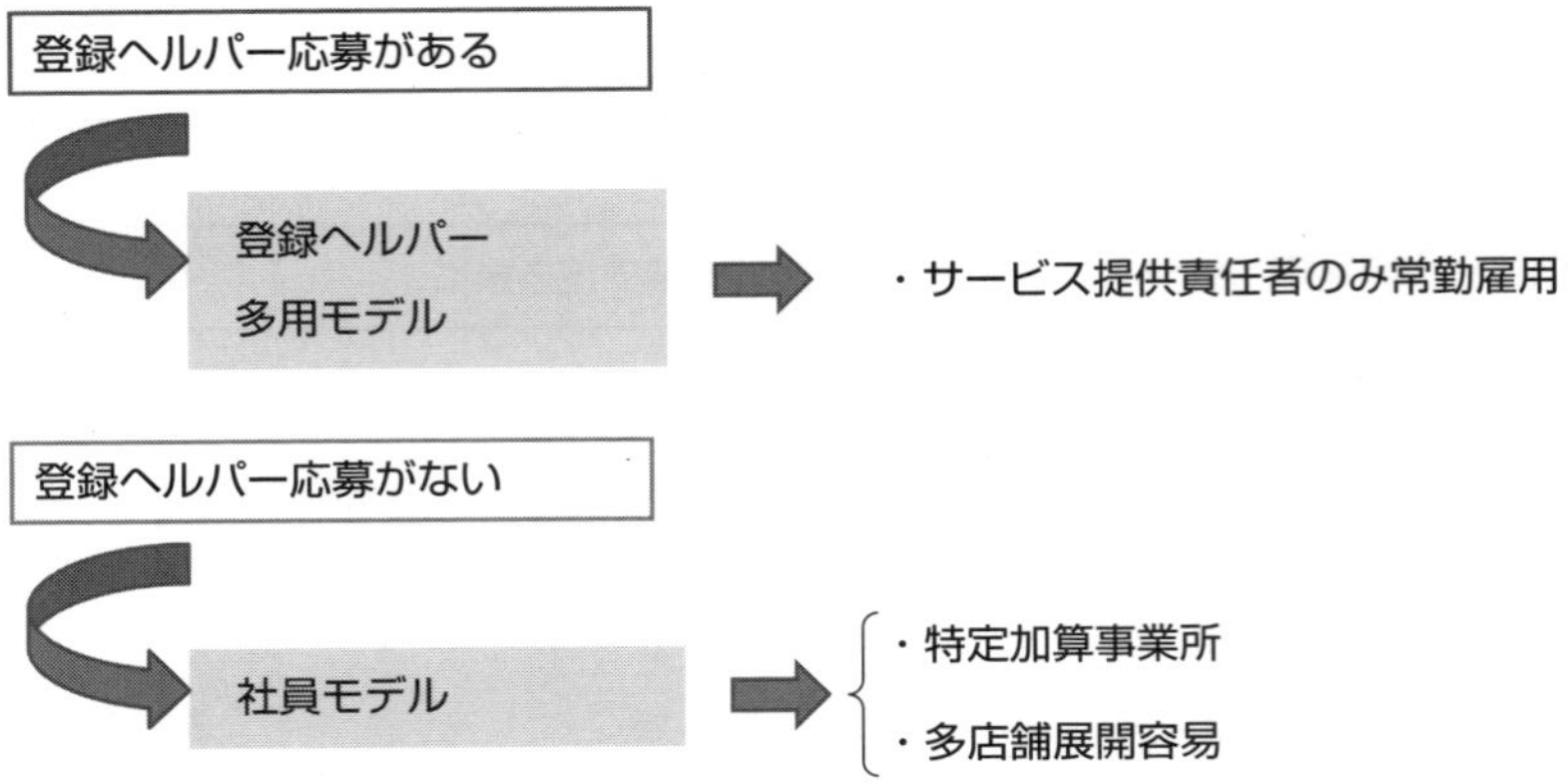

訪問介護事業の利益醸成方法として、登録ヘルパーの応募が多い地域は、運営基準最低数の常勤にすることにより利益は出せますが、社会情勢の影響などで登録ヘルパー応募が皆無に等しい地域は、常勤社員中心のビジネスモデルにするしかなく、特定加算を取得しないと利益が出せないでしょう。

〈2〉長期的訪問介護事業の今後の展望

二〇二五年をゴールとした介護保険制度改革を予測し、訪問介護事業者はどう動けばよいのでしょう。

地域包括ケア研究会報告書によると、将来像として「家事援助は市町村が提供」と記載されております。これは、生活援助サービスは介護予防・日常生活支援総合事業が主体となって支援しているということを示唆しております。将来、介護保険による生活援助サービスは保険算定できるとしても退院後一か月以内などの縛りがかかるかもしれません。生活援助が介護保険外になった場合、生活援助の需要がなくなるわけでなく保険対象外になるだけなので介護保険外の私費サービスとして提供することになります。そもそも保険対象サービスと保険対象外サービスを併用する混合医療ができない医療保険に比べ、混合介護ができる介護保険は身体介護などの介護保険に介護保険外サービスを組み合わせることが可能な制度になっております。

たとえば、一時から二時まで介護保険サービスを利用し二時から三時まで介護保険外の私費サービスが利用できるわけで、介護保険サービスと私費との組み合わせが重要になってきます。介護報酬が国によって定められている介護保険サービスに対し、私費は価格もサービス内容も自由ですので事業者により差別化が進むと考えられます。各事業者が知恵を使いサービスメニュー及び価格などを工夫することにより差別化が可能となるわけです。生活援助サービスが介護保険対象外となる時期までに私費に対する研究及び準備が必須であり社運を左右すると思います。たとえば、料理に関してのサービス料金は二、五〇〇円ですが栄養士による料理は四、〇〇〇円などサービス提供者によって別金額の設定等も考えられます。

■ 私費による新サービス

医療保険 ……> 保険外診療を受けると全て自費

介護保険 ……> 保険と私費との組み合わせ自由
- 混合介護
- 民間介護保険

↓

・生活支援サービスを介護保険外にして、
介護保険（身体介護）と組み合わせ

・従来の私費（見守り、買い物代行、配食など）と、
介護保険（身体介護）と組み合わせ

■ 将来像（地域包括ケア研究会報告書）

- 軽度者は通所・訪問でのリハ中心。
- 家事援助などは市町村が柔軟に提供
- 在宅サービスは24時間365日の短時間巡回型中心。
- 複合型事業所（通い・訪問・通所や医療系サービス）を生活圏域で整備。（包括払い）
- 高齢者住宅が増加。
- リハ中心が施設。従来の介護保険施設は「集合住宅」。
- 市町村、都道府県が独自に基準、報酬設定を行う。

価格が自由に設定できるとなると価格競争が発生するので、サービス料金が比較的安価な家政婦を利用する高齢者も増加するでしょう。家政婦紹介所は訪問介護事業と比べ利益率が低い等と敬遠されがちな事業ですが、有料職業紹介のメリットを生かし的確に対応していけば優良事業として健全経営の一助になるでしょう。

また、地域包括ケア研究会報告書に「在宅サービスは二四時間三六五日の短時間巡回型中心」という記載もあります。これは現在の訪問介護である滞在型がなくなり定期巡回・随時訪問介護看護に移行していくともとれる表現です。もちろん、当研究会報告通りになるとは断定できませんが少なくともこのような考え方があることは理解しておくべきです。

■ 将来像（地域包括ケア研究会報告書）

	2011年度	2025年度（現状投影シナリオ）	2025年度（改革シナリオパターン１）
利用者数	426万人	647万人（1.5倍）	641万人（1.5倍） ・介護予防・重度化予防により全体として3%減 ・入院の減少（介護への移行）：14万人増
在宅介護	304万人分	434万人分（1.4倍）	449万人分（1.5倍）
うち小規模多機能	5万人分	8万人分（1.6倍）	40万人分（8.1倍）
うち定期巡回・随時対応型サービス	—	—	15万人分（−）
居住系サービス	31万人分	52万人分（1.7倍）	61万人分（2.0倍）
特定施設	15万人分	25万人分（1.6倍）	24万人分（1.6倍）
グループホーム	16万人分	27万人分（1.7倍）	37万人分（2.3倍）
介護施設	92万人分	161万人分（1 8倍）	131万人分（1 4倍）
特養	48万人分（うちユニット12万人（26%））	86万人分（1.8倍）（うちユニット22万人分（26%））	72万人分（1.5倍）（うちユニット51万人分（70%））
老健（＋介護療養）	44万人分（うちユニット2万人（4%））	75万人分（1.7倍）（うちユニット4万人分（5%））	59万人分（1.3倍）（うちユニット29万人部（50%））

（出典）内閣府

一方、内閣府が算出しているサービス利用者推計改革シナリオによると、二〇二五年の在宅介護サービス利用者数四四九万人に対し定期巡回・随時対応型サービス利用者数が一五万人となっております。地域包括ケア研究会報告書により短時間巡回型サービスが中心になると表現されているにもかかわらず在宅介護サービス利用者の三・三%しか定期巡回・随時対応型サービスを利用しないという推計に関し、私は矛盾すると感じております。

いずれにしても、流れは短時間巡回型になると思いますが、既存訪問介護との利用比率としては現時点では不透明と考えております。

■ 介護サービスの基盤強化のための介護保険法等の一部を改正する法律（一部抜粋）

当該居宅サービスの指定について、市町村介護保険事業計画で定める定期巡回・随時対応型訪問介護看護等の見込量の確保のため必要な協議を求めることができるものとし、当該都道府県知事は、その求めに応じるものとすること。

市町村長は、定期巡回・随時対応型訪問介護看護等の見込量の確保及び質の向上のために特に必要があると認めるときは、対象となる期間、区域及び定期巡回・随時対応型訪問介護看護等を定めて、指定地域密着型サービス事業者の指定を、公募により行うものとすること。

また、二〇一一年介護保険法改正により新たに創設された公募制、協議制がどう効力を発揮してくるかにより訪問介護業界が大きく左右されることは間違いないでしょう。協議制というのは、保険者が定期巡回・随時対応訪問介護看護等の安定した経営を担保するために、訪問介護事業所の新規参入を拒否できるという事実上総量規制容認制度です。今までのように指定書類に不備がなければ必ず指定取得できるという概念を覆すものです。公募制は指定地域密着型サービス事業者指定を公募しても良いという制度で、公募制を発令した自治体は公募時期以外指定申請すらできないことになります。介護保険がスタートして一八年以上経過し、利用者が事業者を選ぶことができクレームを出すことも事業者変更もできる契約関係に慣れてきたところで何故このような措置時代にもどるとも思えるような施策をするのでしょうか。公募制は協議制をとる自治体では事業者がある程度限定され、利用者がサービス事業者を選択しづらい環境になってしまいます。また、指定事業者からみれば地域を独占できる既得権を得ることになります。

今後は地域密着という概念も、さらに加速するでしょう。地域ごとの介護予防・日常生活支援総合事業の情報を押さえておかないと経営戦略等が立案できないでしょう。

また、訪問介護事業者には土・日曜日及び祝日は休業というところも散見されますが、二〇二〇年に独居高齢者数が増加し高齢者世帯数を抜くことが予想されている背景を鑑みると三六五日営業でないと需要に対応することが困難になってきます。したがって、深夜営業を行わないとしても、年間を通して無休の事業者が勝ち残り、そうでない事業者は淘汰されていくと思っております。

雇用状況の変化も見逃してはいけません。介護従事者が不足しているのは周知のことですが、特に訪問介護事業におけるサービス提供の中心を担ってきた登録型ヘルパーの応募が激減しております。東京都23区内では皆無といっても過言ではないでしょう。数年前までは日曜日の新聞折り込み等で募集をかけると一か月に二、三人の登録ヘルパー応募があったものです。しかし、近年は三か月に一人のヘルパーが登録すれば良い方であり、事業者によっては登録ヘルパー不足のため新規利用者獲得を断るという事態が発生しております。事業運営にあたり経営的に有利である登録ヘルパー中心モデルは完全に崩れてきたと言わざるを得ません。登録ヘルパーが減っていくに従い、売り上げも下降してしまうのでは事業の継続ができないことになります。訪問介護は利用者からのキャンセルが多いし、ショートスティ利用などで売り上げが安定しません。したがって、需要があるときだけ供給できる登録ヘルパーが利益的には有利ですが、サービスがなく事務所での待機時間などにも賃金支給しなければならない常勤雇用者しか募集をかけても応募がないのが現実です。

登録ヘルパーが少数で、社員ヘルパーを中心に運営すると利益を醸成することが困難になってきます。

■ 土日曜日営業へ転換（例）
土日祝日休みから週休２日休み（正月１月１日〜１月３日休み）

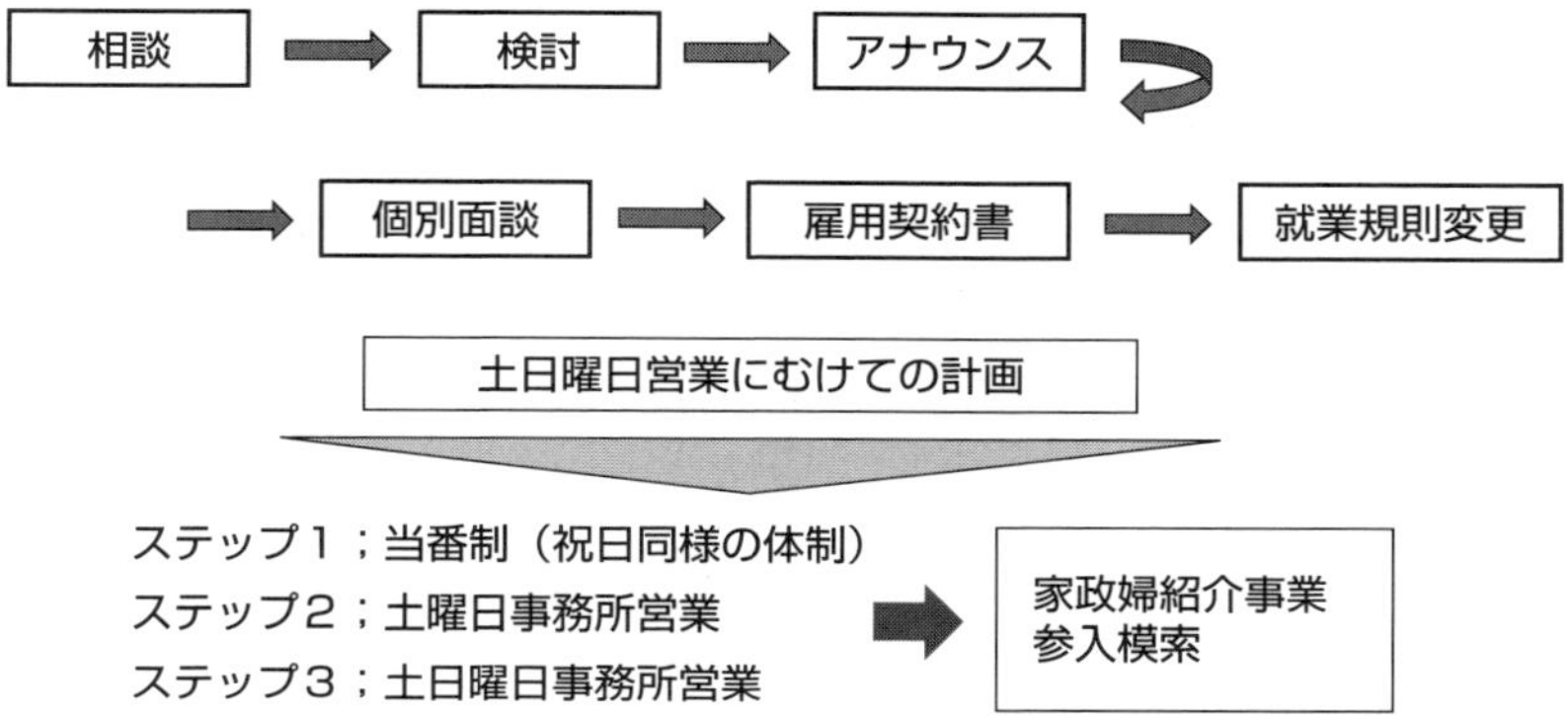

そこで、好むと好まざるにかかわらず特定加算事業所指定を取得していくしかないのです。今後ますます増加する独居に対応するため三六五日営業を行い、介護保険から外れる可能性のある生活援助の研究開発や家政婦紹介事業に参入できれば生き残れる可能性は十分あります。

■ 滞在型訪問介護事業者が生き残るためのフロー例

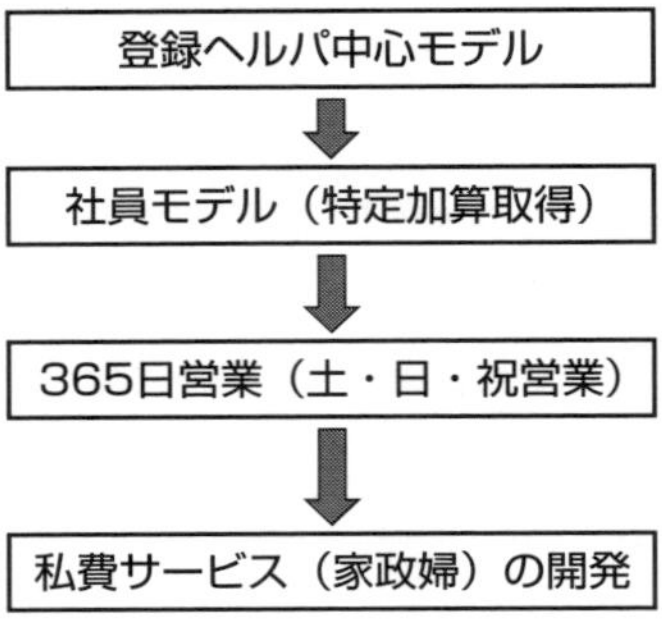

最後になりますが、現時点で問題なく運営できているからといって、二〇二五年に向け何の戦略もたてないと必ずや淘汰されていくと思っております。事業者を取り巻く背景が、どんどん変わるからです。制度リスクと需要の変化に適宜対応し毎年戦略を立案していく事業者が勝ち残ることでしょう。

Part 6 訪問看護事業の今後の展望

〈1〉訪問看護の報酬改定による影響と対応策

看護師による訪問の場合、基本報酬は要介護者で〇・一～〇・九％増額、要支援者では三・二～三・三％減額になります。リハビリ専門職による訪問は、要介護者で二・〇％減額、要支援者で五・三％減額と大幅ダウンとなりました。

対応策としては、スタッフの看護師比率を上げることや、中重度者比率を上げることが考えられます。また、リハビリ専門職による訪問は看護師の定期的なアセスメントが義務付けられたことから、看護師の訪問時に利用者のニーズを的確にケアマネージャーに提案していくことだと思います。

〈2〉訪問看護事業の需要

日本人の概念が少しずつ変化し、一〇年前のように寿命を延ばすことに尽力するのではなく、「健康寿命」を少しでも伸ばし、寿命と健康寿命の差を短くするようなことに努力するよう変わってきました。いくら長生きしても入院など非日常的な場所で過ごすことは必ずしも幸せではないという考え方が主流になってきたのです。

今までの医療は、治す医療であり「病院完結型」でした。しかしながら高齢者になると病気は複数である場合が多く完治するまで入院していたら寿命がきてしまい、何のために生きているのかわからなくなってしまいます。日本人の死亡場所は約八割が病院であり、諸外国と比較すると割合が多いことがわかります。日本人も七〇年前は約八割の人が自宅で死亡しておりました。少しでも病院で死亡する比率を下げようという制度に変わりつつあるのです。

そこで、今後の医療として市域での生活を支える医療として「地域完結型」とし、老化社会から喜ばしい長寿へと移行すべきだという考え方になりました。

延命死から平穏死（苦痛の少ない終末期）にしていくということです。そのためには自己決定の啓発や家族の意識改革が欠かせないものとなります。

なるべく日常的な生活に戻り、人生を少しでも長く尊厳ある暮らしが継続できるよう社会で支える必要があります。そのためには病気などを治す医師も必要ですが、緩和ケアなどによる支えが必要であり看護師の重要性が高まってきます。

健康に対する概念も変わり、「病気と認められないこと」から「心身の状態に応じて生活の質（QOL）が最大限に確保された状態」に変化しました。したがって末期癌患者でも自分らしい生活をしていれば健康ということになります。

すなわち、概念の変化により訪問看護の需要が発生し、今後ますます利用者が増加することが考えられます。

介護保険制度の観点からも考えてみましょう。高齢者が増加し、財源が不足するのですから軽度者に対する報酬が減額されていくことが推察できます。訪問看護利用者の介護度別比率は、介護度3・4・5の中重度者比率が五割を超えているので、制度リスクも低いと言えるでしょう。

死亡場所の推移

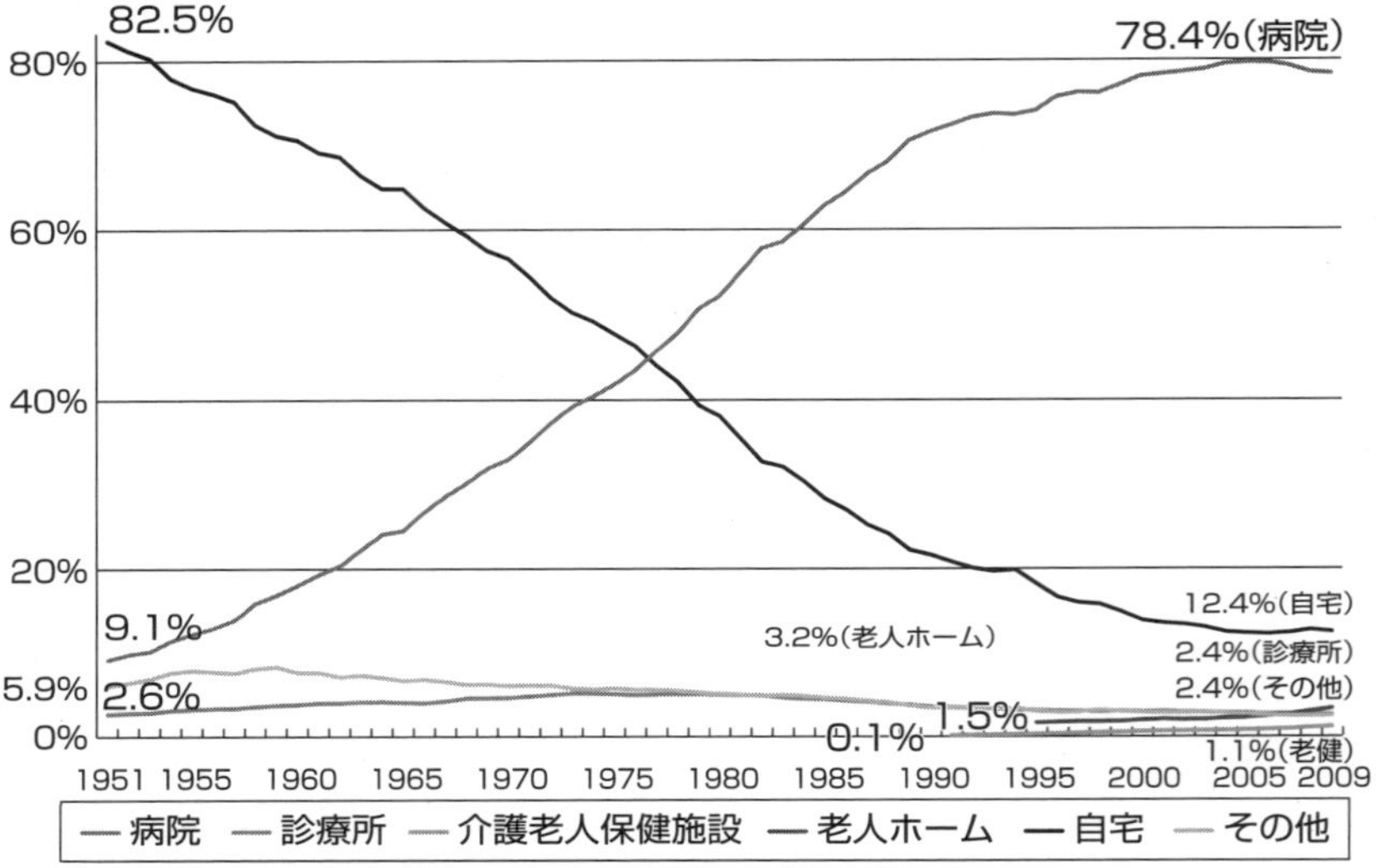

※1994年までは老人ホームでの死亡は、自宅に含まれている
（出典）厚生労働省「人口動態調査」

死亡場所の内訳

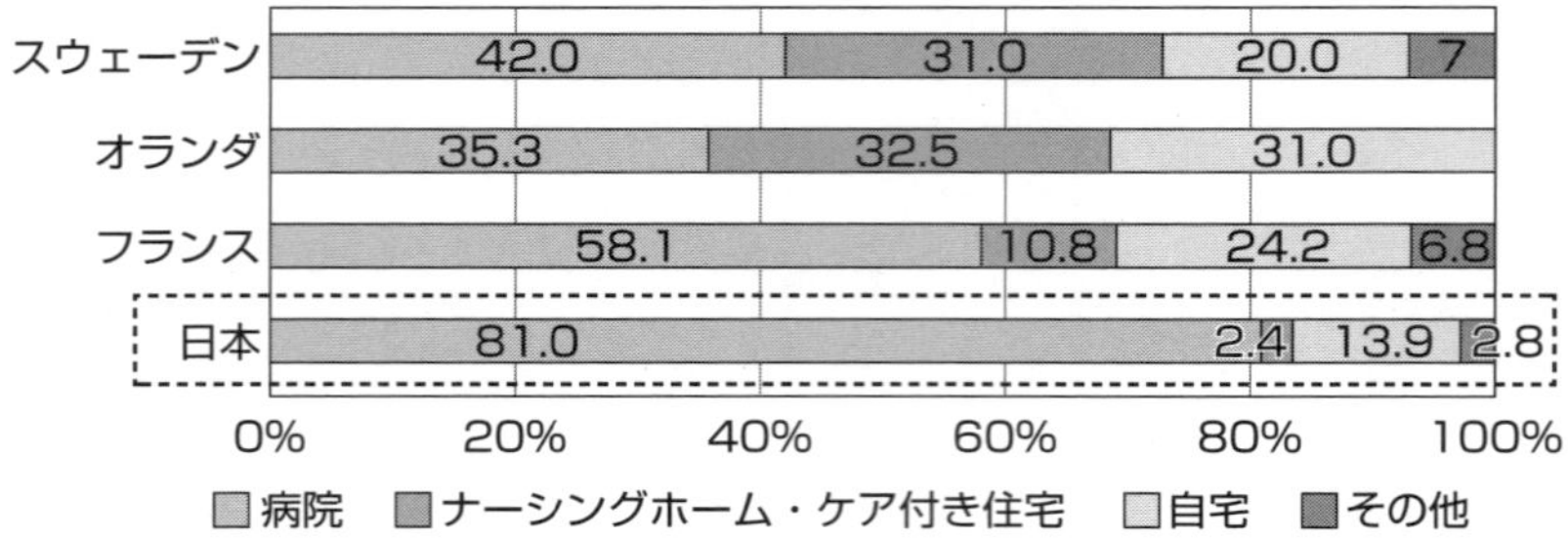

今までの医療　治す医療、「病院完結型」→老化社会

胃瘻で長生き？

今後の医療　地域での生活を支える医療「地域完結型」→喜ばしい長寿

食べなくなって安らかに…

・患者を中心に長期の死に至る過程まで見える化し、他職種がそのプロセスを共有化する
・ICT化により個人情報を一元化し「一生涯一カルテ」
・総合診療医によるゲートキーパーが必要

※延命死から平穏死（苦痛の少ない終末期）→自己決定の啓発、家族の意識改革
「保護責任者遺棄致死罪」→一定の要件を満たせば平穏死は違法ではない
地域に住む高齢者の「人生を看取る」という視点が重要→医師会会長コメント

健康概念の変化

「健康」とは

病気と認められないこと

↓

心身の状態に応じて生活の質（QOL）が最大限に確保された状態

「治す」から「支える」へ
「住み慣れた地域での尊厳ある暮らしの継続」

訪問看護の受給者数

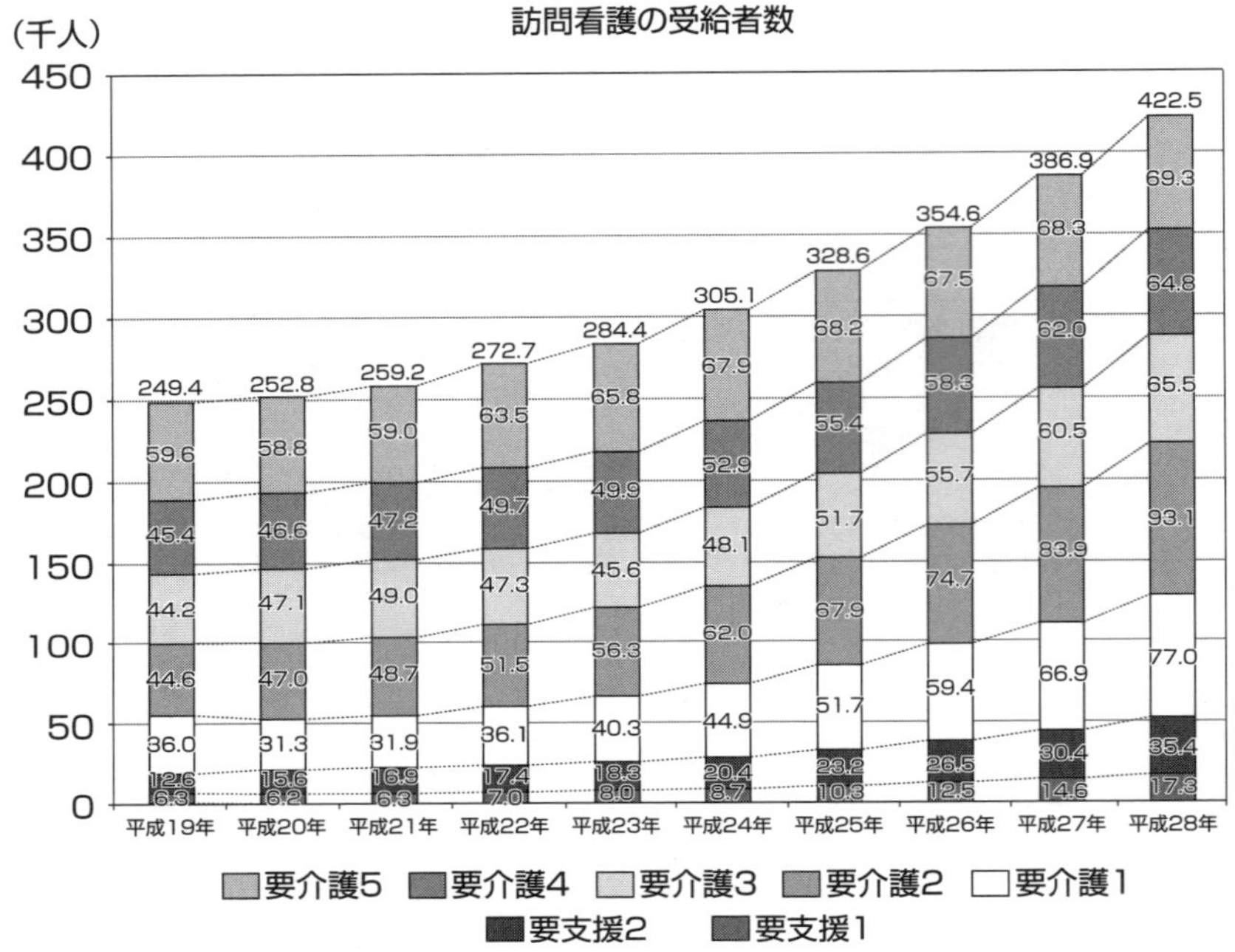

要介護度別利用者数の構成割合

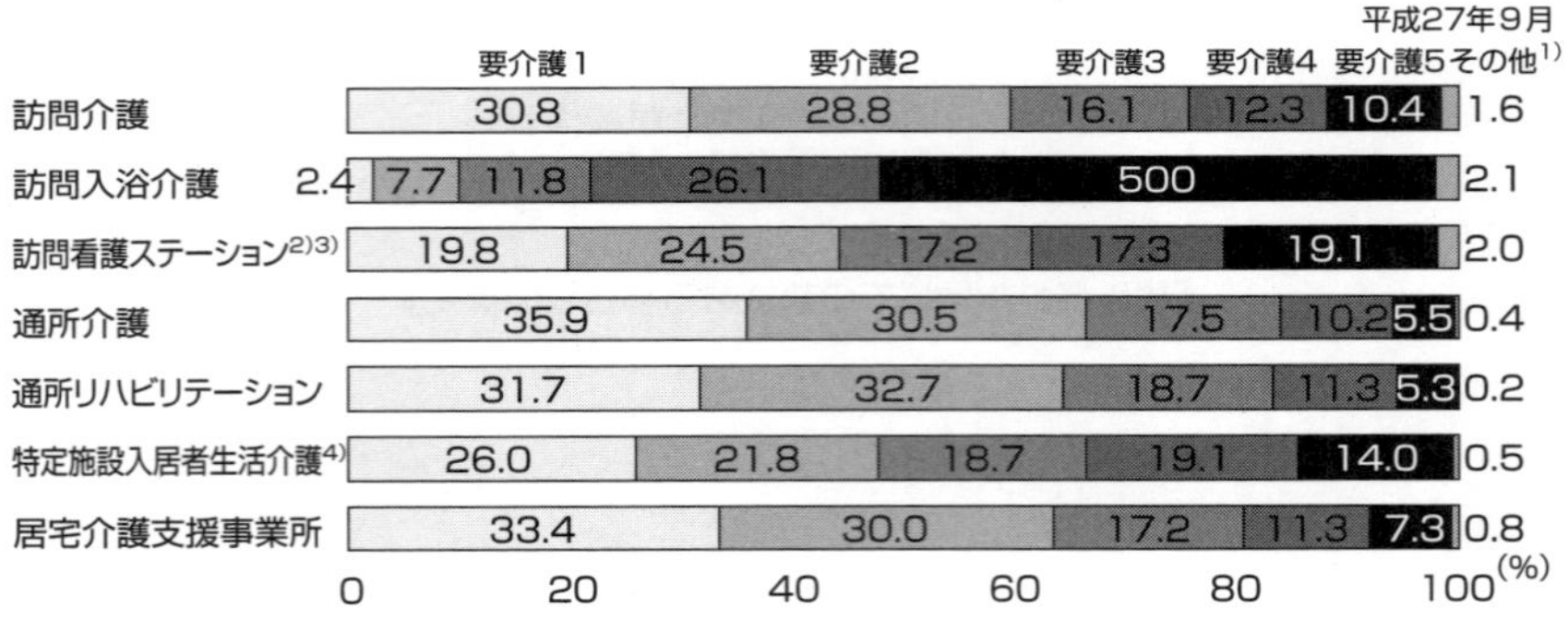

〈3〉訪問看護の新設

訪問看護の成功ビジネスモデルとしては利用者数が八五人以上だと考えております。しかしながら訪問看護事業の特性から、起業まもなく新設することはリスクを伴います。そのリスクとは人材雇用リスクです。全国の看護師の九割以上は病院に勤務しており訪問看護事業に応募してくる看護師が少ないことです。いくら資金があり、正しい運営方法を行っていても看護師の応募がない場合や、看護師の急な離職に対応できない理由などで廃業に追い込まれるケースが散見されます。訪問看護事業所の人員要件は二・五人の看護師が必要であり、離職等に備え人員要件以上多くの看護師を雇用してないと人員不足による閉鎖のリスクがあります。訪問看護事業の需要が高まっているにもかかわらず、廃止もしくは休止する事業所がたくさんあることは、当該事情によるものが多いと思います。また、経営知識のない看護師が独立して新設する場合は資金繰困難などで黒字倒産なども散見されます。

さらに新設のタイミングですが、早ければ早いほど有利です。

看護学校などで看護師は医師の指示に従って動くものであり自分の独自判断をしないよう教育されてきました。しかし、訪問看護は利用者宅すなわち密室にてのサービスのため独自判断の場面が必ずあります。よって、病院勤務などに慣れている看護師は訪問看護事業をするにあたり不安感があります。ということは研修制度が確立されており先輩看護師が多数所属する事業者を選択することになります。規模が大きい事業者は看護師から一定の応募があり、ますます拡大していきます。一方規模の小さい事業者は看護師からの応募が少なく、事業拡大が困難ということになります。規模の大きい事業者が地域に発生もしくは増えないうちに訪問看護事業所を新設しないと後者になってしまいます。幸い現在の訪問看護事業所の一事業所当たり看護職員平均は四・八人と小規模で切磋琢磨している事業者がほとんどです。一事業所当たりの平均看護師数が一〇人を超えてしまうと新参者が参入する障壁は高くなってしまいます。

訪問看護

訪問看護
ビジネスモデル　➡　85人利用者１か月利益；
約150万円(売上690万円)

人材雇用リスクが高いので、一刻も早く５人以上体制にする必要あり。医療との連携ができ、ニーズは必ずある。

訪問看護事業所
開設・休止・廃止数

平成26年度
開設：1189
廃止：333
休止：191

（出典）一般社団法人全国訪問看護事業協会
平成２７年訪問看護ステーション数調査結果

今がチャンス
訪問看護新設

早く一定の規模にした事業者が勝ち残る

今まで医師の指示のみで動いていた看護師は、自分で判断することに不安

研修制度が充実しており、多数の先輩看護師がいないと不安

規模が大きい事業者ほど看護師応募あり

訪問看護ステーションの従業員規模別の推移

○ 訪問看護ステーションの従業員数（常勤換算）は、５人未満のステーションが約半数であるが、５人以上のステーションが徐々に増えている。

■ 従業員規模別の訪問看護ステーション数の推移

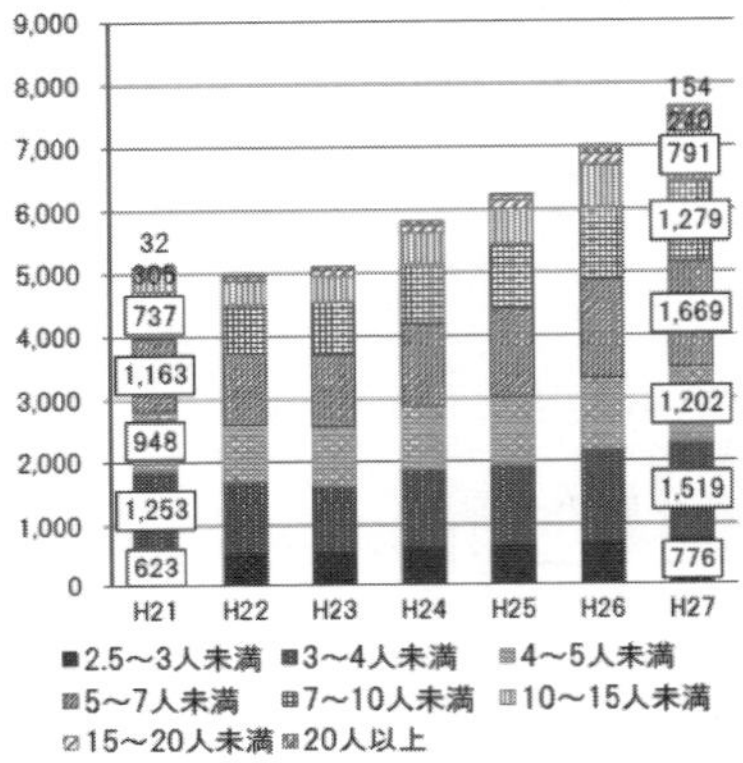

■ 従業員規模別の訪問看護ステーション数（割合）の推移

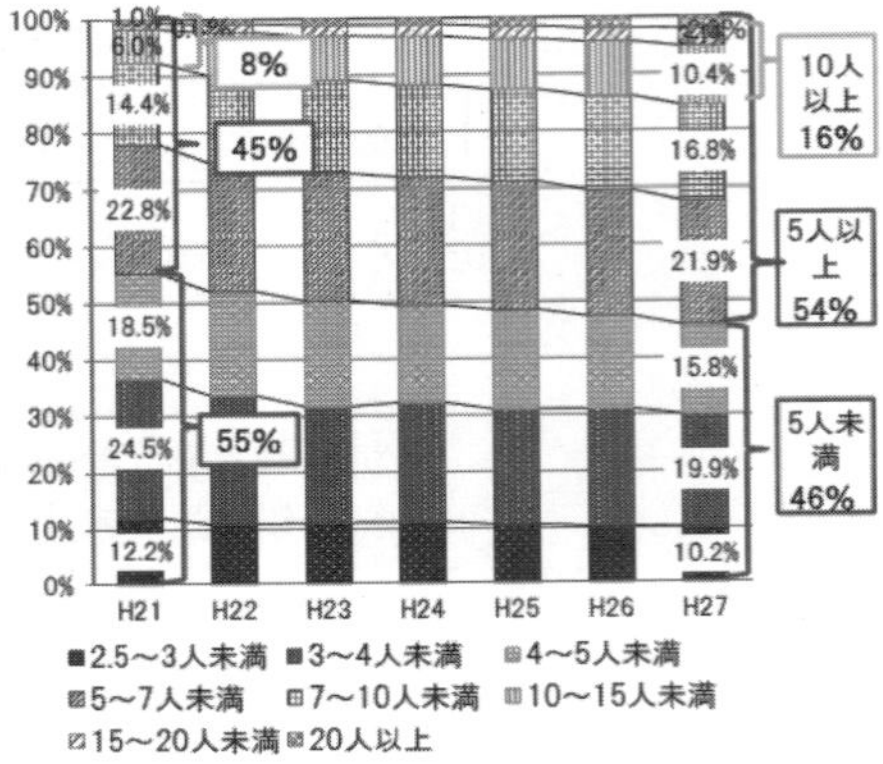

■１事業所当たり常勤換算看護・介護職員数（詳細票）

（単位:人）　　各年10月1日現在

	1事業所当たり常勤換算看護・介護職員数[1)]		常勤換算看護・介護職員1人当たり9月中の延利用者数[2)]	
	平成27年(2015)	平成26年(2014)	平成27年(2015)	平成26年(2014)
[訪問系]				
訪問介護	7.4	7.5	92.1	93.0
訪問入浴介護	5.3	5.4	30.2	29.4
訪問看護ステーション	4.8	4.7	89.2	90.5
[通所系]				
通所介護	5.5	5.5	72.3	71.5
通所リハビリテーション	7.9	8.1	73.0	74.0
介護老人保健施設	9.0	9.3	74.1	75.0
医療施設	6.8	6.9	71.6	72.6
[その他]				
短期入所生活介護[3)]	13.8	14.8	25.0	24.8
特定施設入居者生活介護	19.8	20.0	…	…
認知症対応型共同生活介護	11.4	11.5	…	…

〈4〉訪問看護事業成功のポイント

訪問看護事業は運営方法により利益率の大きい事業といえます。全国の平均利益は三・七％ですが、内訳をみると二〇％の損出を計上している事業者が一定量存在しているのとは逆に三〇％の利益を計上している事業者も同様の比率で存在します。これは経営の方法により大きな差が生じていると言えるでしょう。優勝劣敗状況の中、勝ち組になるためには「正しいやり方」にて運営する必要があります。

まずは、看護師の募集方法ですが普通に募集していても多数の応募は期待できません。募集の掲載内容の工夫やサイトの活用が肝要です。また、複数事業を新設する場合、一つの事業所の指定をとれば他の事業所は人員要件を満たす必要がないサテライト展開ができるので二事業所からの出店が比較的容易となっております。

訪問看護事業において人員不足による看護師の売り手市場が現状であり、積極的な稼働を要請すると離職率が高まる可能性があります。しかし、事業経営において稼働率管理は利益を左右する重要な指標であることは間違いありません。稼働時間とインセンティブの連動など、知恵を使って稼働率を高めることです。

また、看護師の勤務時間も、土日祝日休みスタッフ、四週八休シフト制スタッフ、オンコール携帯夜間対応スタッフ等柔軟な体系を組み、人により異なるニーズに対応していくことです。

看護師の人件費は比較的高額なので事務作業はなるべく事務員（クラーク）に任せ、看護師はサービスに専念してもらうようバックオフィスの充実も成功する鍵となります。事業所規模を大きくして、職務分担を明確にすることにより看護師一人あたりのサービス回数を増やしていくことが利益向上につながります。

第 6 表　訪問看護（予防を含む）

		平成 28 年度概況調査				平成 29 年度実態調査		(参考)平成 26 年実態調査	
		平成 26 年度決算		平成 27 年度決算		平成 28 年度決算		平成 26 年 3 月収支	
		千円		千円		千円		千円	
Ⅰ 介護事業収益	(1)介護料収入	2,286		2,393		2,276		2,374	
	(2)保険外の利用料	31		33		23		24	
	(3)補助金投入	—		—		—		—	
	(4)介護報酬査定減	−1		−3		−2		−3	
Ⅱ 介護事業費用	(1)給与費	1,823	78.7%	1,922	79.3%	1,800	78.3%	1,834	76.6%
	(2)減価償却費	29	1.2%	33	1.4%	30	1.3%	29	1.2%
	(3)国庫補助金等特別積立金取崩額	—		—		—		—	
	(4)その他	382	16.5%	393	16.2%	380	16.5%	409	17.1%
	うち委託費	21	0.9%	22	0.9%	18	0.8%	16	0.7%
Ⅲ 介護事業外収益	(1)借入金補助金収入	—		—		—		—	
Ⅳ 介護事業外費用	(1)借入金利息	3		3		2		3	
Ⅴ 特別損失	(1)本部比繰入	—		—		—		—	
収入 ①＝Ⅰ＋Ⅲ		2,316		2,424		2,297		2,395	
支出 ②＝Ⅱ＋Ⅳ＋Ⅴ		2,236		2,351		2,211		2,275	
差引 ③＝①−②		81	3.5%	73	3.0%	86	3.7%	120	5.0%
法人税等		20	0.8%	16	0.7%	18	0.8%	15	0.6%
法人税等差引　④＝③−法人税等		61	2.6%	57	2.3%	68	3.0%	104	4.3%
有効回答数		228		228		555		598	

※　比率は収入に対する割合である。
※　平成 28 年度概況調査及び平成 29 年度実態調査における各項目の数値は、決算額を 12 で除した値を掲載している。
※　各項目の数値は、それぞれ表章単位未満で四捨五入しているため、内訳の合計が総数に一致しない場合等がある。

		平成 27 年度決算		平成 28 年度決算		平成 26 年 3 月収支	
延べ訪問回数		292.9 回		288.2 回		304.6 回	
常勤換算職員数（常勤率）		6.8 人	71.8%	6.8 人	75.2%	6.6 人	72.4%
看護職員常勤換算数（常勤率）		4.8 人	70.4%	4.9 人	74.6%	4.8 人	70.7%
常勤換算 1 人当たり給与費							
常勤	看護師	468,815 円		449,961 円		448,780 円	
	准看護師	400,955 円		390,273 円		370,355 円	
	理学療法士	414,758 円		403,295 円		427,934 円	
	作業療法士	408,059 円		394,495 円		409,339 円	
非常勤	看護師	374,163 円		386,194 円		371,055 円	
	准看護師	356,154 円		332,220 円		330,762 円	
	理学療法士	400,901 円		383,887 円		409,672 円	
	作業療法士	364,266 円		366,307 円		404,520 円	

訪問 1 回当たり収入	8,274 円	7,971 円	7,864 円
訪問 1 回当たり支出	8,026 円	7,673 円	7,471 円
常勤換算職員 1 人当たり給与費	423,379 円	417,291 円	417,942 円
看護職員（常勤換算）1 人当たり給与費	438,872 円	430,088 円	421,460 円
常勤換算職員 1 人当たり訪問回数	43.1 回	42.1 回	46.1 回
看護職員（常勤換算）1 人当たり訪問回数	61.2 回	59.1 回	63.9 回

訪問看護（予防を含む）収支差率分布

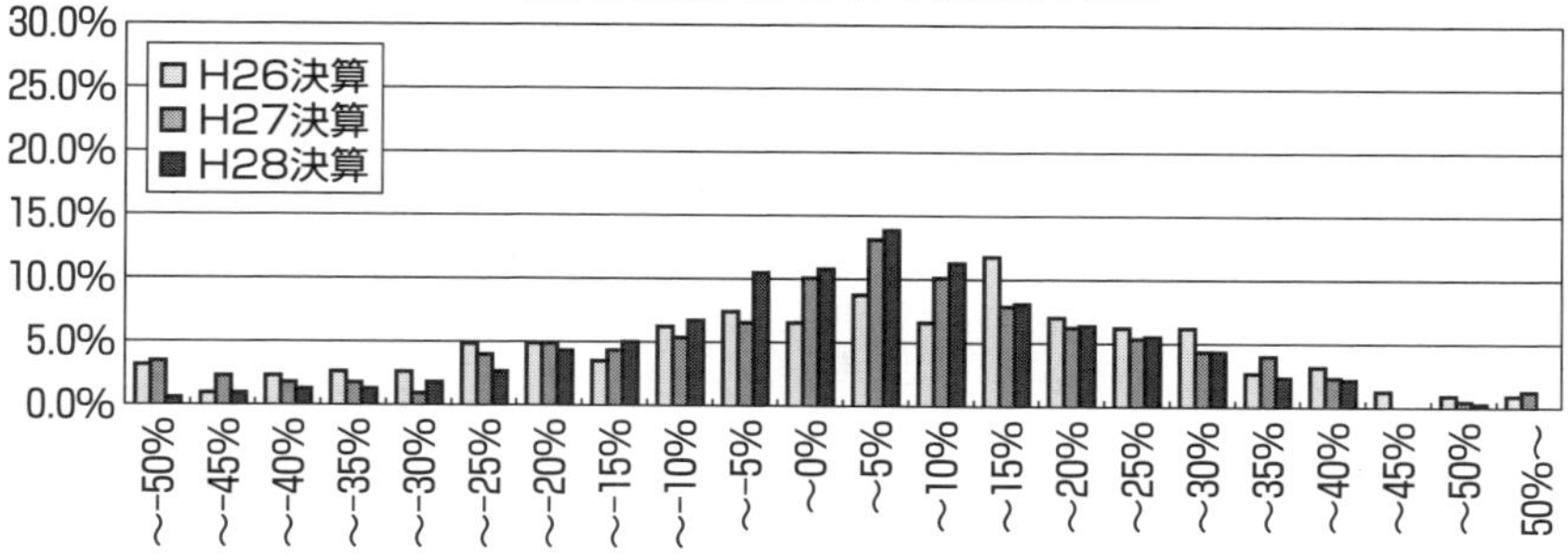

訪問看護事業成功のポイント！

- 看護師の募集方法
- 稼働率管理
- サテライト展開
- 稼働時間とインセンティブ
- 柔軟な勤務体系
- バックオフィスの充実

訪問看護ステーションの看護職員規模別の看護職員1人あたりの訪問回数

○　訪問看護ステーションの看護職員数（常勤換算）が3人未満の事業所の看護職員１人あたりの訪問回数は40回未満が41%、40回以上60回未満が21%である。

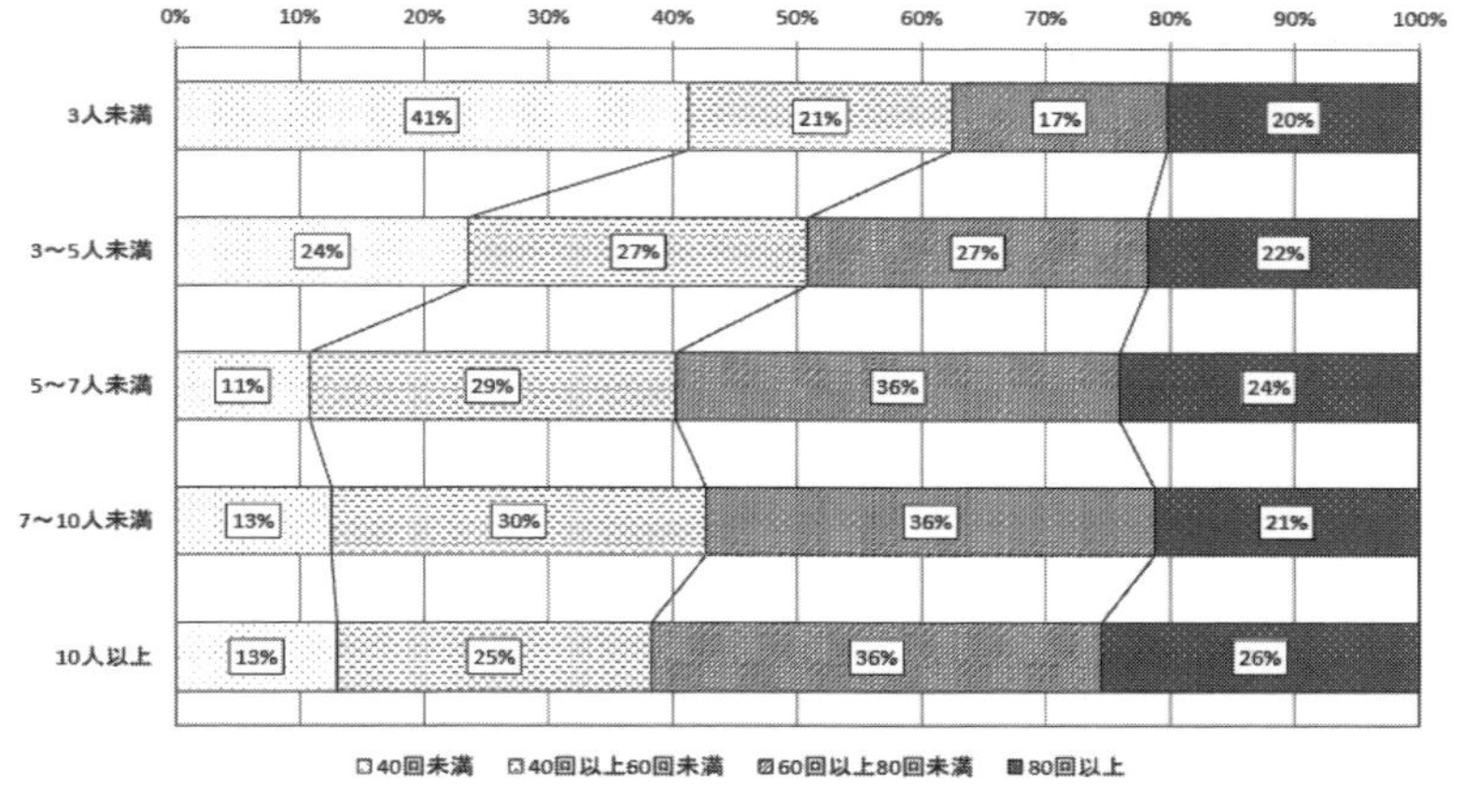

Part 7

障がい者総合事業成功のポイント

障がい者に対する居宅介護事業は、運営方法により一定の利益が醸成できます。高齢者介護と異なり、早朝もしくは夜間対応が多いため人材が獲得できてからの新設をお勧めします。当該時間でも業務可能である人材の確保もしくは、男性社員が増えてきてからの事業展開がタイムリーだと考えております。高齢者介護の場合は女性スタッフの需要が多いのが現状ですが、障がい者介護の場合は同性介助の場合が多く男性が活躍できます。

高齢者介護と比較すると、事業者間の競争が少ないことや、一回の支援時間が長い、サービス量の枠がない、サービスの複合ができる、安定している（入院・死亡が少ない）、頻繁な営業の必要がない等、たくさんのメリットがあります。

高齢者の訪問介護事業と併設している事業者が散見されますが、サービス時間帯が異なることや、スタッフの勤務体系が異なることなどから併設せずに独立した事業所を開設した方が良いと思います。特に、変形労働時間制にしたうえで中抜け手当、早朝夜間手当てなどを支給しモチベーション維持も重要です。サービス内容も居宅介護、重度訪問介護、同行援護、移動支援などを分け個別に管理することが得策です。

また、支援計画作成およびモニタリング等を行う相談支援事業所も新設したいところです。

障害者総合支援法

自立支援法ビジネスモデル → 120人利用者１か月利益；約300万円(売上1000万円)

ニーズがあるのはわかってるが、本格的に参入するな24時間体制が必要。人材がすべてなのでモチベーション、スキルが高いスタッフを雇用する必要あり。

総合支援事業成功のポイント！

・事業者間の競争が少ない
・１回の支援時間が長い
・サービス量の枠がない
・サービスの複合ができる
・安定している(入院・死亡が少ない)
・営業の必要がない(少ない)
・男性社員が活躍できる

障がい者総合事業目標管理（例）

事業所	項目	・月
…店	居宅介護新規利用者目標	
	居宅介護新規利用者数	
	居宅介護利用者数目標	
	居宅介護利用者数	
	客単価目標	
	客単価	
	売上目標	
	売上実績	
	目標達成率（%）	
	重度訪問介護新規利用者目標	
	重度訪問介護新規利用者数	
	重度訪問介護利用者数目標	
	重度訪問介護利用者数	
	客単価目標	
	客単価	
	売上目標	
	売上実績	
	目標達成率（%）	
	同行援護新規利用者目標	
	同行援護新規利用者数	
	同行援護利用者数目標	
	同行援護利用者数	
	客単価目標	
	客単価	
	売上目標	
	売上実績	
	目標達成率（%）	
	移動支援新規利用者目標	
	移動支援新規利用者数	
	移動支援利用者数目標	
	移動支援利用者数	
	客単価目標	
	客単価	
	売上目標	
	売上実績	
	目標達成率（%）	
	合計新規利用者目標	
	合計新規利用者数	
	合計利用者数目標	
	合計利用者数	
	合計客単価	
	合計売上目標	
	合計売上実績	
	目標達成率（%）	
	予定時間	
	実績時間	
	管理者計画数	
	正社員数	
	契約社員（常勤換算）計画数	
	契約社員（常勤換算）数	
	稼働率（%）	
	残業時間（管理者以外）	
	営業件数	

障がい者相談支援事業目標管理（例）

相談支援	項目	・月
計画相談支援	相談支援新規利用者目標	
（障害者）	相談支援新規利用者数	
	相談支援計画更新利用者数目標	
	相談支援計画更新利用者数	
	相談支援計画客単価	
	相談支援計画売上目標	
	相談支援計画売上実績	
	モニタリング利用者目標	
	モニタリング利用者数	
	モニタリング客単価計画	
	モニタリング売上計画	
	モニタリング売上実績	
障害児相談支援	相談支援新規利用者目標	
（障害児）	相談支援新規利用者数	
	相談支援計画更新利用者数目標	
	相談支援計画更新利用者数	
	相談支援計画客単価	
	相談支援計画売上目標	
	相談支援計画売上実績	
	モニタリング利用者目標	
	モニタリング利用者数	
	モニタリング客単価	
	モニタリング売上計画	
	モニタリング売上実績	
合計	売上目標	
	売上実績	
	目標達成率	
	相談支援計画人員数	
	相談支援人員数	
	相談支援プラン作成可能件数	
	稼働率（%）	
	残業時間合計（管理者以外）	

第10章

介護起業成功例

読者の皆様から、「介護市場が成長分野であり拡大市場であることはわかった。介護サービス事業のうち訪問介護事業が小リスクであることも理解した。会社経営の醍醐味も認識したうえで、起業支援を受ければ本当に成功する可能性があるのか」という不安の声が当然あるでしょう。成功実例として二事業者を紹介いたします。

まずは、介護業界未経験者で参入三年目にして年商一億円を実現したWケアのS社長です。S社長から「これまで介護サービス事業に携わった経験はないが、確実に市場が拡大していくこのマーケットに参入したい。ついては介護事業の開設方法、具体的な事業の運営方法、そして成功する方法まで、すべてを教えてほしい」という相談を受けました。

Sさんの前職は石油会社の社員。確かに介護と別畑。まったく異なる業種です。そこからいかにして、事業を立ち上げ、軌道に乗せられるか。フルサポートしていくわけです。

まず、営業拠点を設置する場所に関して、Sさんは、Y市のS区とK区のどちらで開業すべきか迷っていました。そこで、市場調査を実施したところ、K区のほうがS区に比べ要介護認定者数の居住者が多い。また、介護度2の認定者が多く、介護事業者にとって有利な状況。客単価の高い利用者の獲得が期待できる。競合も存在するが、経営状態は好調。しかもその会社は大手ではないので、マーケット開拓の余地は大きいという状況が判明しました。

そしてK区に営業拠点を設置し、営業をスタート。市場調査の結果どおり、顧客獲得は比較的順調に進みました。ただ、すぐに介護業界ならではの難しさに直面します。

売り上げを伸ばしたくても、訪問介護を行うために必要な資格を有したスタッフがいないと、安易に拡大戦略が打てないのです。当然ながら、多くの顧客を獲得し、売り上げを伸ばすためにはスタッフ雇用を積極的に行う必要があります。

同社も介護スタッフが不足しサービス供給が予定どおりに進まず、新規顧客を獲得できないという状況に落ち入りました。これは、なかなか売り上げが挙がらない経営状態の中、経費削減のために求人広告の経費削減を行ったことが原因でした。介護スタッフの採用にかける資金は、経費ではなく投資です。介護スタッフが一人増加すると、どれだけの売り上げ増加につながるか。緻密なシミュレーションを行い、広告の出稿頻度を増加させていきました。

まったくの未経験からスタートした訪問介護ビジネスの利用者数は、三年目に約二〇〇人を超え、売り上げも年商一億円を超えました。正社員一一名、パート八一名の従業員を抱え、サービス提供エリアもK区から、S区、I区まで広がっています。そして四年目には三事業所を展開、七年目には一二事業所を展開しております。今年度年商見込みも五億円を超え、ヘルパー養成学校経営にものりだし数年後にはショートステイを新設する計画とのことです。地域密着型・介護サービスの要のポジションを確実に築きつつあります。

Sさんからは「荒井さんのおかげで順調な経営を続けることができています。本当にありがとうございます。実際にマーケティング調査にも同行いただき、そこで聞いたこと、感じたことすべてが実際の経営に役立っています」と、感謝の言葉をいただいています。これからも同社の成長に貢献していきたいと思っています。まだSさんは若手経営者、長いお付き合いができそうです。

次に、開業一年未満で黒字化した株式会社HケアM社長

私の著書を読んだというMさんから起業支援依頼の連絡がありました。Mさんは電機メーカー、IT会社の経営企画職を経て、起業を目指されている方で、MBAも取得されていたので、会社経営に関する知識はあるものの、介護事業はまったく初めての分野ということで、相談を受けました。開業にあたっての手続きや許認可から事業モデルの構築まで、トータルでサポートしてほしいということで、起業準備から開業後に軌道に乗るまでの間、アドバイスさせていただきました。

まずは最初の半年間で、許認可をとるための手続きで具体的なサポートをしました。介護福祉の事業所で許認可をとるためには、介護福祉士が最低一人、ヘルパーが最低二人いないと認可が取れません。まず有資格者を集めるところは経験者でないと非常に難しいと思います。また、事業所の立地や書類の準備、レイアウトにも独特のノウハウが必要です。Mさんは大手のフランチャンズへの参加も検討したらしいのですが、FCで介護事業を行う合理性、メリットも感じなかったので、自分で開業しようと決意されたようです。

介護事業を行う上でのキーポイントとしては、まずは地域マーケティングです。実際に自分が集めている各種データを元にした提案をして、Mさんが介護事業を行う営業エリアを決めていきました。エリアが定まれば、あとは営業活動などで地道に行い集客していけばよいのですが、同時にスタッフの確保が非常に重要になってきます。この業界ではヘルパー同士の口コミが強い影響力を持っています。超売り手市場なので、とにかくヘルパーの確保、定着が非常に難しいのです。事業主としてはヘルパーさんが働きやすい環境をいかに作るかが大事で、少しでも嫌になったらすぐ来なくなったり、他に移ってしまうので、ある意味ヘルパーさんも「お客様」として扱うのが、事業戦略上で非常に重要になってきます。

コンサルティングを始めてから半年で開業ができました。また、開業後の三か月間は事業を軌道にのせるために週二～三度は会って、ミッチリとアドバイスをさせていただきました。

Mさんの事業は順調に伸びて、開業一年もたたずに短月黒字化を達成してしまいました。長い場合は二年程度の赤字経営は覚悟するのが普通なので、とても順調なスタートだと思います。黒字化については、事業所の固定費を抑えたことがポイントだと思います。介護事業では立地戦略も重要なのですが、実は駅から遠くても問題はなく、路面に面した物件であったり、一階である必要性もありません。むしろ駅前の一等地で賃料の高いところは避けて、周辺が静かな住宅地でヘルパーさんの通いやすさを重視した立地を意識し、コストを抑えることが重要です。

Mさんからは今も経営者同士の付き合いをさせてもらっていますが、「この事業をはじめて一年かからずに黒字化できて、とても感謝しています。もし荒井さんに出会えなかったら、起業すら難しかったと思います。コンサルティングだけでなく、先輩経営者としても親身にリアルなアドバイスをいただいたことが、何よりも良かったと思います。」という感謝の言葉をいただいています。

皆様へのメッセージとしては「夢を追い続けましょう、やらないで後悔することが本当の失敗です。」どうせ起業するなら、まずは「成長分野拡大市場小リスクの訪問介護事業である」ということです。

そして、男性社員が増えたら「障がい者総合支援事業」、ある程度体力（潤沢な資金）がついたら「訪問看護事業」に参入していくというのが、介護起業のコツといえるでしょう。

最後まで読んでいただきまして誠にありがとうございました。皆様の成功を心より祈念しております。

介護事業の起業・新設のポイント

経営者の資金状況や年齢などによりますが、介護事業を成功させるにはコツがあります。

最初はリスクの少ない訪問介護事業からスタートし居宅介護支援事業を併設していくことから始めことです。当該事業が軌道に乗ったら人材リスクを伴いますが訪問看護事業に参入、早朝夜間対応してくれる人材が確保できたタイミングで障がい者総合支援事業に参入するといった順番がスマートだと思います。事業展開も、一つの事業を各地でやるのではなくなるべく同地域に集中しスモールエリアラージシェアを目指すべきです、制度リスクの回避もできるし、地域包括ケアの理念に則しているからです。

そもそも介護事業はローリスク・ローリターンの事業だと思っております。イニシャルコストが高額な事業を安易に新設するとハイリスク・ローリターンになってしまいます。

やはり、訪問系のサービスに注力しローリスク・ハイリターンを目指した方が賢いと思います。訪問系の事業の中でシナジー効果がある訪問介護、居宅介護支援、障がい者総合支援そして訪問看護の事業展開が成功するポイントです。

当該事業を新設するにあたり当社ではコンサルティングを行っておりますので、興味のある方はホームページ（http://www.sakuracare.co.jp/）をのぞいてみてください。

皆様の成功を心より祈念しております。

介護事業成功のコツ

リスクの少ない	訪問介護事業	居宅介護支援 事業併設
	↓	
人材が豊富に なったら	障がい者総合 支援事業	訪問介護と 別事業所
	↓	
体力がついたら （資金潤沢）	訪問看護事業	クラーク雇用 大規模化

あとがき

私の知りうるノウハウ、また経験を本音で紹介させていただきました。大体のことは説明させていただきましたが、当然本には書けないこと、社外秘のため当社同地域では知られたくないことがあります。それがポイントとなることも事実です。もしご縁があれば、当社の主催セミナーもしくはコンサル契約などを活用し、より一層のご支援ができればと考えております。

いずれにしても、成功するか失敗するかは経営者本人次第だということは間違いありません。大学受験でどんなに勉強法を教えても、どんなに良い参考書を購入しても、「本人が勉強し習得しなければ合格するわけない」のと一緒だと思います。

起業するにあたり経営者は、開業一年は休みなしで人の二倍（一日一六時間）仕事をするという意気込みと必要資金である二、〇〇〇万円の調達がなければ、周りからどんなにノウハウ支援を受けても成功することはないでしょう。逆に、それがあれば今なら成功する可能性は大きいと思います。

また、すでに経営している人は介護報酬の改定に一喜一憂するのではなく、知恵を使い、継続的、安定的利益を醸成することにより、ＣＳ（顧客満足度）を上げ社会貢献につなげるべきです。

論理的に考え戦略を練れば、介護事業は最高な業種であることを宣言いたします。

今後の皆様の活躍を期待しているとともに、事業の成功をお祈り申し上げます。

最後に、本書の作成にあたりご協力いただきました税務経理協会鈴木利美氏に厚く御礼申し上げます。

株式会社さくらケア　代表取締役　荒井　信雄

私どもは「介護ビジネスには、やり方がある。」「介護ビジネスは利益をとれる」をモットーに活動しております。

介護事業におきましても、もてはやされた時期は去り、本当に利潤の追求ができている事業所は一握りという現状があります。机上の論理ではなく、実際に行われている現場の（地に足の着いた）ノウハウこそが今求められております。

当社におきましては、訪問介護、居宅介護支援、訪問看護を「ご利用者満足」、「健全な経営」の両面から事業所のあり方を研究し問題解決のお手伝いをいたします。御社使用帳票の見直し、業務の流れなど、合理化に向け精査させていただき、貴社の発展に向け支援させていただければと考えております。

健全なビジネスモデルの構築により、コンサル経費の数十倍のリターンが得られることを信じております。

また、実務者研修の開催により、実際に活動するスタッフに対する実務支援をおこない合理的かつ効率的なフローを提案させていただいております。

従来のイメージである介護業界の三Ｋ（危険、きたない、きつい）を払拭した残業のない職場環境構築の一翼をになうことができればと考えております。

敬具

全国訪問介護協議会　会長

事務局　株式会社さくらケア　代表取締役　荒井　信雄

著者紹介

荒井　信雄（あらい・のぶお）

全国訪問介護協議会（491 会員）会長として全国の訪問介護事業者の意見を集約し，厚生労働省や国会議員等に提言。
また，厚生労働省官僚との定期的なシンポジウムをはじめ講演活動を全国で開催，その他執筆活動等。

株式会社さくらケア（グループ会社㈱うめケア）を経営，開設 15 年目を迎える。
東京都世田谷区，神奈川県横浜・川崎市内に 22 事業展開
訪問介護事業所（7 事業所）　居宅介護事業所（5 事業所）
訪問看護事業所（4 事業所）　障がい者総合支援事業所（3 事業所）
障がい者相談支援事業所　有料職業紹介所（2 事業所）

「介護ビジネスにはやり方がある」「介護ビジネスは利益をとれる」をモットーに，現在コンサルタントとしても活動中。
経済産業省後援日本最大の起業支援プラットホーム「DREAMGATE」アドバイザーランキング『成長戦略・経営革新部門』第 1 位，『人気業種部門』第 1 位を獲得。

出版，掲載　・2007 年 3 月「今しかできない介護起業」を出版
・2012 年 9 月「在宅介護事業者のための 58 のヒント」を出版
・2013 年 4 月「人生の成功者になる方法」を出版
・2015 年 6 月「訪問介護事業 居宅介護支援事業 成功の法則」第 3 版を出版
・日経ヘルスケア　・介護ビジョン　・高齢者住宅新聞
テレビ出演　・テレビ東京「e-Morning」に生出演
・テレビ東京「ワールドビジネスサテライト」出演

著者との契約により検印省略

平成 30 年 7 月 1 日　初版 1 刷発行

在宅介護サービス事業　成功の法則
―訪問介護・居宅介護支援事業からの
訪問看護・障がい者総合支援事業への参入―

著　者　荒井信雄
発行者　大坪克行
製版・印刷所　美研プリンティング株式会社
製本所　牧製本印刷株式会社

発行所　東京都新宿区下落合2丁目5番13号　株式会社　税務経理協会
郵便番号 161-0033　振替 00190-2-187408　電話（03）3953-3301（編集部）
FAX（03）3565-3391　（03）3953-3325（営業部）
URL　http://www.zeikei.co.jp/
乱丁・落丁の場合はお取替えいたします。

ISBN978-4-419-06546-1　C3034